国家出版基金项目
NATIONAL PUBLICATION FOUNDATION

"互联网+"与文化发展研究系列丛书

互联网时代
旅游的新玩法

文化部"十三五"时期文化改革发展规划重大课题

朱敏　熊海峰　著

知识产权出版社
全国百佳图书出版单位

图书在版编目（CIP）数据

互联网时代旅游的新玩法 / 朱敏，熊海峰著．—北京：知识产权出版社，2016.1（2018.5 重印）

（"互联网 +"与文化发展研究系列丛书 / 范周主编）

ISBN 978–7–5130–3920–8

Ⅰ．①互⋯ Ⅱ．①朱⋯ ②熊⋯ Ⅲ．①互联网络 – 应用 – 旅游业发展 – 研究 – 中国 Ⅳ．① F592.3

中国版本图书馆 CIP 数据核字（2015）第 275171 号

内容提要

在风起云涌的互联网时代，"互联网 +"为旅游业带来了前所未有的发展契机，也让人性化、个性化、自由化的旅游服务成为可企及的现实。遽然进入一个斑斓多彩、充满无限可能的旅游新世界，在新的技术基础、新的消费人群、新的发展业态的面前，我们的旅游业该何去何从？该如何才能适应和引领这种新趋势？这正是本书关注的核心之所在。

责任编辑：田姝　　　　　　　责任出版：孙婷婷

互联网时代旅游的新玩法
HULIANWANG SHIDAI LÜYOU DE XINWANFA

朱　敏　熊海峰　著

出版发行	知识产权出版社 有限责任公司	网　址	http://www.ipph.cn
电　话	010-82004826		http://www.laichushu.com
社　址	北京市海淀区气象路50号院	邮　编	100081
责编电话	010-82000860转8598	责编邮箱	tianshu@cnipr.com
发行电话	010-82000860转8101/8029	发行传真	010-82000893/82003279
印　刷	北京嘉恒彩色印刷有限责任公司	经　销	各大网上书店、新华书店及相关书店
开　本	720mm×1000mm　1/16	印　张	22
版　次	2016年1月第1版	印　次	2018年5月第2次印刷
字　数	300千字	定　价	45.00元

ISBN 978-7-5130-3920-8

出版权专有　　侵权必究
如有印装质量问题，本社负责调换。

序　言

  2015年3月，李克强总理在政府工作报告中提出了"互联网+"概念，意即利用互联网的技术和思维，提升实体经济的创新力和生产力，在新的领域创造一种新的生态。在这个概念里，互联网从传统的工具摇身一变，摆脱原有独立行业的概念，成为底层基础设施和重要的生产要素去和实体经济结合。这种结合又不是单纯的"A+B=AB"的关系，而是像科幻片中生物进化一样，互联网密切结合实体经济的每一个细胞然后发生质变，比如"互联网+商店＝淘宝"，"互联网+出租车＝滴滴打车"，"互联网+电话短信＝微信"。这种渗透和变化绝对不是对原有产业的颠覆，而是对原有产业的换代升级，从而为所有的行业都带来了全新的机会。

  在这场新的产业革命中，不得不提的就是"互联网+旅游"的故事。从2014年国家旅游局提出"智慧旅游年"的口号起，各类信息技术与旅游产业交相融合的探讨和实践就层出不穷。"互联网+"概念一提出来，更是拨动旅游产业全行业变革的神经，将互联网信息技术与旅游业全面结合推向了一个新的高潮。我们作为研究者一直在密切关注着这股强劲高潮的蓬勃发展，现在已经可以看出几个主要的趋势。

  第一，新兴业态涌现，互联网技术和思维的融入为旅游领域的大众创业、万众创新创造条件。新兴创业力量的诞生及其背后狂热的资本巨头，催生一大批新产品、新业态，创新、并购、跨界以及突然闯出的黑马都在改变着旅游市场的格局，成为推动发展的新经济增长点。

第二，跨产业融合，产业链条进一步拉长。旅游行业的链条很长，和社会经济的其他产业部门，比如农业、制造业等都有密切的联系。通过"互联网+"的概念，旅游业进一步延长产业链条，和其他行业密切携手，比如"旅游+互联网+农业"，形成在线旅游特色商品，比如"旅游+互联网+金融"，形成旅游发展网络融资平台等。未来，围绕旅游的上下游及平行企业的资源、要素和技术进一步整合，形成旅游业新的全域生态圈。

第三，旅游产业智慧化的全速推进。随着互联网技术的渗入，智慧旅游将逐步从理论走向实践。旅游业互联网基础设施的软硬件建设，包括智慧旅游城市、智慧旅游景区、智慧住宿、智慧旅游交通、智慧餐饮、智慧旅行社等旅游核心要素的智能化和互联网化改造，将创造万亿以上的市场需求。游客将在智慧旅游时代体验到前所未有的旅游体验，而旅游主管部门和旅游企业将依托智慧旅游服务管理平台及各智能信息终端，及时准确地掌握游客的旅游活动信息和企业的运营情况。

总之，"互联网+"将把整个旅游行业带入一种全新的境界。国家旅游局副局长吴文学表示，未来5年，"旅游+互联网"将创造3万亿元红利，成为新常态下扩内需、稳增长、促发展的新动力。

在这样的高度下，"互联网+旅游"怎么玩，需求红利、市场红利和增值红利如何被创造出来，各种解读、各种探索、各种预言，都在探究新政策导向利好下"互联网+旅游"的各个构面问题。

今年5月的一个下午，与好邻居中国传媒大学文化发展研究院的朱敏老师约在学校门口喝茶，聊起"互联网+旅游"图书写作的事宜。我立刻感觉邻居这个题目抓得非常好，既合时机又合痛点。拿到大纲一看，邻居不仅速度快，而且从国家层面、文化战略等更大角度来看"互联网+旅游"的问题，非常新颖，亮点颇多。我感觉成书之后一定大有嚼头，果然，几个月后看到成稿，欣喜万分。

书中首先将"互联网+旅游"的概念进行了深层次的解读，提出网络—数据—共享生态圈的三重发展境界；然后笔锋一转从理论探讨到实践案例，系统性地梳理了现有的"互联网+旅游"的各种玩法，把供应商、渠道商、消费者与管理者四个板块的各种产业形态和企业案例详细地梳理了一遍，基于此深刻分析了"互联网+旅游"的症与解，为未来的"互联网+旅游"发展开出了自己的药方；最后，对"互联网+"时代旅游业的发展进行了充分的展望和预测。能在那么短的时间吃透政策、解读行业，把玩法介绍得通透，是目前阶段对新政策反应最为敏锐，总结最为具体翔实的一本好书，这也是我想把这本书推荐给广大读者的一个初衷。

中国传媒大学文化发展研究院的团队能够迅速对中央新的政策做出反应，从大产业大文化的角度去解读"互联网+旅游"政策，并且出了这么好的成果，本身就是跨产业研究的一个标志。随着旅游产业的链条进一步伸长与交叉产业的边界模糊化，未来将有更多的研究者从不同的角度和领域去探讨旅游业的发展，我们作为旅游领域的研究者也应该跳出专业的局限，多多向交叉行业的同行学习以及深度融入他们的观点去看待这个产业，从更好、更高的角度去理解这个行业。

再次感谢以朱敏老师为首的中国传媒大学文化发展研究院团队为我们创造了一个新的研究机会，也期望未来中国传媒大学和北京第二外国语学院不仅位置比邻，也在研究领域创造更多合作的机会。

北京第二外国语学院旅游管理学院旅游电子商务系主任

钟栎娜

2015年11月

目录

第一章 一场无法逃遁的旅游变革

引子：虽有智慧，不如乘势 /003

第一节 走进"互联网+"时代 /005
  一、中国互联网21年：从量变到质变 /005
  二、"互联网+"速度 /010
  三、站在风口上的旅游 /012

第二节 互联网与旅游融合演进史 /017
  一、演进的三大阶段 /017
  二、演进的基本规律 /021

第三节 "互联网+"改变了旅游什么？ /024
  一、"互联网+"三大特征 /024
  二、互联网对旅游的改变 /026
  三、旅游如何走出一条再造之路？ /033

第二章 "互联网+旅游"的"新玩法"

引子：凡战者，以正合，以奇胜 /037
第一节　变化中的不变 /038
第二节　什么是"互联网+旅游" /040
　　一、"互联网+旅游"的内涵 /040
　　二、"互联网+旅游"的三重境界 /041
第三节　构筑旅游共享生态圈 /047
　　一、构建路径 /047
　　二、构建主体 /050
第四节　"互联网+旅游"四大法宝 /053
　　一、科技力 /053
　　二、文创力 /055
　　三、传播力 /056
　　四、极致力 /058

第三章 "互联网+旅游"的全链探索

第一节　互联网+供应商 /063
　　一、吃——"互联网+"时代的美食诱惑 /063
　　二、住——"不只是睡觉那么简单" /067
　　三、行——"一键通天下" /073
　　四、游——"一端走遍天下" /078
　　五、购——说买就买的"任性" /084
　　六、娱——"你不走过来，我就跨过去" /088
第二节　互联网+渠道商 /098
　　一、传统衍生型 /098
　　二、网络平台型 /109
　　三、网络原生型 /112

四、线上线下融合型 /127

第三节 "互联网+"时代的消费者：客从网上来 /140
　　一、UGC /140
　　二、众筹旅游 /152
　　三、私人定制 /157

第四节 "互联网+"时代的旅游管理 /162
　　一、智慧管理——让数据自己"说话" /162
　　二、政策调整 /163

第四章 "互联网+旅游"的"症"与"解"

第一节 "脆弱"的网络硬件 /175
　　一、撑不大的"网" /175
　　二、沉睡中的"金矿" /183
　　三、没有规矩，难成方圆 /185
　　四、对策：强本固基，夯实发展基石 /187

第二节 "失联"的数据孤岛 /193
　　一、断裂的数据链条 /194
　　二、内部的"孤岛" /197
　　三、外部的"失联" /199
　　四、对策：连接一切，共建共享 /202

第三节 线上线下的恩怨情仇 /212
　　一、"一元出游"的"必杀技" /214
　　二、"断供"变成"唯一技" /215
　　三、对策：相逢一笑泯恩仇 /216

第四节 难以消除的同质竞争 /220
　　一、千景一面、遍地开花 /221
　　二、线路简单、克隆任性 /222
　　三、"目录式"页面、满足率低 /223
　　四、对策：人无我有，人有我优，人优我变 /223

第五节　进退失据的旅游治理 /230

一、政府：传统体制、管理失效 /230

二、旅游企业："自我蜕变"、路程遥远 /234

三、对策：一切都在流动着，一切都需变化着 /237

第六节　日益扩大的人才缺口 /247

一、导游的角色需转变 /247

二、管理者缺乏新素质 /248

三、新时代的创业者路在何方 /249

四、对策：多渠道缓解人才之急 /249

第五章　畅游未来："互联网 + 旅游"展望

第一节　大数据技术下的智慧旅游 /257

一、智慧旅游 /257

二、智慧旅游模式的未来展望 /261

第二节　旅游生产新模式 /263

一、走进众智、众创、众筹 /263

二、网络社群驱动的旅游开发模式——旅游开发的小米模式 /265

第三节　大旅游时代：连接一切、跨界融合 /271

一、大旅游时代的特性 /272

二、大旅游时代的实施路径 /274

第四节　虚拟旅游：你的旅游与世界平行了吗？/277

一、虚拟旅游的诞生 /278

二、虚拟旅游的应用前景 /280

第五节　决胜移动终端：LBS 崛起 /284

一、LBS 旅游服务模式的特征 /285

二、基于移动终端的 LBS 旅游服务模式 /286

第六节　"互联网 + 旅游"呼唤改变旅游世界的创业者 /289

第六章 国外在线旅游公司案例分享

第一节 在线旅游C2B商业模式的开创者——Priceline /295
一、发展历程 /296
二、发展模式 /297
三、中国业务 /302

第二节 全球最大的在线旅游公司——Expedia /304
一、发展历程 /304
二、发展模式 /305
三、中国业务 /309

第三节 打造旅游O2O生态系统——TripAdvisor /310
一、发展历程 /310
二、发展模式 /311
三、中国业务 /313

第四节 全球最大的假日房屋租赁在线服务提供商——HomeAway /315
一、发展历程 /315
二、发展模式 /316
三、中国业务 /318

第五节 全球最大的旅行租房社区——Airbnb /320
一、发展历程 /320
二、发展模式 /321
三、中国业务 /324

第六节 全球最值得信赖的在线旅游精选特惠推荐平台——Travelzoo/326
一、发展历程 /326
二、发展模式 /327
三、中国业务 /329

主要参考资料 /331

后　记 /339

第一章

一场无法逃遁的旅游变革

《孙子兵法》有云:"故善战人之势,如转圆石于千仞之山者,势也。"孙中山先生也曾说:"天下大势,浩浩荡荡,顺之者昌,逆之者亡。""势"就是趋势,就是潮流,就是今天所说的"风口",乘势而为,方能随风上青云,演绎一段时代传奇。

引子：虽有智慧，不如乘势

《孙子兵法》有云："故善战人之势，如转圆石于千仞之山者，势也。"孙中山先生也曾说："天下大势，浩浩荡荡，顺之者昌，逆之者亡。""势"就是趋势，就是潮流，就是今天所说的"风口"，乘势而为，方能随风上青云，演绎一段时代传奇。

跨入新世纪，科学技术的发展日新月异。新一代互联网信息、纳米、量子计算机、3D 打印机、智能机器人、基因科学等颠覆性技术发展势头迅猛，正在改变着我们曾经熟悉的世界和固有的思维方式。而其中最突出的大势，无疑是互联网。恰如农业时代的畜力，工业时代的电力一样，互联网正成为"改变世界的底层物质技术结构"，[1]将人类带入了一个陌生而又充满无限可能的信息时代。《失控》一书的作者凯文·凯利曾感叹："互联网的历史才 5000 天，已经带来了巨大的变化；未来的 5000 天会发生什么，谁都难以预料。唯一可以肯定的是，互联网带来的改变才刚刚开始，我们才刚刚上路。"[2]

在这个从传统社会走向全面信息社会的大变革时代，一些曾经获得极大

---

[1] 霍学文. 新金融新生态 [M]. 北京：中信出版集团，2015.
[2] 吴兴杰. 鸟瞰移动互联网如何推动社会变革 [J]. 商业文化，2015（1）.

成功的巨型企业和商业模式，却如同史前恐龙般，在白垩纪剧烈的气候变迁面前变得疲软无力。当企业付出惨重的生命代价时，他们悲情而迷茫，"我们并没做错什么，但不知为什么，我们输了"。[1]但正如电影《甲午海战》所言，这不是一个国家与一个国家的战争，而是一个时代与时代的战争。在这样一个"升维"的时代，与其依靠传统积累的智慧，倒不如抛弃执念，顺势而为，勇当时代的冲浪者。纵然失败，也是令人尊敬的先驱。

在如人类历史一样悠久的旅游领域，互联网也正以自己的逻辑改造和重塑着传统的旅游。无论是携程、艺龙"机票+酒店"的创新突破，还是中青旅等传统旅行社的网上布局，抑或万达携资本力量的强势进入，蚂蜂窝、世界邦、在路上等创新企业的异军突起，都代表着中国旅游业正进入空前转型期。

一场无可逃遁的旅游变革，正呼啸而来！

---

[1] 当诺基亚被微软收购时，其公司CEO在新闻发布会上说的一句话。

第一节　走进"互联网+"时代

2015年3月5日上午9时,人民大会堂,第十二届全国人民代表大会第三次会议隆重开幕。李克强总理在《政府工作报告》中提出要"制定'互联网+'行动计划,推动移动互联网、云计算、大数据、物联网等与现代制造业结合,促进电子商务、工业互联网和互联网金融健康发展"。[1]"互联网+"这个概念,尽管业内人士早已提出,但能出现在如此高级别的报告中,却有点出乎人们的意料,虽然只有短短一句话,六十余字,却无疑宣告着一个时代的到来。

一、中国互联网21年:从量变到质变

计算机科学家马克·韦泽有句名言:"最高深的技术是那些令人无法察觉的技术,这些技术不停地把它们自己编织进日常生活,直到你无从发现为止。而互联网正是这样的技术,它正潜移默化地渗透到我们的生活中来。"[2]今天,互联网正像空气与水一样,离开了它,人们就感觉与世界失去

1　洪芬."互联网+"时代企业与媒体的互生共赢[J].学习月刊,2015(5).
2　林永青,黄少敏."互联网+",中国版工业4.0[J].金融博览,2015(4).

了连接。网上曾流传出"人生新四大悲剧"的段子：一是刚出门手机就没电；二是一上网速度就变慢；三是刚月初流量就用完；四是好不容易上传个照片，却没人来点赞。段子虽有些戏谑，可我们有多少人没有经历过这种"悲剧性"体验呢？

互联网，这项改变世界的伟大创意和技术，来自于一个具有无私奉献精神的人。他就是被称为"互联网之父"的英国科学家蒂姆·伯纳斯·李。1989年12月，他提出了"互联网"（World Wide Web，简称WWW）的名称。1991年8月6日，他和他的同事们在欧洲粒子物理研究所（简称CERN）的一部NeXT计算机上，架设了人类历史上的第一个互联网网站。他本可将这项技术申请为专利，获得难以估量的巨额财富，但是他却无偿地将这项成果贡献给世界。至于"互联网"之名，也可谓妙手偶得，他与同事们考虑过许多名字，如"Mine of Information"（信息矿场）、"Information Mesh"（信息网格）等，但都不如"WWW"这么简洁有力、寓意丰沛。从此，3个"W"也成为开启信息时代的"金钥匙"。时隔3年，1994年，中国也拿到了这把"时代之钥"。

1994年4月20日，随着一条64K的国际专线开通，中国正式成为了国际公认的第77个接入互联网的国家。经过21年的迅猛发展，如今，中国已经成为世界上互联网用户最多的国家。根据中国互联网络信息中心（CNNIC）2015年《第35次中国互联网络发展状况统计报告》，2014年末中国互联网上网人数6.49亿人，互联网普及率达到47.9%，十年来实现了近6倍的增长（如图1-1所示）。手机上网人数5.57亿人，较2013年增加5672万人，手机网民占整体网民比例上升到85.8%。在这个数量的累积进程中，中国互联网也实现了深刻的质变。

（一）从边缘到中心

从互联网在经济社会的功能和地位来看，互联网发展大体可分为三个演进阶段（如图1-2所示）：媒体阶段、应用工具阶段（+互联网阶段）

图1-1 2014年中国网民规模和互联网普及率

和作为底层物质技术结构阶段("互联网+"阶段)。20多年来,在技术和需求的驱动下,互联网正逐渐从默默无闻的边缘走向经济社会和人们生活的中心。

图1-2 互联网演进三大阶段

媒体阶段:1994年到2002年,典型特点是以海量信息展示为主导,门户网站称雄

应用工具阶段:2003年至2010年,典型特点是以双向互动和深度应用为主导,搜索、社交和电子商务称雄

底层物质技术结构阶段:2011年以后,移动互联网迅猛发展,互联网开始与产业深度融合

1994年到2002年,是中国互联网的起步时期,也是互联网的媒体阶段。其典型特点是以海量信息展示为主导,门户网站称雄。当时,搜狐、网易、新浪等大型门户网站相继在纳斯达克上市,一时资本追捧、舆论追赞,意气风发、风光无限。但2002年全世界互联网泡沫的破裂,也殃及了许多中国互联网企业,过去只要披上互联网外衣就能身价百倍的日子一去不返了。

2003年至2010年,是中国互联网的快速发展期,也是互联网的工具化阶段。这个阶段的典型特点是以双向互动和深度应用为主导,搜索、社交和电子商务称雄。2003 年，对中国来说是个多难之际，SARS（传染性非典型肺炎）肆虐各地，经济特别是旅游业受到重创，互联网却获得了一个难得的发展机遇。在人们只能宅在家里躲避病毒感染，消磨大量无聊时间的日子里，网上交流、网络购物等带给了人们一个全新的生活方式和娱乐天地。2004 年底支付宝的诞生，更是奠定了第三方移动支付基础。从此，互联网与人们生活的联系日益紧密。

2011 年以后，随着智能手机的广泛普及，互联网又迎来一次重大变革，以智能移动设备和第三方应用程序为代表的移动互联网快速发展。在这个阶段，互联网已不仅仅是工具，而是代表着一种新思维、新模式、新业态，成为经济社会发展的新底层基础设施。互联网已经走进了人们生活的中心。"百年前躺着吸鸦片，百年后躺着玩手机"，就真切反映了人们对移动互联网的痴迷。而各类 App（应用程序）的开发，无疑加速了这种进程。2011 年腾讯发布的移动 IM（即时通讯）产品"微信"，是到目前为止最成功的 App 开发。根据腾讯《2015 年微信平台数据研究报告》，截至 2015 年第一季度，微信已覆盖中国 90% 以上的智能手机用户，月活跃用户达到 5.49 亿，用户覆盖 200 多个国家、超过 20 种语言。各品牌的微信公众账号总数已超过 800 万个，移动应用对接数量超过 85000 个，微信支付用户则达到了 4 亿左右。[1] 可以说，微信正引领移动互联网行业爆发式发展，直击人们日常生活的核心，构建着移动时代崭新的经济形式和生活方式。

（二）从价值链到生态圈

随着互联网的发展进化，硬件与软件、传统行业与互联网行业的界限正在消失，原先泾渭分明的价值链正在被解构，商业模式走向生态圈发展模式。

生态圈原是自然科学用语，这一概念被引入商业研究则相对较晚，1993 年，穆尔（James Moore）在《哈佛商业评论》上首次提出了"商业生

---

1 谢淑贤．浅谈电视媒体利用微信平台实现商业模式［J］．东南传播，2015（8）．

态系统"的概念（以下简称生态圈），通过众多学者的逐步完善，生态圈正成为商业关系构建上的一场革命。生态圈指以各种不同组织相互作用为基础的经济联合体。在体系中，每个组织担当着不同功能，各司其职，但又形成互赖、互依、共生的生态系统，虽有不同的利益驱动，但身在其中的组织和个人互利共存，资源共享，共同维持系统的延续和发展。生态圈模式与原有价值链模式最大的区别在于：价值链模式强调如何利用企业已经拥有的、即内部资源形成竞争优势；而生态圈则强调企业如何通过建设一个价值平台，通过平台撬动和集聚圈内其他企业的能力，从而形成竞争优势。[1]（如图1-3所示）

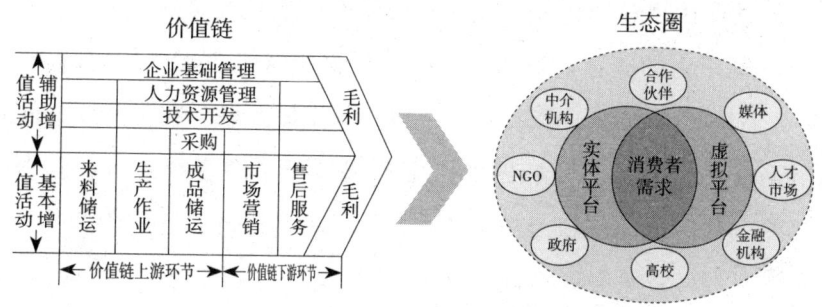

图1-3 从价值链到生态圈变迁

当前，平台型、开放性的生态圈，正对原来的价值链模式进行有力挑战，例如，ARM通过构筑移动设备芯片生态圈挑战了Intel芯片王者之位。

在国内，建设生态系统也已经成为互联网企业巨头的共识。马云曾说："我们要让阿里人明白，我们要建立的是一个生态系统，而绝对不能建一个帝国系统。"雷军希望"在大的Android（安卓）生态系统中，建设由小米手机、MIUI（米柚）、云服务和开发者组成的生态圈。"李彦宏认为："百度必须要做一个大公司应该可能做的事情，让移动互联网更健康，去搭平台，让有产品梦想的人做出改变世界的产品。"建设生态系统成为大势所趋，其内涵也正在一步步深化。

---

[1] 廖建文.竞争2.0——商业生态圈[EB/OL].（2012-12-28）[2015-08-14].http://www.chinavalue.net/Management/Article/2012-12-28/201373.html.

（三）从"消费+互联网"到"互联网+全产业"

纵观互联网对经济社会的渗透，是从人们日常消费开始的。主要通过"消费+互联网"的形式，以消费者为服务中心，以网络为媒体渠道、社交平台或展销平台，形成产业发展路径。典型如门户网站、搜索网站、社交媒体等。按照"赢者通吃"的逻辑，在我国互联网飞速发展的进程中，出现了百度、阿里巴巴和腾讯（以下简称BAT）这样的互联网巨头，他们在搜索、电商和社交领域独占鳌头，也支撑起了消费互联网时代的鼎盛王朝。

随着网民基数越来越大，互联网对经济社会影响日益深广，对其他行业的基础性作用也愈加明显，成为各行业不可或缺的基础设施。这时期出现了极具概括力的概念："互联网+"。根据国家发改委的权威解释："互联网+"代表着一种新的经济形态，即充分发挥互联网在生产要素配置中的优化和集成作用，将互联网的创新成果深度融合于经济社会各领域之中，提升实体经济的创新力和生产力，形成更广泛的以互联网为基础设施和实现工具的经济发展新形态。[1]

有别于"消费+互联网"，"产业互联网是通过互联网与传统企业的融合，寻求全新的管理与服务模式，为消费者提供更好的服务体验，创造出不仅限于流量的更高价值的产业形态"。[2]时代的变迁，要求各行业如制造、医疗、农业、交通、运输、教育和旅游等加速互联网化，走向"互联网+全产业"，推动中国经济发展的提质增效。

二、"互联网+"速度

面对历史性的机遇，政府行动迅速。

---

1 洪芬."互联网+"时代企业与媒体的互生共赢[J].学习月刊，2015（5）.
2 中国电子信息博览会组委会."互联网+"明确产生互联网演进路线图[J].中国电子商情·基础电子，2015（5）.

2015年7月4日，国务院印发了《关于积极推进"互联网+"行动的指导意见》（以下简称《指导意见》），这距离3月份提出"互联网+"计划才仅仅四个月。《指导意见》的出台，意味着"互联网+"正式成为新的国家战略，也同时为推动互联网由消费领域向生产领域拓展，为促进我国经济提质增效提供了指南。

《指导意见》提出，要坚持开放共享、融合创新、变革转型、引领跨越、安全有序的基本原则，充分发挥我国互联网的规模优势和应用优势，坚持改革创新和市场需求导向，大力拓展互联网与经济社会各领域融合的广度和深度。到2018年，互联网与经济社会各领域的融合发展进一步深化，基于互联网的新业态成为新的经济增长动力，互联网支撑大众创业、万众创新的作用进一步增强，互联网成为提供公共服务的重要手段，网络经济与实体经济协同互动的发展格局基本形成。到2025年，"互联网+"新经济形态初步形成，"互联网+"成为我国经济社会创新发展的重要驱动力量。[1]

在《指导意见》中，重点部署了"互联网+"创业创新、协同制造、现代农业、智慧能源、普惠金融、益民服务、高效物流、电子商务、便捷交通、绿色生态、人工智能等11项重点行动。这些行动计划既涵盖了制造业、农业、金融、能源等具体产业，也涉及环境、养老、医疗等与百姓生活息息相关的方面。一场涉及经济社会和人们生活方方面面的"互联网加速度"正在到来。

在政策的指引下，各行各业也紧锣密鼓，谋划插上互联网的翅膀。

在产业领域，石油化工行业巨头中石化在2015年3月22日的业绩发布会上，宣布将全面启动基于互联网的车联网、O2O、互联网金融等6大创新业务；家电行业领导者海尔宣布拥抱"互联网+"，支持创客，并且未来将建设基于工业4.0时代的互联工厂；汽车行业也不甘落后，微信朋

---

[1] 陈健."互联网+"提升产业能级［N］.上海金融报，2015-07-07.

友圈推送的第一条广告，就来自宝马。

在民生领域，截至2014年底，各级政府部门已经在微信上开通了近2万个公众账号，面向社会提供各类服务，有力地提升了政务服务能力。例如，武汉交警通过微信服务号可在60秒内完成罚款收取，此项功能全年可为武汉驾驶员窗口缴罚节省时间达140万小时，节约警力300人。[1]

在医疗领域，"互联网+"医疗的模式使得"口袋里的医院"正在成为现实。目前全国已有近100家医院上线微信全流程就诊，超过1200家医院支持微信挂号，服务累计超过300万患者，为患者节省时间超过600万小时，大大提升了就医效率，节约了公共资源。[2]

在金融领域，互联网技术优势正在冲破金融领域的种种信息壁垒，改写着金融业的发展格局。工、农、中、建、交五大国有商业银行都把互联网金融提升到了战略地位。中国银监会更是在2015年年初的改革中，专门新成立一个部门——普惠金融部，首次将互联网金融纳入普惠金融渠道。[3]

在"互联网+"风暴席卷各行各业的时代，与经济社会和人们生活息息相关的旅游行业，自然无法置身事外。

三、站在风口上的旅游

旅游，古已有之。

"旅"即旅行，是为了实现某一目的而在空间上从甲地到乙地的行进过程；"游"即外出游览、观光、娱乐，是为达到这些目的所做的旅行。[4]

---

[1] 孟梅，王瑜．"互联网+"首现政府工作报告，人大代表马化腾表示"非常振奋"[N]．华西都市报，2015-03-06．

[2] 王鑫．"互联网+"首现政府工作报告[N]．成都日报，2015-03-06．

[3] 万璐．互联网金融势不可挡[J]．理财，2015（5）．

[4] 周冬英．论文化与旅游高度融合下的品牌活动的创新发展——以常熟市为例[J]．淮海工学院学报（人文社会科学版），2015（3）．

在山东昌乐骨刻文中，就有"旅"和"游"二字，这是东夷旅游娱乐活动的最早记录，也是中国旅游文化的最早体现。

到了春秋战国以后，旅游活动日益增多。孔子周游列国，讲学求仕；司马迁漫游名山大川，采集传闻；张骞出使西域，开辟了"丝绸之路"；玄奘历经艰辛，到印度取得了真经。当然，最大名鼎鼎的旅行者还是明朝的徐霞客。他志在四方，不畏风雨虎狼，不避风餐露宿，足迹遍布了北京、河北、山东、河南等16省，并以日记体的形式，将34年的旅行所见所闻所感，写成了60万余字、在地理学和文学上都有卓越的价值的《徐霞客游记》。徐霞客，可谓中国旅游的第一达人。

但旅游作为一种产业，真正快速发展还是在改革开放以后。

随着人们生活的水平的提高，旅游逐渐成为一种普遍的现象。《2014年国民经济和社会发展统计公报》显示，2014年全年国内游客36.1亿人次，国内旅游收入30312亿元；入境游客1.2849亿人次，国际旅游外汇收入569亿美元。截至2013年末，全国纳入统计范围的旅行社共有26054家，纳入星级饭店管理系统的星级饭店共计13293家。[1] 同时，国家信息中心旅游规划研究中心课题组的研究成果显示，2013、2014两年旅游产业对我国GDP（国内生产总值）直接贡献都超过7%，旅游产业对GDP综合贡献都超过10%（如表1-1所示）。旅游行业已经名副其实地成为我国的支柱性产业。

游客基数如此庞大，产业地位如此显要，旅游产业必然是"互联网+"的战略重地。

中国互联网络信息中心统计数据显示，截至2015年6月，我国在网上预订过机票、酒店、火车票或查询过旅游行程的网民规模达到了1.9亿，网民使用在线旅行预订的比例已达30%，使用手机预订的比例达到14.3%，在线旅游收入占到旅游总收入的7%左右。[2]

---

[1] 旅行社和星级饭店为2013年数据，数据来源为《2013年中国旅游业统计公报》。
[2] 梁俊晓.旅游：互联网加速切分增长蛋糕[J].神州，2015（1）.

表 1-1 2014 年中国旅游基本数据 [1]

序号	指标		数据
1	国内	游客	36.1 亿人次
		旅游收入	30312 亿元人民币
2	入境	游客	1.2849 亿人次
		旅游收入	569 亿美元
3	旅行社（2013 年）		26054 家
4	星级饭店（2013 年）		13293 家
5	GDP 直接贡献率		>7%
6	GDP 综合贡献率		>10%

但相比全球水平，我国还存在极大的提升空间。根据全球知名市场研究机构 eMarketer 发布的数据显示，2011 年全球在线旅游服务市场规模为 2840 亿美元，占全球旅游市场 31% 的份额。美国在线旅游渗透率达到 70%，欧洲在线旅游渗透率达到 30% 到 40%。而我国在线旅游渗透率不到 10%，门票渗透率还不到 3%。

为了推进"互联网+"旅游的建设，2015 年 5 月，国家旅游局发布了《国家旅游局关于促进旅游业与信息化融合发展的若干意见（征求意见稿）》（以下简称《征求意见稿》）。《征求意见稿》指出，国家旅游局将形成并不断强化"没有信息化就没有旅游的现代服务业"和"没有信息化旅游业就不可能让人民群众更加满意"的工作方针，坚持满足需要、量力而行，统筹谋划、分步实施，建设、应用、管理并重，科学实用、适度超前等原则，认真负责、务实高效地推进各层级、各领域的旅游信息化。

《征求意见稿》中提出，到 2020 年，旅游信息化规划论证、系统整合、互联互通、资源共享格局基本形成，信息化对旅游消费、企业经营、公共服务、组织管理、产业运营、事业发展的支撑保障作用进一步增强。到 2030 年，实现让旅游业融入互联网时代、用信息技术武装中国旅游全行业

---

[1] 根据《2014 年国民经济和社会发展统计公报》及国家信息中心旅游规划与研究中心课题组研究成果整理。

的目标，为建设适应全面小康和初步富裕型需要的旅游业提供有力的信息技术支撑。到 2050 年，实现中国旅游业的现代化、信息化、国际化，为成为国民经济战略性支柱产业与人民群众更加满意现代服务业的旅游业和世界旅游强国提供坚强有力的技术基础和保障。

　　行业的需求，政策的推动，让人看到了"互联网＋旅游"的巨大潜力。据统计，仅 2015 年上半年，进入在线旅游市场的各路资本总额就接近百亿，既有国内的 BAT 等互联网巨擘，也有国外的行业领军企业如 Priceline（普利斯林公司），更有一些重资产企业裹挟着资本的力量闯入了这个行业。

　　2015 年 3 月 20 日，A 股上市公司中青旅发布"遨游网＋"战略计划，提出新的旅游行业 O2O 发展思路，就是利用互联网技术，整合传统旅行社专业服务能力，将中青旅以及全国 2 万多家传统旅行社、全球范围内数千种的地接服务、亿万旅游消费者动员起来，以此挖掘潜在性的消费需求。[1] 2015 年 3 月 30 日，阿里巴巴正式发布"未来酒店"战略，打造基于信用基础上的新型在线旅游服务平台，通过蚂蚁金服旗下的芝麻信用、支付宝等直接提供信用入住及支付宝结算。据阿里巴巴航旅事业群总裁李少华介绍，未来用户通过"未来酒店"计划，可以先入住后付款，无须担保零押金，离店时也无须排队，只需把门卡放到前台，系统会自动从用户的支付宝账户里扣除房费。[2]

　　2015 年 7 月 3 日，万达文化产业集团联同腾讯产业共赢基金、中信资本等多家机构，向中国领先的休闲旅游在线服务商同程旅游投资总额超过 60 亿元人民币，其中万达出资 35.8 亿元人民币。万达的战略雄心在于打造出集线上平台、线下渠道和大型旅游目的地"三位一体"的万达旅游格局，实现"互联网＋"时代的旅游产业 O2O 模式。而同程旅游则希望借助

1　政策扶持＋产业资本注入"互联网＋"［N］. 第一财经日报，2015-04-10.
2　林司楠. 政策扶持＋产业资本注入"互联网＋"旅游概念迎风起飞［EB/OL］.（2015-04-04）［2015-09-08］. http://hznews.hangzhou.com.cn/jingji/content/2015-04/04/content_5717138_2.htm.

资本的力量，加大在品牌、移动、研发、大数据及市场拓展的投入，巩固同程在休闲旅游市场行业领先地位。[1]

随着互联网时代的到来，传统旅游服务、经营、管理和消费方式正发生重大的变革。拉开时空的视野，我们可以发现，BAT进入在线旅游、万达重资投资同程旅游，其实也只是顺势而为的举措。随着游客需求的日益多元与产业的转型升级，"互联网+"旅游必定是一种无法阻挡的趋势。未来只属于洞悉趋势、提前布局者。

---

1 王丽新. 同程旅游获万达领投60亿元天价融资，在线旅游烧钱大战或升温[N]. 证券日报，2015-07-06.

第二节　互联网与旅游融合演进史

一、演进的三大阶段

1994年4月，我国正式接入了互联网，开启了我国互联网发展的新时代。同年，专门为国家旅游局和旅游行业信息化管理提供服务和管理技术的机构——国家旅游局信息中心成立，旅游信息化由此提上了日程。纵观互联网与旅游融合发展，其历程可简要归为三个阶段（如表1-2所示）。

表1-2　互联网与旅游融合发展的三大阶段

阶段	资讯为主阶段	服务细分阶段	移动互联阶段
时间	1994—2000年	2001—2012年	2012年至今
特点	旅游网站还是以传统旅行社为主体，网站只是旅行社旅游产品及传统分销渠道的补充；网站功能单一，互动性不足，以产品发布为主，未能实现实时销售；商业模式缺少创新，网站并没有找到盈利模式	行业进入到差异化、细分化时期，出现了综合型在线旅游交易商、聚焦型在线旅游交易商、垂直搜索引擎类在线旅游服务平台、社区点评和攻略类在线旅游服务平台、"B2B+B2C"类在线旅游服务商等多种类型服务商	智能终端爆发式增长，中国手机网民数量首次超过PC机网民数量，互联网和旅游进入一个深度融合时期。基于移动和位置服务的业务获得快速发展

（一）资讯为主阶段（1994—2000年）

1997年10月，由广东新泰集团和中国国际旅行社总社投资组建的全国首家专门服务于旅游业的"华夏旅游网"成立，开创了我国旅游网站的先河。同年，为了响应政府上网工程的倡议，国家旅游局开通了"中国旅游网"，内容涉及旅游中的吃、住、行、游、购、娱等多方面旅游信息。到了年底，西安马可孛罗国际旅行社旗下英文网站、桂林国旅等也相继上线。

这一时期旅游"触网"还处在相当初级的阶段。一是旅游网站还是以传统旅行社为主体，业务局限于传统的旅行社业务，网站只是旅行社旅游产品及传统分销渠道的补充；二是网站功能单一，互动性不足，以产品发布为主，未能实现实时销售；三是商业模式缺少创新，网站并没有找到自己的盈利模式。

到了1999年，全球互联网投资高潮兴起，携程旅行网（以下简称"携程"）、艺龙旅行网（以下简称"艺龙"）相继创立，成为真正一批的在线旅游企业，标志着中国在线旅游业发展的开端。由于旅游不需要物流的支撑，因此在线旅游被认为是实现无物流型电子商务的最佳突破口，受到了风险投资者的积极追捧。但整体而言，这个时期虽然经历了投资热潮和炒作式发展，但受制于整个互联网发展阶段的限制，在线旅游并没有实质上的突破，基本上以单纯的网站为主，主要承担旅游资讯提供功能。区别于国外成熟的在线B2C模式，国内更多是以携程为代表的"鼠标+水泥"的销售预订模式、"客人酒店前台现付+纸质机票"为主的产品体系，以及"自行车+现金"为主的结算和服务体系。[1]也正是这个时期，携程建立了庞大的呼叫中心和地推团队，极具中国在线旅游的发展特色。

（二）服务细分阶段（2001—2012年）

2001年，携程旅行网从一个单纯的网站向旅游服务公司全面转型，开

---

1 北京旅游教育发展研究基地.中国在线旅游研究报告2014[M].北京：旅游教育出版社，2014:4.

启了中国互联网旅游新业务模式。[1] 2003年12月，携程在美国纳斯达克成功上市，次年10月艺龙也成功上市。在行业领先者利用资本快速扩大业务、开发新品的同时，一些新兴的在线旅游服务企业，如同程旅游、遨游网、去哪儿、芒果网等相继进入在线代理市场。2004年支付宝的出现，为网上支付提供了很好的解决方案，加速了在线旅游的交易服务，也让预付成为重要的服务内容和盈利方式。

在这个时期，各种在线旅游企业或网站百花齐放，争奇斗艳，行业竞争异常激烈，整个行业进入到差异化、细分化时期。概括起来，主要有以下类型。

一是综合型在线旅游交易商，典型代表如携程。这类企业主要为用户提供机票、酒店、门票、休闲产品等方面的综合预订服务，以收取佣金为主，属于航空公司、酒店、景区等供给主体的分销渠道。这些企业起步早，技术门槛、资源门槛和市场优势已经形成，因此新兴的小型OTA（在线旅游社）很难在规模上与之抗衡。

二是聚焦型在线旅游交易商，典型代表如途牛旅游网（以下简称"途牛"）、途家网（以下简称"途家"）。他们大都立足度假旅游的细分市场，结合旅游景点和路线设计，做深做透，为游客提供优质的创新服务。例如途牛主要聚焦在休闲度假的路线设计，途家聚焦在公寓民宿预订，大鱼自助游则聚焦在中国台湾和日本等地的民宿等细分领域。

三是垂直搜索引擎类在线旅游服务平台，典型代表如去哪儿、酷讯旅游（以下简称"酷讯"）。其利用搜索引擎技术，为游客提供旅游产品的性价对比和参考决策，然后引导旅游者按所做的决策，链接到相关网站完成交易，网站则通过收取交易分成或佣金获得收益。这几年来，在百度的支持下，去哪儿发展最为迅猛，已经坐上了中国垂直搜索引擎类旅游服务平台的头把交椅。

---

[1] 武义勇，方丽莹. 中国旅游营销30年回顾、反思和问题[J]. 新营销，2007（8）.

四是社区点评和攻略类在线旅游服务平台，典型代表蚂蜂窝旅行网（以下简称"蚂蜂窝"）、穷游网（以下简称"穷游"）。随着自由行、自驾游等旅游方式的兴起，游客对旅游信息有越来越强烈的需求。出游前在旅游攻略网站下载攻略，出游中在点评网上寻找美食、住宿，出游后在社交网站分享旅游经历，每一个阶段都有特定的需求。点评和攻略类网站恰好迎合了这一市场需求，获得了较快的发展。

五是"B2B+B2C"类在线旅游服务商，典型代表如同程旅游和欣欣旅游网。同程旅游B2B平台主要为旅游企业提供旅游资源的整合、交易，B2C平台则向消费者提供类似携程网的各项旅游服务，从酒店、机票到各类门票、租车、旅游产品，最终都通过向商家抽取佣金的模式获取收益；[1]欣欣旅游网也是有效地融合了二者。

六是智慧旅游公共服务支撑平台。典型代表如浙江深大智能科技有限公司。其开发的"智游宝"是连接旅游局、旅游网点、旅行社、网络分销商的第三方服务平台。景区可以通过"智游宝"对接各大OTA（如去哪儿等直销、分销门户），可以对景区每天的客流量、游客组成和客源地等相关信息进行统计分析，还可实现景区与分销商的自动对账，能较好地解决景区票款难收、财务对账、游客排队、市场价格混乱等问题。"智游宝"盈利模式主要是通过入股智慧景区获取利润分红，以及提取在线交易资金池的利息分成。

（三）移动互联阶段（2012年至今）

2012年是中国移动互联网发展极具标志性的一年。截至2012年底，中国手机网民数量首次超过PC机网民数量，达到3.88亿人，手机网民在总体网民中的比例达72%，中国智能手机保有量达到3.6亿台，较上

---

[1] 赵慧娟.我国旅游产品与服务中间商电子商务模式分析[J].全国商情（理论研究），2013（18）.

年增速为80%。[1]智能终端的爆发式增长，让互联网和旅游进入一个深度融合时期。

智能终端出现前，互联网与旅游的融合主要在游前信息检索、旅游攻略、OTA预定和游后分享等。智能终端出现后，旅游移动过程中的分享、导游、食宿点评以及地图等信息需求得以解决，特别是当基于位置的服务（LBS）出现之后，旅游行程中信息的断裂最大限度地弥合，旅游前、中、后的信息终于可以顺畅地联系起来，这正是移动互联网对旅游行业的重大改变。

移动互联网不只是互联网在移动端的延伸，更是一种全新的网络形态，具有一些PC端无法拥有的特点。一是使用场景广泛，二是实时在线，三是位置服务，四是个人媒体。基于以上特点，移动互联网真正实现了与生活的无缝对接，成为"U-媒体"（Ubiquitous Media）。也正因为如此，越来越多的旅游个性化需求被唤醒，线下旅游服务的多样性和复杂性也逐渐凸显，从攻略、预订、租车、导游、餐饮、门票等旅行过程的各个维度，都需要移动互联网提供本地化的、实时化的服务。事实上，移动互联网已经取得巨大的发展，以携程为例，目前近70%的客户都是通过移动端来进行旅游产品预订的。可以预测，未来的"互联网+"的世界，必将是移动互联的世界。

二、演进的基本规律

纵观整个互联网与旅游的融合演进过程，存在着三大基本的规律：技术引领、需求驱动、逆向渗透。

（一）技术引领

邓小平曾说过，科学技术是第一生产力。在互联网领域尤其如此，它

---

[1] 官建文，唐胜宏，王培志.中国移动互联网发展报告（2013）——前景广阔的中国移动互联网［EB/OL］.（2013-06-08）［2015-09-10］.http://yjy.people.com.cn/n/2013/0608/c245083-21792961.html.

是典型的技术驱动型产业。知名的摩尔定律[1]、库梅定律[2]，就体现了技术迭代的迅速。

互联网自1969年发明以来，经历了阿帕网、TCP/IP交换协议、万维网和智能手机开启的移动互联网等发展阶段。这种不断前行与变革的互联网技术，正深刻地影响和改变着人类的生活方式、工作方式以及思维方式。这种影响，我们也可以从互联网和旅游的融合发展中看到。

在互联网媒体属性主导的时代，在线旅游网站主要担当信息发布功能，业务比较单一；在互联网拥有更强的双向互动特质的阶段，在线旅游迎来百花齐放的大发展、大创新，各种旅游网站、商业模式、服务产品层出不穷，包括驴妈妈旅游网等攻略类和社群类在线旅游企业快速崛起；而到了移动互联网时代，网络和设备智能化、移动化，连接无处不在，网民和互联网在衣食住行等各方面紧密结合。基于移动终端的App、基于LBS的在旅游领域的应用快速发展，"一机在手、说走就走"成为可能，在线旅游也衍生出了许多新模式、新业态。

（二）需求驱动

根据经典的营销理论，营销是一个发现需求并且满足需求的过程，做产品和服务的目的也只有一个，就是如何更好地满足客户的需求。纵观互联网与旅游的融合进程，从信息门户到交易工具再到旅游基础设施，演进的核心是如何带给游客更大的便利和更好的旅游体验。

需求驱动有两层意思。一是需求的基数。我们可以看到，在互联网与旅游融合的初级阶段，主要是信息网站来呈现的，为什么呢？因为网民基数小。2002年，中国互联网人口不到6000万人，上网的人数少，在线进

---

[1] 英特尔创始人戈登·摩尔（Gordon Moore）曾提出：一定面积的集成电路上可容纳的晶体管数量，以18个月翻一倍的速度增长，性能也随之翻倍。

[2] 斯坦福大学的教授乔纳森·库梅（Jonathan Koomey）发现了库梅定律：每隔18个月，相同计算量所需要消耗的能量会减少一半。

行旅游产品预订的自然更少，完全依靠互联网来实现盈利是异常艰难的。到了 2014 年，上网人数超过 6 亿，移动上网人数达到 5 亿多。人数上涨，需求自然增多，旅游与互联网连接自然更加紧密。二是需求的内容。随着消费水平的提高，旅游需求正在转型升级，以前走马观花式到此一游的团队旅游，已经不能满足人们渴望休闲体验、细品当地文化的需要。旅游需求更趋多元化、细分化，这要求在线旅游不再是大而全的网站，而是纵向深耕的企业，例如去哪儿关注搜索、途牛关注旅游路线、途家关注度假公寓、民宿和客栈等。

（三）逆向融合

互联网与旅游产业链的融合呈现出一种逆向化的特征。

最早被互联网影响的是广告营销环节。最主要的体现就是一些旅行社、代理商、互联网企业等，建立网站，进行信息推送，同时在互联网媒体上投放广告。其次是销售环节的互联网化，现在网上购物已经成为人们的生活方式，特别是图书、家电等标准化产品，大规模实现了互联网销售。目前机票、酒店以及标准化的度假产品，已经很大程度上实现了网上销售或预定。但是由于休闲度假产品内容多样，目前互联网渗透率并不是很高；再往上，互联网正深入到批发、分销以及景区服务等生产环节。当前大量景区都在探索智慧景区模式，对景区进行数字化、信息化改造。但我们发现，"互联网+"的过程，是一个逆向倒逼的过程，各个产业链互联网化的比重依次递减，融合度也越来越高。

第三节 "互联网+"改变了旅游什么？

一、"互联网+"三大特征

一千个读者心中就有一千个哈姆雷特，同样，一千个人对"互联网+"，就有一千种理解。

首先来看一些流传较广的定义：

官方对"互联网+"的解释是：充分利用互联网在生产要素配置中的优化和集成作用，将互联网的创新成果深度融合经济社会各领域之中，提升实体经济的创新力和生产力，形成更广泛的以互联网为基础设施和实现工具的经济发展形态。[1]

腾讯董事局主席马化腾对"互联网+"的解释是：以互联网平台为基础，利用信息通信技术与各行业的跨界融合，推动产业转型升级，并不断创造出新产品、新业务与新模式，构建连接一切的新生态。阿里巴巴的解释是：以互联网为主的一整套信息技术（包括移动互联网、云计算、大数据技术等）在经济、社会生活部门的扩散应用过程。雷军的解释是："互联网+"就是怎么用互联网的技术手段和互联网的思维与实体经济相结合，

---

[1] 潘凯旋."互联网+"[J].现代出版，2015（4）.

促进实体经济转型、增值、提效。[1]

从这些定义来看，官方版强调的是互联网融合能力，通过融合提升实体经济的创新力和发展力，形成新的经济形态；腾讯强调的是互联网的基础性和连接能力，通过创新构建新生态；阿里巴巴强调的是技术的扩散应用；雷军强调的是互联网技术与思维，落脚点是提质增效。相对而言，以上定义都比较宏大和抽象。本书认为，"互联网+"可归结为三大特征：互联、互通、互惠。

（一）互联

互联即网络化，是指利用信息技术（包括传感技术、计算机技术、通信技术等三大支柱）将人与网、人与人、人与物、线上与线下进行连接，并逐渐走向万物互联。思科公司预测，到2020年，将有超过500亿个传感器连接到物联网；[2]另有机构估测，到2030年，将有超过100万亿个传感器连接到物联网。届时，互联网将真正实现如空气、水一般，无处不在，无时不有。互联，这也是"互联网+"的最基础和最本质的特征。

（二）互通

互通是大数据的连通。在互联网时代，社交网络、电子商务与移动通信把人类社会带入了一个以"PB"（数据储存单位，1PB大约是1024TB）为单位的结构和非结构数据信息的新时代。[3]根据维基百科的定义，大数据是指无法在可承受的时间范围内用常规软件工具进行捕捉、管理和处理的数据集合，具有4个"V"特点：Volume（数据体量大）、Variety（数据类型繁多）、Velocity（处理速度快）、Value（价值密度低）。但大数据要想

---

[1] 互联网大佬热议"互联网+"：提升中国经济创新力和生产力[EB/OL].（2015-03-16）[2015-08-11］. http://finance.cnr.cn/gundong/20150316/t20150316_518010680.shtml.

[2] 刘玉龙.里夫金："零成本"引领新经济[J].金融世界，2014（11）.

[3] 郭晓春.浅谈大数据对图书馆发展的影响[J].中国西部科技，2015（1）.

有价值，最大的需求就是"开放"。只有将各个数据孤岛进行连通，实现数据的共享，才能创造更大的价值。因此，在大数据时代，"互联网+"关键是要实现连通，实现整个产业的数字化管理。

（三）互惠

互惠就是要实现共享共赢。共享经济这个术语最早由美国得克萨斯州立大学社会学教授马科斯·费尔逊（Marcus Felson）和伊利诺伊大学社会学教授琼·斯潘思（Joe L. Spaeth）在1978年发表的论文"Community Structure and Collaborative Consumption：A Routine Activity Approach"中提出。理论上，共享经济是指个体间直接交换商品与服务的系统，涵盖生活的方方面面，包括搭车、共享房间、闲置物品交换等。互联网给共享经济发展带来了极大的便利，消费者通过第三方平台进行交换，可享用到更加便利、舒适、快捷和实惠的商品与服务。[1] 互惠经济也是未来最有前景的经济模式之所在。目前滴滴快的的迅猛发展就是明证。在2015年7月，滴滴快的完成了20亿美元的融资，全球超过20家顶级基金进行超额认购，这次融资也成为全球非上市公司的最大融资。本轮融资完成后，公司将拥有超过35亿美元的现金储备。这充分说明了大家对共享经济模式的认可——网聚长尾的力量，实现互惠共赢和规模化成长。

二、互联网对旅游的改变

随着互联网对旅游业日益深入的渗透，无论从游客习惯、产业链条，还是从旅游业态、商业模式和管理方式上，都发生了重大的改变。一定程度而言，这种改变是全面而且深入的。

---

[1] 天同律师事务所. 从"共享经济"到律师的知识管理［EB/OL］.（2015-04-07）［2015-08-11］. http://blog.sina.com.cn/s/blog_78341c350102vddl.html.

（一）消费习惯

互联网让游客的消费习惯发生了巨大的变化。

随着互联网时代和移动互联网的普及，电脑、手机、平板电脑等成为互联网时代游客获取旅游信息的主要渠道，根据雅高集团客户体验总监 Emilie Couton 的报告，85% 的游客在旅行过程中积极使用社交媒体。他们在旅行过程中依赖酒店无线网（52%）、本地 SIM 卡（15%）和数据漫游（15%）创建网络连接点，分享更新状态、上传照片、发表评论并搜索当地信息。

互联网时代的旅游服务，不仅要有线下旅游要素的服务和支持，同时还要有网上的预订、查询、分享、投诉、咨询等线上服务支持。特别是旅游移动中的服务需求急剧增长，这是以前旅游消费中不曾出现的。

谷歌亚太旅游主管 Alan Gertner 在 2013 年亚洲旅游节期间新加坡全国旅行社协会（NATAS）会议上称："当今游客寻求三点：简单、个性和移动体验。"满足移动需求，抢占移动互联网入口与服务，正成为在线旅游竞争的主要战场。

携程旅行网创始人梁建章在 2013 年重新担任 CEO 后，就非常重视移动互联网，加快无线业务上的布局。他曾表示，今后携程所有资源向无线端倾斜，推出手机专享的价格和优惠政策。[1] 根据蚂蜂窝 CEO 陈罡在 2014 年中国互联网大会的介绍，2014 年蚂蜂窝有超过 5000 万的用户，其中有超过 80% 是通过移动终端使用蚂蜂窝的产品和服务，未来蚂蜂窝将把重点放在移动信息的数据加工和优化处理流程，把杂乱无章的 UGC（User Generated Content，指用户原创内容）信息通过蚂蜂窝的攻略引擎变成高度集中化的信息，使用户能在蚂蜂窝上更简单、快速地完成消费决策。

1　旅游网站应接不暇，移不动的 App 没有市场［N］.南方日报，2013-05-29（B02）.

(二)产业链条

互联网等信息技术的发展对旅游行业产生了极大的影响,电子商务、信息传播技术的出现不仅改变了旅游企业传统的交易模式,也对旅游供应链上的企业合作方式和权力分布产生决定性影响[1]。概括来说,"互联网+"从两个方面对传统的旅游产业进行了改变。

一是丰富了产业链条的环节,如图 1-4 所示。从旅游产品供应商到最终旅行消费用户,在传统的旅行社外增加了在线平台,使得整个行业发生了重大变革。在线媒体平台让旅游有了更多的信息和对比的渠道,实现更多个性化、差异化的旅游需求。这也催生了新型旅游企业,线上旅游综合平台 OTA、旅游搜索平台等网络生态环境下的新概念企业,通过技术创新实现了各类旅游服务功能。[2]

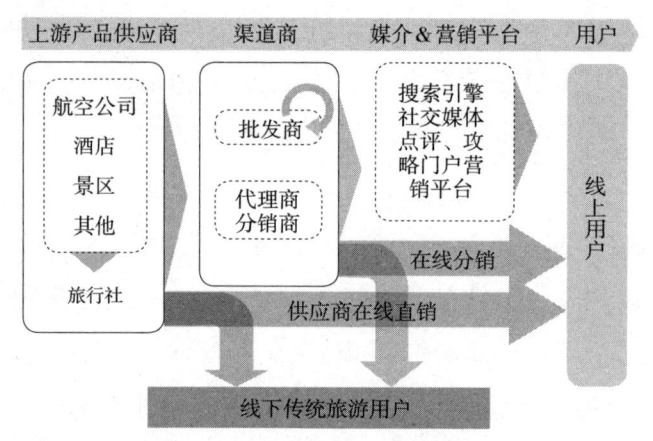

图 1-4 中国在线旅游产业链

资料来源:艾瑞咨询。

二是推进了产业链的联系,以前吃、住、行、游、购、娱各要素间是"竖井模式",彼此之间缺少有效的沟通协同机制。互联网、智能手机、各种 App 逐渐走向大众生活,信息壁垒逐步降低。"互联网+"推动了传统

---

1 王克稳,徐会奇.国外旅游供应链研究综述[J].中国流通经济,2012(5).
2 杜一力.旅游业之变(下)[N].中国旅游报,2014-03-19.

企业的网络化和数字化，让六大要素链紧密合作成为可能。如果从大数据连通和挖掘的角度看，游客一次出行，就会在吃、住、行、游、购、娱各领域留下大量的数字痕迹，通过对六大领域数据的综合分析，就可以对游客进行数字素描，形成全息数据分析，推进产业链间无缝的合作。

（三）旅游业态

"互联网+"催生了旅游产业新业态（如图1-5所示），传统产业链条正在被移动互联网公司高度切分，各环节出现了新业态。

在旅游计划阶段，"互联网+"开启了咨询模式，搭建了攻略、社交网络平台。例如：蚂蜂窝，主要服务内容为旅游攻略、游记；途客网，主要服务内容为户外旅游资讯社交；穷游网，主要服务内容为海外旅游攻略资讯。[1] 在旅游要素对比和决策阶段，"互联网+"开启了搜索模式，例如去哪儿、酷讯等信息垂直搜索比价平台，为旅客提供酒店、机票等价格比对信息。旅游要素预订阶段，也是在线旅游竞争最激烈的重点盈利环节，催生了如遨游网、携程、阿里旅游等各类在线预订平台。在旅游过程阶段，基于位置和场景的服务崛起，例如高德地图、百度地图、本地服务App、大众点评、滴滴快的、景区智能讲解等，这也是未来市场规模最大的环节。在游后点评和分享阶段，有驴评网、TripAdvisor（猫途鹰）等，对酒店、景区、交通等服务进行点评和分享。

阶段	旅游计划阶段	对比决策阶段	旅游预定阶段	旅游途中阶段	旅游分享阶段
业态	旅游攻略、社交网络平台	旅游信息垂直搜索比价平台	各类在线旅游预订平台	位置场景服务平台	点评和社区分享平台
企业	蚂蜂窝、穷游网等	去哪儿、酷讯、TripAdvisor等	携程、艺龙、途家等	百度地图、本地服务App	驴评网、TripAdvisor等

图1-5 旅游发展新业态

---

[1] 董洪涛，黄瑞鹏.传统旅游业态与现代旅游生态系统之对比分析[N].中国旅游报，2014-07-07.

在旅游业态上，也有些企业进行全业态运营，形成了互联网时代的"信息闭环"，例如著名在线旅游企业"TripAdvisor（猫途鹰）"。其以提供旅行点评服务起家，而后又通过搜索进入酒店预订市场。随着4G移动时代的到来，移动设备数量激增，TripAdvisor的服务开始拓展到更广泛、更深入、更个性化的旅游活动中。在旅游活动的游前、游中、游后的每一个阶段都有TripAdvisor的身影，在旅游O2O闭环打造上，TripAdvisor渗透性非常强大。

在旅游规划阶段，TripAdvisor通过真实的点评信息为游客的旅行规划提供决策参考，以帮助他们规划旅行线路。在游中，TripAdvisor通过其移动端的TripAdvisor、GateGuru和SeatGuru等工具，为游客提供贴身服务，正如TripAdvisor总裁兼首席执行官Steve Kaufer接受采访时说："想想智能手机如何改变着我们的生活——它就是我们口袋里的电脑、地图，我们认为，TripAdvisor可以成为你口袋里的个人出游助理，帮你计划行程，尤其是在你到达目的地的时候。"在游后，TripAdvisor鼓励用户分享真实的体验，其创造内容的首要目标就是使TripAdvisor成为一个旅游社区，在这个真实庞大的社区里，TripAdvisor的访客会通过查看该网站的内容来计划旅行，他们最终会希望回到网站发布他们自己的内容，有些访客会认为他们从旅行者社区获得了极佳的建议，因此他们会想将自己的原创内容回馈给社区，而这正是TripAdvisor独特的价值所在。[1]

（四）商业模式

传统旅游的商业模式主要是"游客—组团社—地接社—供应商（景区、酒店等）"的佣金分成模式，随着互联网的发展，商业模式也日趋多元化（如表1-3所示）。

---

[1] i黑马.Tripadvisor：UGC大赢家，市值百亿美金的旅游社区［EB/OL］.（2014-10-20）［2015-08-16］.http://www.tuicool.com/articles/IbYRFvj.

表 1-3 互联网时代旅游七种商业模式

模　式		主要特点
F2C	传统旅游企业开创的"直销模式"	企业通过开通网络平台或者入驻电商平台，直接对消费者进行产品售卖
B2C	互联网企业的代理分销模式	将机票、酒店、门票等旅游要素整合，然后通过分类或者打包的形式销售
C2C	电商企业打造的平台模式	以阿里旅游、京东旅游等C2C平台为依托，售卖旅游相关产品
P2P	爱好者个人对个人模式	在第三方平台或App的支持下，旅游业从业者或者爱好者将个人的产品和服务信息上传到网络上，与其他爱好者实现资源共享
A2A	旅游服务的众筹模式	通过互联网方式发布旅游筹款项目并募集建设资金，按出资额度享受相关服务
O2O+M2O	线上与线下融合的商业模式	线上浏览、参考、预订、支付、评价，线下实际旅游服务体验，行程服务闭环
C2B	"参与式定制"模式或社群模式	旅游企业通过互联网建设网上社群，通过社群的参与，不断完善旅游的产品和服务

一是传统旅游企业开创的"直销模式"（F2C）。主要方式是企业通过开通网络平台或者入驻电商平台，直接对消费者进行产品售卖。例如中国国航等开设了机票直销平台，7天、如家等酒店连锁企业开设了酒店直销平台，中青旅、港中旅等开启了代理服务直销平台。但由于缺少互联网的基因，总体而言，直销平台主要作用是传统企业线上的销售通道。

二是互联网企业的代理分销模式（B2C）。在线代理平台主要是将机票、酒店、门票等旅游要素进行整合，然后通过分类或者打包的形式销售。平台主要收取佣金或者分成费用。例如，以携程为代表的"综合在线分销平台"，以同程旅游、艺龙为代表的"机+酒"在线分销平台，以途牛为代表的"旅游度假、旅游线路产品在线分销平台"。[1]

三是电商企业打造的平台模式（C2C）。主要是大型电商建立"第三方旅游交易平台"，为供需双方提供服务。例如以阿里旅游为代表的C2C平台，各种旅游服务企业、机构、个人，经审核后都可以到平台售卖产品。

---

1 董洪涛，黄瑞鹏.传统旅游业态与现代旅游生态系统之对比分析［N］.中国旅游报，2014-07-07.

平台主要通过广告或提取佣金获取收入。

四是爱好者服务爱好者的个人对个人模式（P2P）。在第三方平台或App的支持下，旅游从业者或者爱好者将个人的产品和服务信息上传到网络上，实现资源的共享，在互通有无的条件下，实现综合性的旅游收益。

五是旅游服务的众筹模式（A2A）。即通过互联网方式发布旅游筹款项目并募集建设资金。例如海南就开创了我国首个旅游众筹项目"爱情地标"，实现了将近300万元的众筹目标，吸引27万网友的参与。[1]

六是线上与线下融合的商业模式（O2O+M2O），从本质上来说就是旅游的"信息流 + 服务流"。线上浏览、参考、预订、支付、评价，加上线下实际旅游服务体验，就构成了旅游O2O的闭环。[2] O2O模式非常契合旅游发展"现实体验 + 虚拟信息"需求的特性，未来只有真正实现了"O2O"，整合了渠道能力、线下服务能力和管理协同能力的企业，才会有真正的旅游产业领袖。M2O是"移动互联服务 + 线下服务体验"，这将是未来非常有前景的服务模式。

七是旅游产品开发的"参与式定制"模式或社群模式（C2B）。旅游企业通过互联网建设网上社群，通过社群的参与，不断完善旅游的产品和服务。也可谓是旅游的"小米模式"。未来，旅游的参与式定制模式将是大趋势。

（五）管理方式

在互联网时代，管理方式也正发生巨大的变革。

一是信息安全更加突出。2015年5月份发布的《国家旅游局关于促进旅游业与信息化融合发展的若干意见（征求意见稿）》指出：要按照国家

---

[1] 沈仲亮. 创业创新旅游是片热土［EB/OL］.（2015-05-29）［2015-08-17］.http://www.ctnews.com.cn/zglyb/html/2015-05/29/content_108478.htm?div=-1.

[2] 刘照慧. 行业热趋势面前的冷思考，旅游O2O的本质是什么？［EB/OL］.（2015-02-07）［2015-08-19］.http://www.tmtpost.com/198218.html.

统一部署和要求，切实做好旅游网络和信息安全保障工作。各级旅游行政管理部门的内部办公网和各个专网安全保密等级及维护管理都要符合国家规定，重要旅游网络系统按照规定实行安全等级保护管理，所有旅游网络信息系统的安全防护都要实现与系统本身同时规划设计、同时开发建设、同时开通使用和纳入系统维护管理的目标。建立健全旅游网络安全和信息化系统安全组织领导机制和应急管理制度，做到认识到位、制度到位、人员到位和安全保障到位，各级旅游行政管理部门切实履行监督检查、考核评价、指导规范、支持强化职责，各层级建设和管理维护机构切实履行贯彻执行主体责任。

二是管理模式需要变革。对政府而言，需要从基于跟团游的管理向基于散客、自由行的管理转变；从基于旅行社的行业管理向基于旅游公共服务的管理转变；从基于传统的产品评级标准向基于公共服务的综合与专业管理标准转变；从基于景区为中心的应急管理向基于景区联动区域的应急管理转变。[1]

三是对于旅游企业而言，在需求更个性化、差异化的时期，需要进行企业内部管理的革新，例如参考海尔、腾讯等企业，鼓励内部管理创新。目前携程等一些大型的在线旅游企业已经开始了这一探索，通过建立事业部、创客中心等形式，更好地为客户提供服务。

三、旅游如何走出一条再造之路？

"互联网+"对旅游进行了全方位的渗透，甚至可以说是颠覆性的变革。但是纵观眼下火热的"互联网+旅游"，更多是抢占资源、流量和入口，是网站在争夺市场份额，并未真正出现线下服务变革的动力。无论是在线代理平台还是景区网络销售平台，更多只是把线下资源搬到线上来售

---

[1] 邢丽涛，罗陈晨. 产业论坛：新常态下的旅游新发展［N］. 中国旅游报，2015-01-06.

卖而已，产品照旧是原来的产品，并没有基于互联网思维、技术和模式对旅游产品和服务进行根本的变革。

随着在线旅游的发展，客户投诉仍是一个需要认真面对的问题。目前，被投诉的问题主要集中在机票的退改费、酒店房间的预订、出境游行程变更纠纷等。但相较于传统线下旅游时代，互联网旅游企业正在通过不断完善监管体系、提升产品丰富度、性价比、服务质量，不断获得用户认可。以携程为例，2014年携程跟团游、自由行、周边游等旅行社业务服务的人次超过千万，旅游质监部门记录的有效投诉总量为一百多个，投诉率在十万分之一以下。

"旅游传统行业也曾多次发起对信息化的拥抱，从整理内部流程搞数字化建设，发展到办网站、在线呼叫平台，到赶眼下的移动终端大集再搞自办App，砸钱的不少，成功的不多。传统企业触网难，因为网络有网络的竞争规律，网络有网络的游戏规则和思维方式。传统企业最难抓的是互联网旅游的盈利点，最不能舍去的是过去的经验但不能复制，最不理解的是互联网企业投入和竞争的都是未来不是现在，最不能承受的是网络企业的大投入高风险，最赶不上趟的是互联网投资追逐创新、产品更新换代太快，最不易达到的是在网上必须迅速成为本领域的老大才能发展。所以在互联网时代的旅游市场上，目前代表性的企业基本来自互联网。"[1]

互联网企业要掌握线下资源，改善和提升旅游过程中的整体体验，还需要漫长的时间；传统旅游企业的互联网化，也不是一蹴而就的。从这个角度而言，目前的"互联网+旅游"还处于初级阶段，发展的路径、模式并不清晰，未来还需要探索。

---

1 杜一力. 旅游业之变（下）[N]. 中国旅游报，2014-03-19.

第二章
"互联网+旅游"的"新玩法"

"互联网+旅游"来了,给这个世界带来了许多未知的变数,但旅游产业发展有自身的规律和逻辑。面向未来,我们最需要做的就是守"正"出"奇",在产业发展的动态中不断调整自己的姿势与步伐,这样才能不断推陈出新,创造新业态、新模式、新空间。

引子：凡战者，以正合，以奇胜

《孙子兵法·兵势篇》中说，"凡战者，以正合，以奇胜。故善出奇者，无穷如天地，不竭如江海。"什么是"正"？"正"就是规律性，是事物发展的必然逻辑；什么是"奇"？"奇"就是创新性，就是"运用之妙，存乎一心"，就是在规律指导下不断地创新和创造。"战势不过奇正，奇正之变，不可胜穷也。奇正相生，如循环之无端，孰能穷之哉！"正是这种规律性和创造性的交会、交融，让这个世界充满了变化与乐趣。

"互联网+旅游"来了，给这个世界带来了许多未知的变数，但旅游产业发展有自身的规律和逻辑。面向未来，我们最需要做的就是守"正"出"奇"，在产业发展的动态中不断调整自己的姿势与步伐，这样才能不断推陈出新，创造新业态、新模式、新空间。

第一节　变化中的不变

在变化的时代，如何应变，关键是抓住变化中的不变。

几千年来，对旅游影响最大的技术其实是交通技术。最开始的马车，后来的火车，现在的飞机，交通让远距离的旅游变得越来越便捷。在古代，旅游并不普及，主要是文人雅士抒情遣怀或者归隐云游的爱好。因为路途之艰，所以王安石感叹："夫夷以近，则游者众；险以远，则至者少。而世之奇伟、瑰怪，非常之观，常在于险远，而人之所罕至焉，故非有志者不能至也。"[1] 到了近代，火车、轮船和飞机的发明，让旅游变得容易，出国旅游也不需要经历九九八十一难了。但是，我们发现，人类对旅游最初的需求并没有改变——没有改变人们对异域美景的追求，没有改变人们对他乡风情的好奇，没有改变人们对休闲娱乐放松身心的热情。

进入信息时代，互联网如水、电一样，改变了旅游的基础设施，但是这种改变，从根本上来说，并没有改变旅游活动的本质。科技可以把一切信息转化为电子数据，送到"云"上去，送到每个人的手持终端上，但不能把人电子化后送到他想去的地方，也不能把旅游目的地搬到游客家中。商业零售可以是"电商+物流"，但旅游业必须是"电商+人流"，旅游

---

[1]　[北宋]王安石：《游褒禅山记》。

者的旅行必须亲自实践。[1]所以，就像王健林所说，电商再厉害，但像洗澡、捏脚、掏耳朵这些业务，是取代不了的。旅游是一种"纸上得来终觉浅，绝知此事要躬行"的休闲娱乐活动，对旅游现场的经历、体验，是任何在线旅游或虚拟旅游都无法替代的。

在信息日益发达的时代，旅游的需求不降反升。互联网带来的大时代一定有些产业要消亡，但是旅游会越来越好。吃、住、行、游、购、娱，都要亲身参与，亲自体验。越是信息发达，定制化程度越高，旅游者的需求就越旺盛。[2]可以说，旅游业和互联网产业是有非常好的融合前景，可以同频共振的。

---

1 杜一力. 旅游业之变（下）[N]. 中国旅游报，2014-03-19.
2 杜一力. 旅游业之变（下）[N]. 中国旅游报，2014-03-19.

第二节 什么是"互联网+旅游"

一、"互联网+旅游"的内涵

当前对"互联网+旅游"的定义和内涵讨论不多。

中国旅游研究院院长戴斌认为,"互联网+旅游",要回到"互联网+",不是简单的"+互联网",在线旅游与传统旅行社之间进行的并不是一场博弈,而是分别处在旅游产业链条的不同位置。通过双向融合发展,两者完全可以做到互利共赢。[1]

还有一些网络媒体表达了对"互联网+旅游"的看法,但相对比较零散,难以进行归纳。让我们回到"互联网+"的定义起点。从各种"互联网+"定义版本来看,可以概括为三个关键词:基础+生态+效率。首先,互联网已经成为"新时代社会的底层物质技术结构",就像水与电一样,成为创新驱动发展的先导力量,成为经济增长的动力引擎。其次是生态,互联网将可以连接的一切连接起来,具有去中心化、相互协同、平等共享的特征,构建了一种全新的生态;"互联网+"最后的目的和最终价值还是为了优化资源配置,提升综合效率和效益。

---

1 关林.旅游新格局:线上线下走向融合[N].经济日报,2015-07-14.

什么是"互联网+旅游"？从以上分析来看，"互联网+旅游"是一种新旅游经济形态，是将互联网的创新成果深度融合到旅游发展的各个环节当中，成为旅游发展的基础设施，提升旅游产业的创新能力和发展效率，推动形成互联、互通和互惠的旅游共享生态体系，实现旅游多方主体的共赢。

可以从三个层面对以上定义进行理解：第一，旅游要素的网络互联。"旅游六要素+辅助新六要素"的主体、旅游消费者、旅游中介服务公司等，各种类型主体可以自由顺畅地连接，实现互联。第二，旅游要素的互通。大数据时代，旅游行为都会在网络上留下数据痕迹，互通就是要将分散在各个旅游部门的数据共联起来，打破数据割裂，形成行业的全息旅游大数据，使得经济决策更加科学化、数字化、精准化。第三，旅游要素主体间的互惠，旅游要素主体间、旅游消费者等组成了一个共享经济的关系，通过互联网信息低成本高效率的传播，消除了信息的不对称，实现更多交流和合作，实现行业整体效率和效益的最大化。

二、"互联网+旅游"的三重境界

"互联网+旅游"是个循序渐进的过程，需要经历发展的三重境界。

（一）网络化

这是"互联网+旅游"的第一重境界。就是通过网络，实现更多的信息联通，让现在的链式产业结构，向网络矩阵结构转型。"在传统的旅游业态中，由于信息壁垒和技术手段的缺乏，旅行社基本垄断着旅游全过程。其中组团社掌握着旅游计划安排、旅游计划要素搜索与确定、旅游计划要素预订、旅游服务点评等四个环节，而地接社掌握着旅游目的地服务环节，旅行社俨然成为整个旅游产业链的旅游资源要素整合者，而航空公司、酒店、景区等作为旅游产业活动的供应商，对于旅行社存在不同程度的依赖属性"。[1]

互联网的核心特征就是去中介化、去权威化，消灭信息的不透明。现在很多旅行社还是依靠信息不透明来挣钱，而不是依靠服务质量来、依靠帮助线下供应商提高产品质量来挣钱。因此"互联网+"的第一步，就要做到旅游要素各主体的网络化、在线化，提升传统旅游产业的信息化程度。

当前旅游景区行动非常迅速，例如洛阳龙门景区。2015年龙门石窟管委会与腾讯联手打造国内首个"互联网+"时代的智慧旅游景区。根据合作思路，双方将依托腾讯丰富的用户资源、成熟的云计算能力，以及微信、QQ等社交平台产品，把腾讯的互联网技术及资源与龙门石窟产业有机连接起来，以"互联网+"解决方案为具体结合点，让"互联网+"成为保护传承历史文化的新动力。[2]

"互联网+龙门智慧景区"的首期项目已经启动建设，内容包括"互联网+购票""互联网+游园""互联网+管理""互联网+宣传"四大功能版块，借助互联网手段，实现了微信购票、微信入园、语音导游、在线客服等功能，可以为游客带来从入园前到出园后的全流程智慧体验。

总体而言，这个阶段的核心举措是要强化互联网的基础设施建设，提升互联网技术的利用程度。这个时期"互联网+旅游"，主要是互联网企业带动的，是以技术为主导来驱动发展的。

（二）数据化

不管我们承认与否，数据正在我们生活中扮演着越来越重要的作用。《数据之巅》作者徐子沛认为：信息技术发展到今天，互联网化的本质和核心其实就是"数据化"。"人类将通过越来越普及的电子记录手段建构一

---

[1] 董洪涛，黄瑞鹏.传统旅游业态与现代旅游生态系统之对比分析［N］.中国旅游报，2014-07-07.
[2] 龙门石窟：打造全国"互联网+"智慧景区标杆［N］.洛阳日报，2015-04-30.

个和物理世界相对应的数据世界。这个数据世界在时间、空间两个维度上不断衍生、扩大，形成一个和真实世界对应的镜像和映射，因为这个数据能够随时被重构、被分析，人类因此可以更好地把握过去、把握未来。"[1]对旅游产业发展来讲，亦是如此。当前，无论是大型综合性OTA，还是传统旅行社、知名景区，无不希望利用大数据，先一步找到自己的客户。

所谓"数据化"，本文有两种含义。第一，各个旅游主体通过信息化建设，能够有效地收集自己的大数据，形成大数据库。这一点在线旅游企业做得较好，例如蚂蜂窝，该企业超过50%的员工是技术研发人员，通过自行研发的旅游攻略引擎，已经对超过1000万的用户信息进行了关键数据的提取和分析，覆盖了国内外50万个旅游景区、60万家酒店以及158万家餐厅。同时，蚂蜂窝还建立了专门的数据中心，通过对用户数据进行结构化分析整理，定期发布用户行为数据和酒店、旅游特价等产品数据。蚂蜂窝通过大数据，实现了"多赢"：帮助用户找到了真正合适的酒店、机票等旅游产品，满足了用户的需求，提升了用户体验，为旅游产品供应商找到了精准的目标用户，节省了以前不菲的营销推广成本，而蚂蜂窝自己则实现了庞大流量的优化和变现。[2]

目前，有些景区内部也已经开始了大数据库建设。例如建设数字闸机，通过游客的扫描，获取游客的身份信息。可以根据信息进行挖掘，确定消费来自何处。以前游客是模糊的形象，通过数据挖掘，在互联网时代，游客是清晰的，来自哪里，有什么爱好，都可以进行挖掘。

第二，各个旅游主体通过交换协议，实现大数据之间的连接与共享。随着信息化的推进，大数据将是未来企业的核心资源，消费者数据记录就是企业的生存之基础。正如《大数据》一书所言，"20世纪，价值已经从实体基建转变为无形资产，从土地和工厂转变为品牌和产品权，如今，一

---

[1] 阿里研究院.“互联网+”，从IT到DT［M］.北京：机械工业出版社，2015:9.
[2] 陈罡.创新旅游大数据［N］.科技日报，2014-09-04.

个新的转变正在进行,那就是电脑存储和分析数据的方法取代了电脑硬件成为价值的源泉。数据成了有价值的公司资产、重要的经济投入和新型商业模式的基石。"[1]但如果行业只是数据孤岛,而没有充分的数据分享,没有打通不同环节、不同数据主体间的联系,就不能真正发挥"互联网+"的价值,实现大数据效益的最大化。从发展规律来看,旅游产业链上下游之间数据的打通是可以先行探索的,例如从景点—旅游代理—游客的链条上。但是吃、住、行、游、购、娱六要素间,旅游与农业、体育等产业间数据是较难打通的,这需要一个逐步推进的过程。

2015年年初,国家旅游局局长李金早在《2015全国旅游工作报告》中明确指出,要积极主动融入互联网时代,用信息化武装中国旅游业和社会管理,全面革新管理方式,提高管理水平。开展"全国旅游基础数据库"项目建设,数据库建设主要包括建立标准体系、开发系统软件和应用系统、搭建硬件平台、建立数据采集和更新渠道、多模式应用等多个部分。其数据来源一是国家旅游局现有系统的数据,包括饭店、景区、旅行社、导游等信息数据;二是根据需要选定范围和指向在网上抓取的数据。建立大数据库,可谓是大势所趋,行业所需。

(三)共享生态圈

"互联网+旅游",从根本上而言,其成功之源在于实现各方利益主体的协同与共赢,形成共生、互生、再生的生态圈合作关系。

《连线》创始主编凯文·凯利在《失控:全人类的最终命运和结局》中有一个观点,凡是网络都是没有边界的,如果有边界它就不叫网。里面举了一个例子,说是天空中的飞鸟群,不会因为增加几只鸟而导致鸟群无法承载,因为这个鸟群是无边界的。[2] 而同样很有名的故事是说犹太

---

1 维克托·迈尔-舍恩伯格,肯尼思·库克耶.大数据——生活、工作与思维的大变革[M].盛杨燕,周涛,译.杭州:浙江人民出版社,2013.
2 张瑞敏.追求互联网时代的真知[N].经济观察报,2014-01-27.

人和中国人的区别，故事大意是：一条高速公路修好了，一个犹太人在旁边开了一个加油站，生意特别好，第二个犹太人来了，在旁边开了家餐厅，第三个犹太人开了家超市，这片很快就繁华了。另一条高速公路修好了，一个中国人在旁边开了一个加油站，生意特别好，第二个中国人来了，在旁边开了第二个加油站，第三个、第四个继续模仿，于是恶性竞争，大家都没挣什么钱。其实旅游发展又何尝不是如此，一味模仿、同质化，只能零和博弈。只有相互合作，差异发展，形成良性生态圈，才能实现发展与繁荣。

互联网最大的特征是颠覆了规模效益边际递减的规律，降低了共享的成本。"互联网＋旅游"的最终走向，并不是简单地颠覆传统的旅游行业，而是要利用新的信息科技技术，优化传统行业的运作模式，提高资源的利用效率。所谓共享旅游生态圈，是以平台型旅游企业（包括共享性软件和硬件）为基本载体，让旅游产业链条上各个主体、要素自由地参与到服务和消费中，将旅游打造成一个众多利益相关者共同创造和分享价值的有机生态系统。共享旅游生态圈应具备三个基本特征：

首先是去中介。基于共享平台，不同类别旅游主体可以实现集聚。当要素按一定关系集聚到一定规模时，其相互间可以实现直接的通信与服务，逐渐消除中间环节，例如通过平台积累的旅游大数据，游客直接输入旅游需求，平台就可以在供需间进行快速匹配，组织起旅游所需要的服务和产品。

其次是共生性。生态圈中每个个体（机构、组织）都担当着不同的功能，各司其职，但又相互依赖；虽然他们个体受不同利益的驱使，但整体上各种利益间是一种互利共赢的趋向，共同维持系统的延续和发展。

再次是社群性。在共享生态圈里，主体间主要以强关系存在。在互联网的连通下，更像一个紧密的社群。其旅游产品和服务的设计，都有大量主体的参与，突出爱好者服务爱好者的特征。未来基于移动互联的"LBS+SNS+UGC"等场景化、社群化服务，将占据"互联网＋旅游"时代的主导地位。

目前已有企业探索建设共享生态圈模式，例如Uber（优步）和Airbnb（空中食宿）。Uber成立于2010年，目前已进入全球58个国家的311个城市，2014全球交易额30亿美金，是没有汽车的全球最大出租车公司；Airbnb成立于2008年，目前用户遍布190个国家近34000个城市，2014年全球交易额40亿美金，是没有房产的全球最大住宿服务提供商。而且他们当前还在高速增长中，2014年Uber月环比增长达到18%，Airbnb客户数也增长了一倍。[1] 但在旅游领域，目前还没有类似的成功的案例，企业还在探索过程中。

---

1 韩敏. 共享经济：成为大公司的捷径之路 [EB/OL]. (2015-07-18) [2015-08-20]. http://mi.chinabyte.com/466/13477466.shtml.

第三节　构筑旅游共享生态圈

一、构建路径

（一）平台为基

"平台"通常是指计算机硬件或软件的操作环境，泛指进行某项工作所需要的环境或条件，[1]如进行动画渲染需要的技术平台等。随着信息技术和经济社会的发展，平台一词有了更为广泛的内涵，可以概指进行交流、交易、学习的，具有很强互动性质的环境或者条件。在"互联网+"时代，互联网经济的发展规律决定了平台是信息时代最有价值的产业要素。目前全球最大的100家企业里，已有60家企业的主要收入源自平台商业模式。[2]

平台商业模式是指连接两个或更多特定群体，为他们提供互动机制，满足所有的群体的需求，并巧妙从中盈利的商业模式。[3]旅游产业是一个需要在旅行前、中、后期进行频繁互动的行业，需要有平台为各个旅游

---

[1] 杜小勇，冯启娜."数据治国"的三个关键理念——从互联网思维到未来治理图景[J].人民论坛·学术前沿，2015（2）.

[2] 陈威如，余卓轩.平台战略——正在席卷全球的商业模式革命[M].北京：中信出版集团，2013.

[3] 陈威如，余卓轩.平台战略——正在席卷全球的商业模式革命[M].北京：中信出版集团，2013.

主体间提供便利的互动模式。但建设平台并不是一件容易的事情。首先，选择平台战略的企业，需要有能力快速积累大量客户；其次，要通过稳定的服务或产品，增加客户的黏性；再次，要有足够的资金支撑，互联网先培养使用者，再形成消费者的模式，需要有强大的资金实力或融资能力才行。

（二）共享为魂

互联网精神的重要内涵是开放、平等、共享。平台搭建的目的，核心应是资源的共享。让各方通过平台交换资源，实现资源效益的最大化。旅游不同于其他产品，它的链极长，涵盖众多领域，需要线上线下和产业各个要素的融合、协同和共赢。以前暴露出来的凤凰古城门票事件、峨眉山村民堵路事件，从根本上言，是没有共享思维。

未来的商业生态将呈现两大特点，一是整体的平台化，二是个体的共享化。一方面，随着游客需求的增加，对产品和服务要求也日益提升，过去那种线性、依靠行业内有限资源的供给模式，无法给游客带来足够的满足。另一方面，旅游当地具有大量的闲置或剩余资源。二者通过对接与共享，不仅能带来多方的共赢，也能提升资源的使用效率。

在商业模式上，互联网上是合作代替了竞争，包括BAT，现在也越来越趋于合作，实现共享共赢。当前旅游产业还主要以竞争为主，相互压低价格，打价格战，从本质上来说，旅游企业还处于一种抢地盘的阶段和思维，需要转变观念和方式，旅游行业才能实现更好的发展。

（三）虚实互动

线上与线下的互动是互联网时代旅游的重要特征。当前在线旅游处于一个争线上空间、市场和入口的时代，在线旅游还没有深入影响到旅游产品的设计。互联网还处于一个渠道或工具的阶段。

所有旅游服务主体其根本价值在于为旅游者提供更好的服务，无论是传统旅游时代还是互联网旅游时代。整体来看，传统旅游服务主体如旅行社有经验、人才和品质优势，但互联网有渠道、效率的优势，只有二者融合发展，才能实现效益的最大化。未来构建旅游共享生态圈的企业，也应从对渠道的整合力、发展到资源的吸聚力和综合服务能力上来。

当前来看，虚实互动是充满挑战的。例如2015年4月，中青旅、众信旅游、华远国旅、凯撒旅游、南湖国旅等国内17家大型旅行社集体宣布停止向途牛旅游网供货；随后，华住酒店集团对去哪儿网、携程网、艺龙网实施断供。这些线上和线下之间的冲突，既反映了不同商业模式间的冲突，也反映了在短期内推动虚实互动的艰难。

（四）跨界融合

互联网是一个大开放、大融合的地方。特别是数据化以后，许多东西是可以融合对话的。例如旅游与穿戴设备、物联网、云计算等方面的融合，就让旅游走向全新的阶段，为旅游增加无限的乐趣。例如敦煌的虚拟莫高窟，以数字技术和计算机技术为基础，以敦煌石窟数字化成果为资源，利用现代展示手段，建成数字展示与游客接待设施。这不仅能分散游客，减少在洞窟的逗留时间，极大地缓解旅游热潮给文物保存带来的压力，又能全面展陈敦煌石窟灿烂的文化艺术。[1]

还有就是旅游与其他产业，例如体育、文化、养老等产业的融合，互联网时代是一个无中心、无边界的时代，通过融合，打造产业的界限，实现更多产业的协同发展。全国工商联女企业家商会会长刘亭表示，商会从一开始涉足旅游业，就提出泛旅游的概念，认为应该重新定义旅游模式。主要思路是要像串珍珠一样，串起旅游和相关产业，形成产业链，将旅游

---

[1] 曾向荣. "虚拟莫高窟"上马引发争议[N]. 广州日报, 2010-06-15.

业的上中下游以及养老养生、现代文化等进行重新整合。[1]

二、构建主体

从当前旅游企业主体来看，有三类企业有机会成为构建"旅游共享生态圈"的主要力量。

一类是大型的综合性OTA，典型如携程旅行网。其创建于1999年，总部设在上海，员工30000余人，公司在北京、广州、深圳等17个城市设有分支机构。2010年，携程投资台湾地区的易游网以及香港永安旅游，形成"海峡两岸和香港、澳门"发展格局。2014年，投资"途风旅行网"，将触角延伸至北美洲。作为中国领先的综合性旅行服务公司，携程有效地整合了高科技产业与传统旅游业，向超过2.5亿会员提供集无线应用、酒店预订、机票预订、旅游度假、商旅管理及旅游资讯在内的全方位旅行服务，被誉为互联网和传统旅游无缝结合的典范。携程实力强劲，拥有丰富的运作经验和资源积累，目前在平台化与移动化中，已进行了探索，其打造共享生态圈是有可能的。

一类是成熟的电商平台。例如阿里旅行·去啊。其背靠阿里平台，通过整合数千家机票代理商、航空公司、旅行社、旅行代理商资源，为旅游者提供国内国际机票、酒店客栈、景点门票、国内国际度假旅游、签证（通行证）、旅游卡券、租车、邮轮等旅游产品的信息搜索、购买、售后服务的一站式解决方案。[2] 由于阿里平台已经集聚了巨大的中小企业资源和平台品牌，通过适当形式可以将这些资源导入到阿里旅行平台上，因此，阿里旅行具有巨大的发展空间。

一类是衍生的在线旅游平台。典型如遨游网。"遨游网"成立于2005

---

1 冯颖. 奏响旅游产业发展最强音[N]. 中国旅游报，2015-05-18.
2 石春丽. 基于顾客价值过程的旅游网站模式研究[D]. 秦皇岛：燕山大学，2013.

年5月31日，是中青旅旗下专业度假网站，作为中青旅旅游业务互联网转型的枢纽和龙头，遨游网致力于为旅行者提供专业化、多元化服务，打造了包括北京、上海、广州、南京等20多个出发城市、遍及全球100多个国家和地区的旅游产品预订及度假服务的旅游在线预订平台，形成了由自由行产品、参团观光产品、特价机票、特价门票、定制旅游、游记攻略、WAP网站、手机App等线上线下产品组成的一条龙服务。第三方数据监测公司艾瑞咨询的统计显示，2014年度，在遨游网旅游度假三个业务领域中，出境游、国内游份额均占据第三名，已成为中国在线旅游度假领域的领先品牌。2015年3月，遨游网提出"遨游网+"战略，邀请更多志同道合的旅行社同仁融入"遨游网+"的平台，打造在线旅游产业互联的新生态。同时，宣布"遨游网+"战略的三项重要计划，即邀约100家旅游产业优质运营商、建设O2O"百城千店"和招募全国英才加入"遨游网+"发展事业。

　　除以上三类企业以外，还有一类传统的线下旅游企业。宋城演艺在旅游行业中具有非常强的品牌、规模和运营优势，开创了从规划、设计、建设到景区运营的主题公园全产业链，是全球十大主题公园集团之一。过去很长一段时间，集团一直深耕旅游演艺这个细分垂直领域，而且主要是通过与传统旅行社的合作，进行演艺门票的销售。近年来，宋城演艺加大了网上的布局：一是创立了杭州宋城独木桥科技有限公司，经过3年的摸索发展，独木桥平台的分销及直销渠道已逐步成熟，与宋城演艺各文化旅游度假区形成线上线下完善的服务支撑；二是在2015年3月，宋城演艺以现金及发行股份的方式购买中国最大的互联网演艺平台"六间房"[1] 100%股权，希望能够更好地运用互联网思维改革线下运营与扩张策略。三是继全资并购六间房后，2015年7月，宋

---

[1] "六间房"通过运营www.6.cn这一互联网演艺平台，鼓励用户在六间房设置的网络演播室内展示自己的才华及知识，使用户产生的内容得到更大范围的关注，各个参与者能够自由与主播和其他用户互动，是一个基于平民艺人和粉丝关系的互联网娱乐社交平台。

城演艺再次出手，向浙江深大智能科技有限公司（以下简称"深大智能"）投资1.39亿元，拥有其20%的股权并与其签订股权投资意向书，共同推进智能旅游目的地建设。整体来看，通过自建和并购的方式，宋城演艺正构建起虚实互动的整体业务架构。

第四节 "互联网+旅游"四大法宝

在"互联网+"时代，旅游产业的发展最需要的是插上科技的翅膀，植入文化的芯片，将产品和用户体验做到极致，并大力传播，让更多人受益。这样才能在"互联网+"时代获得独特的竞争力。

一、科技力

科技是驱动互联网旅游发展的主要因素。让旅游产业主体充分利用科技成果，特别是互联网科技成果，无疑是非常重要的。携程、同程旅游等在线旅游公司就花费了很大的人力和物力在技术研发上。特别是在移动类技术上，作为国内OTA领域的巨头，携程的"鼠标+水泥"模式曾在其崛起的过程中功不可没。但不管是地面的推广团队，还是呼叫中心，都已经或即将成为过去式。能否在新的互联网和移动互联网时代继续领先，会更依赖于背后的技术和产品。携程负责技术的总监叶亚明（Eric Ye）表示，目前携程技术团队有1500人的规模，其中40%左右为最近两年加入的新鲜血液。

"互联网+旅游"至少涉及以下技术：旅游大数据技术，包括采集技术、挖掘技术、分析技术、存储技术和可视化技术等。旅游行业的"云+端+网"的技术，包括云计算、智能终端、移动网络等方面的技术；物联网技术，包括传感技术、RFID（Radio Frequency Identification 射频识别）技术等。科幻电影中通过向人体植入芯片，实现人本身参与联网的场景，在相当长的时间内还不会出现，但人作为物联网设施的主要携带者和使用者，游客能很方便地携带物联网终端的设备，例如手机、GPS 导航系统、可穿戴设备、带有智能芯片的身份证等。

同时，旅游过程是一种"在路上"的体验，传统的上网方式无法解决游客在旅游过程中查找信息、参与在线互动的需求。智能手机的出现初步解决了这一问题，用户可以通过智能手机上网，浏览网站，通过当地运营平台的 App 来实现。未来旅游很大一部分，将从 O2O 走向 M2O，就是移动化、本地化、平台化。

未来决胜一定在移动端。智能手机等移动终端设备的发明将人类引入移动互联网时代，而移动互联网则将互联网商业进程从消费互联网引入产业互联网时代。在产业互联网兴起的浪潮中，终端、云计算、大数据和宽带网络是核心。这些技术还在不断发展中。随着移动互联网技术的发展，特别是 HTML5、多平台/多架构应用开发工具、可穿戴设备、高精确度移动定位技术、新的无线网络（以下简称"Wi-Fi"）标准、高级移动用户体验设计、企业移动管理、智能对象、测量与监视工具等技术的发展，移动在线旅游将成为未来最大的发展市场。

IDG 资本合伙创始人熊晓鸽表示：现在大家都说"互联网+"，我认为应该更进一步说"移动'互联网+'"。旅游业是与市场结合得最紧密的产业，是基于满足人们个人需求的产业，移动互联网就显得更加重要[1]。马化腾也说：移动互联网时代，一个企业看似好像牢不可破，其实都有大的危机，稍微把握不住这个趋势，就会非常危险，之前积累的东西就可能灰飞烟灭了，移动互联网不只是延伸，而是颠覆。

移动互联网在颠覆中也为创新者提供了巨大的发展机遇。Sabre Travel

---

1 冯颖. 奏响旅游产业发展最强音[N]. 中国旅游报，2015-05-18.

Network 的报告显示，72% 的受访人希望在手机地图上查找酒店。国内的各类手机应用中，酒店管家、酒店达人等新型应用由于设计简约、操作方便、用户体验好，从而受到了用户的青睐，在苹果的 App Store 旅游应用程序下载排行中名列前茅；[1] 在预订环节，美国一项研究表明，61% 的受访者表示会考虑用他们的无线设备预订特定种类的旅游产品，其中近 1/3 的受访者考虑移动预订机票。在服务领域，纵观目前移动旅行服务，主要分为五大类——信息类、礼宾类、目的地导航类、周边服务类、娱乐类。在互动分享领域，随着社交媒体和移动互联网的结合，旅行者在旅程前、旅行中、旅行后都可以利用移动设备进行互动和分享；在旅行前阶段，旅客可以在随我游等旅游社交网站，互相交流行程计划，共同组织、发起旅游活动等。[2]

二、文创力

文化是旅游的灵魂，旅游是文化的载体。"互联网+"更多体现在通过技术层面来实现对旅游的影响上。但旅游真正的灵魂在产品和服务的创意上。交通、网络让出行变得更加便利，但是其本身并不能让一个产品更加有魅力。以往传统旅行社只要有产品、酒店、机票、领队、大车等就能组合一个产品，而且很好卖。但随着各种技术手段的进步，消费者的成熟，这种信息不对称变得越来越淡化，旅行社在新常态下受到了很大冲击，逐渐意识到，旅游业最终的竞争还是在创意、产品和服务环节中展开。而以资源为导向、同质化严重的旅游产品，已经无法完全满足互联网用户的需要，用户的需求倒逼旅行社积极拓展目的地服务、丰富旅游产品品类，提升产品的文化内涵和核心竞争力。

---

[1] 梁淑芬.旅游业未来竞争制高点：移动互联网［EB/OL］.（2011-09-20）［2015-08-19］. http://tech.163.com/11/0920/12/7ED6BFJQ00094L5O.html.
[2] 梁淑芬.旅游业未来竞争制高点：移动互联网［EB/OL］.（2011-09-20）［2015-08-19］. http://tech.163.com/11/0920/12/7ED6BFJQ00094L5O.html.

纵观当前受市场追捧的景区或旅游项目，其核心都是文化支撑的。从迪士尼乐园、环球影城到欢乐谷、长隆野生动物园；从秦始皇陵兵马俑、敦煌莫高窟到洛阳龙门石窟；从印象系列、宋城千古情系列到《又见平遥》，可以说，是文化推动了这些项目的崛起。在互联网的时代，渠道无处不在，内容更显得重要。今天对旅游产品、服务和路线的设计，更需要有文化、创意、眼光和胸怀。正如著名投资人熊晓鸽所说，旅游业的发展，很多来自创意和创新。"过去我们喜欢谈'痛点'，也就是解决方案，但我认为旅游服务质量真正能够上一个台阶，还是要在找准'痛点'的同时，增加更多的'爽点'，抓住移动'互联网+'的机会，让人们旅游消费时更加开心。"[1] 而开心，离不开文化的挖掘与创造。

需要注意的是，"互联网+"时代也是一个"认知盈余"的时代。创意不只是企业内部营销和创意部门的独家产品。奇思妙想也可能来自众包平台，比如猪八戒网。猪八戒网是全国最大的服务类电子商务交易平台，创办于2006年，服务交易品类涵盖创意设计、网站建设、网络营销、文案策划、生活服务等多种行业。猪八戒网有百万服务商正在出售服务，为企业、公共机构和个人提供定制化的解决方案，将创意、智慧、技能转化为商业价值和社会价值。这是互联网时代的新的商业模式。未来一定是爱好者服务爱好者，集众之智慧。旅游规划和策划，将面临一次全新的战略调整。

三、传播力

在信息爆炸的时代，酒香也怕巷子深。"互联网+旅游"，如何利用互联网耗费低、即时性、全球化等特点，加大对旅游景区、旅行社、产品和

---

[1] 冯颖. 奏响旅游产业发展最强音[N]. 中国旅游报, 2015-05-18.

服务的传播，促进旅游发展，就显得更为重要。在互联网时代，有两种传播是需要非常关注的。

一类是创意传播。运用绝妙的创意，让创意自身引发病毒式传播，这是传播的理想方式。最典型的就是澳大利亚的"天底下最好的工作"，通过网络形成了全球性的传播力。2009年，澳大利亚曾推出"世界最好工作"——大堡礁守岛人，英国慈善基金募集者绍索尔最终获得这份工作。"守岛人"的主要工作为探索大堡礁各个岛屿，喂海龟、清洗泳池等，每周通过更新博客和网上相册等方式，汇报探奇历程。平均每周只需工作12小时，半年薪水15万澳元。这项招聘活动引起全球媒体的关注，并成功地把大堡礁地区介绍给全世界旅游者。这项公关活动在"2009戛纳国际广告节"上，获得了2项大奖和4项金狮奖。据昆士兰旅游局透露，整个活动经费预算不过170万澳元，但达成的广告价值高达1亿澳元。[1]

一类是口碑（社群）传播。区别于以前的口口传播，现在更多是"微信＋微博"的"机机传播"。微博是社群类传播媒体，微信是社群类关系媒体，双剑合璧，可以引发爆炸式传播。例如2015年的经典传播案例——柴静制作的纪录片"穹顶之下"，这条视频从2月28日早上10点发布，到3月1日18点，播放次数达到1.5556亿次，48小时后，3月2日上午9点30分，总播放量突破2亿次。需要注意的是，腾讯视频播放量占到总播放量的67%，而这主要是由微信链接而来（微信文章的转发率达到1亿）。更为重要的是，在传播过程中，衍生出众多讨论和评论，让更多人积极参与到其中，具有更强的互动传播效果。

---

[1] 邓黎. 澳大利亚招募6人宣传旅游半年挣10万澳元［EB/OL］.（2013-03-06）［2015-08-12］. http://news.qq.com/a/20130306/001253.htm.

四、极致力

关于互联网思维的解读很多，但最终可以归结为两点：一是以用户为中心，二是做出极致的产品。盘点当前全球成长最快公司的17个共同点，其中一个关键就是CEO都首抓用户体验，把产品做到"极致"：亚马逊的使命是"成为地球上最以客户为中心的公司"，马化腾、周鸿祎和雷军都把自己当成公司最大的产品经理，乔布斯毫无疑问是公司最大产品经理。李彦宏说"我花三分之一时间抓产品和技术"，百度的论语就是"把事情做到极致"。[1]

在旅游行业，做到极致的路径，主要有两条：一是细分、细分再细分，做好"小而美"，不走寻常路。途家网CEO罗军表示"途家做的是线上+线下，共同特点是突出'不一样'，如帐篷酒店、树屋等。"目前途家仅在福建储备的房源已经超过3万套，涵盖公寓、别墅、农家民宿、房车、火车宾馆、温泉度假屋等。[2] "6人游旅行网"则聚焦"为爱出行"，主要为家庭、朋友、恋人等提供定制化、精品化的小团旅行，在上线第一个月即获得数百万人民币天使投资。大鱼自助游则主要做中国台湾、日本、泰国、韩国等地的特色民宿，目前已经占据大陆在线旅行公司在台住宿最大市场份额。另一条道路是融合、融合再融合。通过不断的资本运作、企业联盟或合作的形式，打造旅游业的巨无霸企业，从而在规模优势上以及几个细分领域成为第一，将服务做到极致，例如携程。

---

1 廖梓丞.世界上成长最快公司的17个共同点［EB/OL］.（2014-02-16）［2015-08-14］.http://www.cnbeta.com/articles/272610.htm.
2 林侃，储白珊，纪玉屏."互联网+"，旅游产业开启"大数据时代"［N］.福建日报，2015-05-10.

第三章

"互联网＋旅游"的全链探索

　　未来，线上服务与线下服务的融合是必然趋势。线上企业与线下企业的合作、兼并、融合将会更加激烈，也更加精彩。时下旅游市场风云变幻，酒店、旅行社大佬、电商大鳄们纵横捭阖，时友时敌，惨烈厮杀，但他们的兴衰存亡并不取决于资本与计谋，而取决于如何解决线上与线下服务的一体化、游人体验的优质化。

在"互联网+"的时代大潮下,旅游业正经历着一场前所未有的革命性的变革,随着互联网、云计算、大数据等技术的渗透与融合,中国旅游业正在走向数字化、信息化、智能化。

旅游消费:从信息搜索、产品订购到网上支付,从旅途导航、导游、导玩、导吃到导购,从反馈、评论、投诉到旅友交流等,都可以通过一部手机完成,实现旅游生活智能化。

旅游经营:从产品设计、市场调研到市场营销,从接待服务、安全监控到行程调控,从客户管理、人力管理、财务管理到绩效管理,都可以实现旅游商务经营数字化。

旅游管理:从政务发布、行业管理到市场监管,从宣传推广、调查统计到客流监测,都可以通过网络完成,实现政务治理信息化。

在"互联网+旅游"时代,旅游的服务、经营和管理的方式与形态会剧变,但旅游的本质不会变——人在异地的流动体验,而体验的核心是文化。"互联网+旅游"不会改变旅游的核心环节——通过旅途中人与人面对面的交流与服务,进而实现文化的深入体验。

未来,线上服务与线下服务的融合是必然趋势。线上企业与线下企业的合作、兼并、融合将会更加激烈,也更加精彩。时下旅游市场风云变幻,酒店、旅行社大佬、电商大鳄们纵横捭阖,时友时敌,惨烈厮杀,但他们的兴衰存亡并不取决于资本与计谋,而取决于如何解决线上与线下服务的一体化、游人体验的优质化。

信息化时代旅游业态无论在速度、广度和深度上都在蜕变中。"手机在手,说走就走",不再是商家的广告,而是生活的现实。传统服务与现代科技有机对接，智能化与人工化合而为一，必将开创"互联网+旅游"的新境界、新天地。

本章将从"互联网+"时代下的供应商、渠道商、消费者和管理者四个方面阐述目前旅游业的现状。

第一节　互联网＋供应商

一、吃——"互联网＋"时代的美食诱惑

在游客心里,"吃"永远是旅游过程中最重要的活动之一,不管是传统旅游业还是"互联网＋旅游"时代,餐饮一直是游客在旅游过程中必不可少的一部分,也是旅游消费的重要开支。传统景区餐饮业以"景区参观"为驱动力,基本上是靠口碑以及经验分享等方式进行宣传;之后,随着品牌意识的提升,越来越多的景区开始打造目的地专属的餐饮品牌,如:杭州的"西湖醋鱼"、云南的"过桥米线"、新疆的"大盘鸡"等均成为游客到景区必点的饮食产品;再往后,随着互联网的迅速发展、智能手机的普及以及游客对景区饮食的需求,景区不得不开动脑筋将餐饮上线到网站,借助互联网的力量进行宣传、推广、销售、分享。

(一)"互联网＋旅游"时代"吃"的模式

1. 景区餐饮上线团购网站

在互联网时代,大众点评、美团、百度糯米等团购网站成为景区餐饮的重要宣传和销售平台。游客在不同的网站分享美食,使得景区内的餐饮

项目能马上被其他潜在用户所熟知，另外团购网站独享的"团购价""代金券""红包"等形式也成为刺激消费的重要方式。游客可以通过提前网上预定、到店手机下单等形式进行付款，微信、支付宝钱包、快捷支付等支付手段也逐渐成为消费的重要工具。

2. OTA 打包旅游产品

另一种常见的模式是将美食作为旅游过程中的重要项目，打包进旅游产品中。基本上，携程、同程旅游、途牛、遨游网等在线旅行社都会在自己的线路产品中涵盖景区特色餐饮项目，将"美食"与"美景"结合在一起，这已经成为景区餐饮非常重要的宣传营销渠道。

3. "智慧餐厅"——从一部手机开始

"智慧餐厅"的兴起伴随着互联网的成熟发展、智能手机的普及应用、互联网思维的深入渗透以及用户素质的提高，是"互联网+"时代餐饮业的一次重要变革。传统餐饮业就这样从一部手机开始，展开了自身的变革发展之路。

"智慧餐厅"是基于物联网和云计算技术为餐饮店量身打造的智能管理系统，通过用户自主点餐系统、服务呼叫系统、后厨互动系统、前台收银系统、预定排号系统以及信息管理系统等可显著节约用工数量、降低经营成本、提升管理绩效。

"智慧餐厅"实现了从顾客进店、点菜、呼叫服务员、买单等一站式全流程的自助点餐解决方案。而这些程序，都只需要一部手机就可以完成。顾客进入餐厅后，通过手机 App 或扫描二维码等方式进入餐厅功能菜单，对照餐厅所提供的图文选择自己喜欢的菜品，通过手机提交后，订单直接显示在厨房的信息后台，整个流程不需要服务员出现。

除了自助点餐，在"智慧餐厅"里，顾客也可以通过手机享受服务。比如就餐过程中需要茶水续杯、纸巾提供等人工服务，可随时启用功能菜单的"呼叫服务员"按钮。用餐完成后还可直接通过微信、支付宝钱包等支付工具买单，真正做到"自主"的状态。

"智慧餐厅"的自助点餐解决方案为餐厅节约了人力成本，节省了人员培训和管理带来的时间成本，提高了运营效率。另外，买单环节的提速大大提升了餐饮企业的翻台率，从而直接推动客流量的提升，带来经营收入的增长。同时，因为缩短了用餐前后的等待时间，更符合现代快节奏的生活方式，所以颇受年轻消费群体的喜欢。80后、90后成为"智慧餐厅"的主要受众群体。

时间成本、人力成本的降低使餐饮企业有更多精力进行菜品创新、服务优化，也可以在订位渠道拓展、到店率的营销活动等更多创收渠道上深耕。节省出来的人力还可以用来发展外卖送餐、企业订餐等增值服务。这样，利于提升企业效益、扩大创收空间，对于利润日益下滑的餐饮行业来说无疑是巨大利好。

未来，随着"智慧餐厅"的深入发展，景区的智能化用餐流程可以很好地缓解游客拥堵的状况，成为吸引游客在景区深入消费的又一重要方式。

（二）"智慧不仅仅是智能"

"智慧餐厅"虽已兴起，但还处于一个探索阶段，其中步伐较大的有"海底捞""外婆家"和"嘉和一品"。

"海底捞"不仅通过微信展现其企业文化，还为顾客提供了订座、排号、结账、购物等一系列服务体验，同时引入了微信、支付宝等新的支付形式，借以提高结账速度、减少排队时间。

"外婆家"利用微信的广泛用户和接口功能，引入了诸如定位餐厅路线、了解餐厅动向、排号、下单等一系列服务，并与自己的会员系统对接，对不同会员等级的顾客提供针对性的服务，例如向会员推送节日关怀、在会员生日时送上生日祝福、通过消费订单额度赠送积分等，俨然成为一个"掌上移动餐厅"。

中式快餐店"嘉和一品"将自己的模式定义为"O2M——offline to

mobile"（线下实体店与移动互联网的结合），"即利用物联网、移动支付等先进技术，依托嘉和一品强大的中央厨房配送能力和各门店的密集布局，线上打造智能平台以满足客户网上订餐需求，线下在人流聚居区打造便民健康的餐饮自动配送站。消费者可以根据自己的实际情况选择菜品与取餐的时间，到最近的取餐柜地点准时取餐，既节省了就餐的时间也提高了餐厅运营的效率，最终实现了能够高效服务客户的目的"。[1]

但是，目前利用互联网技术开展餐饮服务的餐饮企业并不能称为真正意义上的"智慧餐厅"，大部分餐饮企业只是将营销环节线上化，通过官方微信、官方网站、企业App等线上平台与消费者进行交流、互动。而真正的"智慧化"应该是以互联网思维为指导，从人的需求角度出发，通过新技术打造符合人们消费需要的流程。

小结："互联网+"时代，一场新的美食"革命"

一直以来，饮食文化都是地方文化的一大特色，"百里不同风，千里不同俗"的饮食文化几千年来未曾改变。但互联网时代到来后，电子商务的崛起和O2O模式的诞生，给餐饮行业带来了颠覆性的改变，如今"互联网+"的东风吹起，必将重塑中国的传统饮食文化。

总的来说，电商对地域性饮食的改变体现在两个方面：一种是在C2C模式下，很多人在电商网站上开通自己的小店，把当地特色美食放在网上销售；另一种是B2C电商平台，越来越多的食品加工企业，在京东、天猫等B2C平台上开通旗舰店，一些经过包装并符合食品安全要求的地方小吃走上电商的舞台。

---

1 安迪. 嘉和一品开拓新商业模式［EB/OL］.（2014-04-17）［2015-09-12］.http://www.cy8.com.cn/cydt/105964.

二、住——"不只是睡觉那么简单"

互联网时代旅游中的"住"相比传统时期发生了翻天覆地的变化。除了传统酒店通过新技术升级用户体验外，还出现了"智慧酒店""度假公寓""特色民宿"等多种住宿形式，成为旅游度假住宿的新时尚。

智慧酒店是适应 21 世纪消费者对于酒店的新需求以及数字、网络等高新技术发展到一定阶段的必然产物。它是指酒店拥有一套完善的智能化体系，通过数字化与网络化实现酒店数字信息化服务。

智慧酒店的生命力在于提升管理服务水平、降低人力等成本、提升用户消费体验。目前，智慧酒店的服务已经可以实现手机预订、360 度实景选房、网上付费交易、便捷入住等多种智能体验功能。

在"分享经济"的影响下，人与人之间对于不同资源的分享贯穿了整个旅游的过程，这一特性尤其体现在目的地的选择、路线的制定、住宿交通的选择上。

（一）"互联网＋旅游"时代"住"的模式

1. 智能化提升用户消费体验

通过智能化方式来提升用户体验已成为时下最流行的酒店改进升级措施。大数据、云计算、物联网、移动通信等技术都逐渐应用到旅游住宿中，这不仅是技术的革命也是旅游住宿自身的变革。

比如，"欧瑞博在多年从事智能家居、物联网设备的研发生产的基础上，结合市场需求，整合网络通信技术、传感技术、信息整合与处理技术，面向星级酒店推出新一代的五星级智能酒店系统。物联网智能化酒店，集智能灯光管理、空调管理、呼叫管理与信息服务管理功能于一体，通过物联网技术将酒店的各种软、硬件更好地连接起来，为用户提供宾至如归的智能化、信息化、个性化服务，提升酒店管理水平、降低酒店运营成本，提高用户入住酒店的满意度。"[1]

（1）智能入房

用户可直接利用酒店的自助服务系统办理入住手续，通过身份证、手机验证码、人脸识别等验证程序后便可获得智能房卡，同时用户的入住信息也会发送到注册手机上，既避免了人员接待、手续办理等一系列烦琐程序，又有效保护了用户的入住安全。之后用户在酒店的一切活动，包括入住房间、消费、呼唤服务等都可以通过智能房卡来完成，离店时再一键结算。

另外，当用户刷卡入房后，房间预设的欢迎模式将会自动启动。音乐、香氛、灯光等会根据入住时间的不同自动调整到"最佳模式"，让用户从视觉和听觉上都获得舒适之感。

（2）智能调节

房间根据不同的气氛需求将灯光设置成不同的模式，包括在房间正常使用的柔和、明亮、休闲、睡眠以及在卫生间使用的盥洗、如厕、洗浴等模式。比如选择洗浴模式后，浴室的电动卷帘会自动放下，灯光调节到最适宜的程度，浴室温度由室内温度转换成洗浴温度，另外还会有舒缓的音乐缓缓流淌，为用户提供舒适温馨的洗浴环境；当用户离开卫生间后即使忘记关灯也没关系，系统会自动检测卫生间的情况，当确定一定时间无人后会自动关闭灯光、收起卷帘，既保证安全又能有效节能。

（3）服务管理

用户的所有入住信息会同时显示在客房服务中心和客房内，用户可以通过客房内的显示屏随时了解自己的入住情况。当客房的门铃响起时，门外图像会自动呈现在显示屏上，用户可以自由选择是否开门。

另外，用户可以借助房间内的多媒体终端，实现对客房的照明、温度、休闲娱乐等设备的控制；还可以通过多媒体终端畅游网络，实现天气查询、旅游信息播报、互动游戏娱乐以及交通出行的预订、账单查询、餐

---

[1] 五星级智能酒店走进深圳物联网展［EB/OL］.（2012-08-13）［2015-08-12］. http://www.iotun.com/news/news_detail/2013042521762.html.

厅订位等。

2. 整合其他资源到酒店的智能平台——"都到我的碗里来"

以前在酒店可能会看到这样一种场景，游客会跑到前台询问该地有什么著名景点？周边有什么值得一去的小吃？酒店周边最快的景点该怎么去？而现在，通过智能技术可以将景点的周边信息整合到酒店的智能平台，游客直接通过手机便能"一键秒知"，省去了询问的麻烦，还能轻易获得其他游客的经验分享。做什么，怎么做，明明白白、清清楚楚。

例如洲际酒店，它结合腾讯地图及街景技术资源，联合开发了洲际酒店H5页面，全方位展示酒店附近的衣、食、住、行、娱，提高了酒店页面的实用性。以往，用户以景区为一个中心，酒店只是到了景区之后所选取的一个元素。而这个小小的H5页面将酒店作为一个中心，结合腾讯地图可以实现一键导航、周边景点、吃住攻略等服务。

3. 个性化、定制化的特色住宿

随着年轻人成为旅游消费的主力，其对旅游住宿的要求也越来越高。这种高要求并不在于酒店的等级高低，而是住宿服务是否个性化、是否有特色。千篇一律的酒店、宾馆的设计让游客缺少深入体验景区当地人文风情的机会。而符合当地特色的民宿、客栈、公寓等却能很好弥补这一缺点，受到游客的广泛欢迎。

（二）各具特色，争做"互联网+旅游"的前行军

1. 北京住哲——智慧酒店2.0时代的领军者

北京住哲成立于2007年3月，是专业研发酒店管理系统的高科技公司，是中国云计算酒店管理系统的先行者。目前已开发了中央预订系统CRS、分店管理系统PMS、酒店集团官网预订、手机App客户端订房、手机WAP网站订房、微博订房应用、手机微订房、微信订房应用等产品。

2013年9月艺龙入股住哲，联手推进中小酒店信息化，并且在2014年5月，成功推出改善中小酒店信息化的终身免费酒店管理系统。

（1）智慧酒店 1.0 的通病

智慧酒店方案的提出，是为了解决酒店的痛点、提升用户的体验。而现在，各大厂商推出的微信开门系统稳定性差，且动辄数百元一间的改造费用大幅提高了酒店的改造门槛。而且对于酒店的大部分短期用户，由于住宿时间短，通过房卡开门相比微信更加方便。很多智能产品的开发更多的是一种噱头和营销手段，并没有太多的实际意义。为了智慧而智慧——是智慧酒店 1.0 时代的典型通病。

（2）智慧酒店 2.0 时代的引领者

针对智慧酒店 1.0 时代的通病，北京住哲于 2008 年开发出"SaaS"（SaaS 是 Software-as-a-Service "软件即服务"的缩写）版 PMS（酒店管理系统），成为首家引入 SaaS 概念的 PMS 厂家，并于 2015 年打造"SaaS+PaaS"（PaaS 是 Platform-as-a-Service 的缩写，意思是"平台服务"）移动互联网酒店云平台，可完美适配智慧酒店 2.0 方案。

北京住哲从酒店及住客的实际需求出发，首先提出了智慧酒店 2.0 方案。从"智能客控""智能收益管理""智慧数据挖掘与分析""360 度多渠道预订"以及"SaaS+PaaS"五个部分来帮助酒店节能、节约成本、提升顾客的用户体验。相比智慧酒店的 1.0 时代，更自动、更智能、更人性化，比如不增加操作就自动开灯、开空调、自动提醒用户需要的服务信息与促销信息等。凭借"SaaS+PaaS"平台，住哲引领着智慧酒店 2.0 时代。

（3）基于精准定位的营销服务

酒店在大堂、餐厅、会议室、活动室部署"iBeacon"（iBeacon 是苹果公司 2013 年 9 月发布的移动设备 iOS7 上配备的新功能）设备，可以精准的识别用户的位置，并根据位置进行个性化营销服务。

比如预订用户到店时自动通过手机提醒自助办理入住、提前自动打开空调；在进入房间时自动推送 Wi-Fi 密码、自动开灯，离开房间时自动关灯、关空调，特殊时段推送美食清单，自动推送小商品信息，自动推送景点门票、美食、特产等介绍并促成购买；在转账时推送欢迎下次光临、积分信息、优惠券等吸引再次到店。精准的定位服务，遵从人性的实际需求，而不是更麻烦或强行改变用户习惯，从根本上提升用户体验。

（4）真正的 SaaS+PaaS 平台

真正的 SaaS+PaaS 必须具备的标准有：多租户系统、申请即实时开通、0 维护 0 部署、兼顾通用性与个性化、99.9% 的高可用性、采用 Linux 服务器、服务 1000 个不同品牌酒店的 1 万个以上客户。2015 年，北京住哲用户数已达 16000 家，无论产品的通用性、高可用性、高运维能力等都经得起真正的考验，是名副其实的 SaaS+PaaS 平台。

2. "青年·都市迷你"借力互联网思维 升级智慧酒店加盟

青年·都市迷你连锁酒店成立于 2014 年 7 月，是都市酒店集团旗下的新品牌，是一种"更经济"的"百元酒店"，是面向全球的新型国际青年旅舍，以全新的经营理念，倡导绿色环保的健康生活方式，致力于为背包客、大学生、商旅人士、普通大众群体等乐活族提供酒店住宿服务。

（1）借力互联网思维，创新酒店产品

"青年·都市迷你"以 80 后、90 后为主要的消费群体，在互联网思维的支撑下，形成了以微信、官网预订、手机 App、数据管理储存等一系列以消费者为核心的互联网销售形式。在"互联网+"的背景下，"青年·都市迷你"充分结合年轻消费群体的性格特点和个性化需求，将手机变为"万能钥匙"，进行选房、预订、付款、开门等多项服务，避免了消费者在前台等待的烦恼。2015 年，"青年·都市迷你"又在前台引入智能机器人，让智能服务进一步升级，不仅为消费者带来了便利，也为酒店加盟商节省了成本。

（2）一屋一世界，简约不简单

作为都市酒店旗下新晋的主打品牌，"青年·都市迷你"连锁酒店以简约、环保、时尚、舒适为主要特点。在房间的设计上，加入国际时尚元素，通过个性化、有创意的设计方式，将传统与现代、东方与西方、含蓄与激情通过"空间艺术"和"色彩艺术"融合为一体，形成"一屋一风格、一屋一世界"的独特体验。

（3）品质+体验，性价比高的酒店产品

在一波接一波的品牌升级和创意大潮推动下，"青年·都市迷你"连锁酒店不断进行着战略调整和空间布局，旨在朝"体验为王"的市场看齐。其"小而美""专而精"的精品化酒店运营模式，超前的酒店设计理念和品牌路线，提高了入住顾客的体验度，得到了消费者的高度认可。

小结：不再想象——智慧酒店全景智能化客户体验

信息世界正在快速地发展，大数据、云计算、物联网等技术正在不断触动着行业的脉搏。从巷道传感器到起搏器，再到数字信息亭和广告牌等，其覆盖领域越来越广，可以将更多的智能系统彼此连接，实时提供智能的、相关的以及洞察全局的服务和价值，曾经的"想象"已然成为"现实"。

经济全球化发展不断推进，旅游行业蒸蒸日上，酒店行业的发展也日益蓬勃。在信息技术的不断完善升级下，人们只需凭借智能设备便可以获得全程贴心的智能化、个性化服务。这些智慧酒店解决方案，能够很好地平衡个性化和标准化的需求，帮助酒店锁定核心客户，同时提升普通客户的体验、增强客户黏性。

目前，放眼全球，这种智慧酒店正在变得越来越多，让更多"在路上"的用户能够享受到贴心的服务，而信息科技的作用也越来越深植酒店管理者的心目中。一些正在筹划中的酒店，在最初的设计阶段就已经要求将全套的智能化管理和服务考虑在内。"宾至如归"已经不能简单地形容智慧酒店带给人们的感受，这种新感受可谓"超乎想象"。

科技在不断改变着世界，酒店行业虽然只是迈出了一小步，但是对于人们追求更加智能化的生活却是很大的一步。我们曾经"想象"的世界已经逐渐展开，酒店行业的数字化和网络化信息管理也开启了新的篇章。

三、行——"一键通天下"

从互联网旅游兴起之时，交通预订就成为互联网旅游企业服务消费者的重中之重，也成为很多互联网企业的起家领域。随着包括假日出行、日常出行、工作出行等领域的在线预订进入成熟期，交通预订主导市场逐渐从PC端向移动端转移。目前，移动端已经成为火车票、汽车票、飞机票以及日常打车、租车的主要消费端口。

根据易观智库2015年4月13日发布的《中国移动端旅游交通预订市场专题研究报告2015》显示，"2014年中国移动旅游市场规模达到1247.3亿元人民币，占整个在线旅游行业的44.6%，逼近PC端。在线旅游行业移动端交易额中，携程、去哪儿、阿里旅行·去啊、活力天汇、艺龙、途牛6家厂商市场份额达到82.7%，其中活力天汇以900%的增速成为发展速度最快的在线旅游企业。"[1]

（一）"互联网+旅游"时代"行"的模式

1. 传统PC端交通预订

PC端交通预订曾经是在线旅游吸引游客的一个重要方式。相比于传统旅行社的线下预订，互联网的方便、快捷、及时为游客提供了不一样的体验，因此成为游客们热衷的方式。游客在出行之前，从网络上查询交通信息，包括时间、票价等，直接预订符合自己出行需求的车次。目前，传统旅行社和OTA的官方网站上，这一功能都很成熟，也成为盈利的重要部分。

2. 移动端交通预订

根据《中国移动端旅游交通预订市场专题研究报告2015》显示，

---

[1] 易观智库.中国移动端交通预订市场专题研究报告2015［R/OL］.（2015-04-13）［2015-09-23］.http://www.icaijing.org/finance/article3810964/.

"2013年至2014年中国移动互联网呈现爆发式增长,中国在线旅游移动端市场规模随之扩大,2014年交易规模达到1247.3亿元人民币,占中国在线旅游市场整体规模（2798.2亿元人民币）的44.6%。其中,旅游交通预订在移动端市场规模中占比最大,达到70.4%"。[1]

（1）移动端旅游交通预订市场交易规模发展迅速

根据《中国移动端旅游交通预订市场专题研究报告2015》显示,"中国移动端旅游交通预订市场从2012年起迅速发展,到2014年市场规模已达到878.4亿元人民币,同比增长406.1%"。[2]由于机票产品标准化程度高,20世纪90年代已形成成熟的全球电子分销系统,最早开始了互联网化进程,并极易复制到移动端平台。同时,高客单价和规模庞大的出行人数使机票预订维持较大的市场规模；2013年起在线旅游厂商介入火车票预订市场,交易规模增长迅速。易观智库预测,"未来几年移动端旅游交通预订市场增速仍高于在线旅游交通预订市场,2017年市场规模将达到2449亿元人民币,较2014年增长178.8%"。[3]

（2）移动端预订必将超过PC端

移动端的实时性和便捷性的特征使用户随时随地享受在线预订服务,预订行为从旅行前拓展到旅行中,具有更高的预订效率。易观智库预测,"2015年移动端旅游交通预订市场规模将超越PC端,达到63.7%,预计2017年达到76.5%。"[4]同时,随着移动端发展进入稳定增长阶段,移动端对PC端的挤压作用将减小,移动端市场交易规模的增长将由PC端消费迁移转变为内生增长驱动模式。

---

1 易观智库.中国移动端交通预订市场专题研究报告2015［R/OL］.（2015-04-13）［2015-09-13］.http://www.icaijing.org/finance/article3810964/.
2 易观智库.中国移动端交通预订市场专题研究报告2015［R/OL］.（2015-04-13）［2015-09-13］.http://www.icaijing.org/finance/article3810964/.
3 易观智库.中国移动端交通预订市场专题研究报告2015［R/OL］.（2015-04-13）［2015-09-13］.http://www.icaijing.org/finance/article3810964/.
4 易观智库.中国移动端交通预订市场专题研究报告2015［R/OL］.（2015-04-13）［2015-09-13］.http://www.icaijing.org/finance/article3810964/.

（3）旅游交通预订作为在线旅游基础服务，有利于形成综合型业务体系

交通连接旅游出行的出发地和目的地，是在线旅游预订基础服务，是在线旅游预订市场的起点和切入点。在一站式预订服务成为在线旅游市场主流模式的背景下，通过旅游交通产品预订向其他细分业务进行拓展，一方面满足消费者需求，另一方面能够增强厂商盈利能力。未来移动端旅游交通预订提供商将通过战略合作、自身业务拓展等方式横向拓展产业链，形成综合型预订业务体系，增强竞争实力。

（4）中国移动端旅游交通预订市场提供商份额集中度较高

"2014年中国移动端旅游交通预订市场集中度较高，前四家厂商市场份额达到86.6%。携程、去哪儿市场份额居于领先地位，市场份额分别为38.3%和29.8%。阿里旅行·去啊和活力天汇居于第二梯队，市场份额分别为11.3%和7.2%"[1]。

另外，根据厂商执行与运营能力、业务创新能力两个维度综合反映市场上主要厂商的市场表现和竞争地位，2014年中国移动端旅游交通预订市场实力布局如下：

①领先者：携程、去哪儿

携程和去哪儿用户规模和交易规模均位于领先地位，并通过投资收购或技术创新加强业内资源整合，同时推动火车票、汽车票等细分市场互联网化，创新能力突出，属于领先者。

②创新者：活力天汇、腾邦国际

活力天汇诞生于移动端，通过介入机票和高铁等高频交易产品获得迅速发展，创新能力突出；腾邦国际通过整合区域资源和产业链资源，提高产业效率，增强营收能力，成为移动端旅游交通预订的创新企业。

③务实者：阿里旅行·去啊

阿里旅行·去啊借助电商平台和支付系统的优势提供旅游交通预订交

---

[1] 易观智库. 中国移动端交通预订市场专题研究报告2015 [R/OL].（2015-04-13）[2015-09-13]. http://www.icaijing.org/finance/article3810964/.

易平台，拉近供应商与消费者距离，提升了产业链效率，是旅游交通预订市场中稳步发展的务实者。

④补缺者：酷讯旅游、智行火车票、艺龙

酷讯旅游、智行火车票、艺龙等已具备较完善的移动端旅游交通预订业务体系，通过提升用户体验和推广效率，增长潜力巨大。

3. 专业领域服务

随着互联网技术的发展、人们生活需求的多样化，越来越多的互联网新兴业态开始出现。以日常用车为例，短时间内出现了滴滴快的、易到用车、神州租车、嘀嗒拼车等多种形式的打车软件。这些软件通过自身的互联网优势再结合线下成熟的交通体系，旨在解决出行用户"找不到车"、司机"拉不上客"的问题。

（二）移动互联催生新的出行方式

1. 活力天汇——你的出行管家

活力天汇成立于2009年，以交通信息查询服务起家，是国内首家提出在产品开发上使用场景服务（SBS，Scenarios based service）理念的公司，致力于为移动互联网用户的沟通交流、服务体验以及各种实用需求提供最佳的解决方案，其产品线包括航班管家、高铁管家、酒店管家等，涉及商旅信息、移动社区、LBS（基于位置服务）、移动支付等无线互联网领域。

根据《中国移动端旅游交通预订市场专题研究报告2015》显示，"2014年活力天汇移动端旅游交通预订交易规模为63.1亿元人民币，市场份额达到7.2%。"[1] 活力天汇专注于移动端火车票和机票预订服务和信息服务，以"高铁管家"和"航班管家"为依托，提供时刻表查询、正晚点查询、火车站查询、航班动态、值机选座、机场信息等信息服务，并通过酒店预订、专车服务、生活服务等周边业务，多元化自身服务体系，形成综

---

1 易观智库. 中国移动端交通预订市场专题研究报告2015 [R/OL]. （2015-04-13）[2015-09-13]. http://www.icaijing.org/finance/article3810964/.

合性创新业务模式。

活力天汇倡导"场景式服务"的理念，将移动端产品归结到"出行"的场景中：无论是出行前、旅途中，还是目的地，管家系列扮演的就是"出行"场景中的入口角色，借助这个入口，让产品尽可能到达用户在移动状态下的所有行为和消费。这种移动端的"互联网+传统交通业"的模式，对提升用户体验、细化用户需求、帮助用户做出决策等方面有着重要作用，是未来移动端"互联网+交通"的一个显著趋势。

2. 滴滴快的——科技改变出行

2015年2月14日，在这个"有情人终成眷属"的日子里，滴滴和快的终于"在一起"了，中国互联网未上市公司的最大并购案就此诞生。因为之前有了优酷土豆的先例，这类"爱情"似乎也很容易被接受。

滴滴和快的在合并之前都各自宣称有1.5亿用户，合计共拥有出租车约3000万台。而这些用户资源聚集起来将形成一个巨大的O2O平台，这个平台不仅仅能实现快捷打车，而且可以承载从交通出行到娱乐休闲的大量生活服务。合并后的"滴滴快的"并没有在出租车上继续烧钱，而是将精力和资源转向专车、智能地铁、公交和代驾等其他项目。

传统的乘客打车需要到路边招手，司机用眼睛扫描马路获取信息。而把这个方式换到互联网，乘客不需要到路边招手打车，只需要在房间里把自己的目的地信息发出去就可以直接传送至周围。司机只要打开智能手机就可以零成本获取周边打车乘客的信息，所有的订单信息只需通过耳朵就可以传递到司机的大脑里面。滴滴快的的本质是通过移动互联网来解决信息不对称的问题，一方面有效改善司机空驶问题，另一方面解决乘客打不到车的问题，是通过移动互联网将整个出租车行业与消费者联系起来的重要创新。

小结：移动互联重新解构新的交通出行方式

对于今天的城市居民而言，庞大的城市和拥堵的交通构成了出行最大的障碍。随着智能手机快速普及、移动互联网的飞速发展，如何利用移动互联网来精准打理自己的出行计划是一项迫在眉睫的社会需求。不管是滴滴快的，还是易到用车、神州专车，这些企业都在用创新的方式来满足社会的需求。当然，在人们的出行方式被新事物重构之际，也势必会引发垄断经营的忧虑。所以，面对创新性的事物，尤其是能够解决现实需求的创新，我们应当以更加开放的心态去迎接和拥抱。

目前，移动出行在代驾、公交、拼车和地铁的应用还不完备，此外，城市交通也远不止出租车、专车、租车等细分市场，未来城市交通市场必然会进行进一步的细分。可以预见，在未来，移动互联网对于人们出行的影响将会更加深刻。

四、游——"一端走遍天下"

"互联网+旅游"的发展经历了三个阶段：

1. 在线门票时代——门票销售的在线化

早在 2013 年以前，同程旅游、驴妈妈等在线旅游企业就开始深耕景区门票市场。此后，携程、去哪儿、途牛等主要在线旅游企业也纷纷进入在线门票领域，呈现出 OTA 主导景区门票销售的局面；另外，同步进入的还有美团、大众点评等团购类网站。目前，"超过 80% 的 5A 级景区都通过在线平台渠道进行门票销售，门票产品覆盖国内外景区达 5 万家"。[1]

2. 目的地娱乐时代——联盟打包在线销售

这一时期的特点是：OTA 主导、景区合作发展和以目的地娱乐为发展趋势。

2015 年以来，携程、去哪儿等在线 OTA 逐渐进入目的地娱乐市场，途牛也开通了本地娱乐频道，呈现出"景区产品+×"的新模式，旨在以智能化和移动化的方式来推动景区间合作以及相邻业态的共同发展。

---

[1] 阎密."互联网+"景区：线上线下整合促升级［N］.国际商报，2015-07-06.

3. O2O 升级时代——O2O 升级构建互联网生态圈

这一时期，智慧景区、智慧旅游、旅游 O2O 等新生市场获得进一步的发展，将互联网服务融入旅游行业，对有效提升景区管理运营效率和服务质量以及加强整个景区的竞争能力有着重要意义。这一时期呈现出景区主导进程、公司投融资构建生态圈、景区智慧化建设等特点。比如 2014 年峨眉山开通百度旅游直达号，开启景区互联网营销新局面；四川省、福建省携手腾讯构建"互联网＋智慧旅游"的全方位生态系统……"景区＋×"的多元化互联网生态趋势明显。

当前，旅游景区与互联网的融合正在日益加深。易观智库发布的《中国"互联网＋景区"专题研究报告 2015》指出，"目前旅游资源端的互联网渗透率远低于游客端。然而旅游景区的特点是游客停留时间长、旅游分布时间广、关联场景多、覆盖人群广等，随着景区与互联网的深度融合，景区将成为重要的互联网流量入口和主题场景以及多产业融合和跨界的自然平台、商家互动的高级终端"。[1] 目前，智慧景区建设主要集中在景区门户网站、智能导航系统、数字视频监控、交通指挥系统、电子门禁系统、电子商务平台、安全预警平台和办公自动化系统等。

（一）"互联网＋"时代"游"的模式

在国家推动"智慧旅游"的大背景下，伴随着基础设施的改善、互联网技术水平的提升以及游客对景区要求的提高，许多景区已经开始了智慧景区的探索。

1. "人未到，景先看"——前置服务

在去一个景区之前，你是否对其有美好的幻想？是否渴望提前"一睹芳容"？是否想知道那个景区到底值不值得你去看？

针对游客的种种疑问和猜想，一些手机地图的街景功能将"人未到，

---

[1] 易观智库.中国"互联网＋景区"专题研究报告 2015 [R/OL].（2015-06-30）[2015-09-13].http://www.dotour.cn/article/14733.html.

景先看"这样的前置游览功能开发出来。不同于传统地图，它们除了是地图工具，还是移动互联网的"入口"，除了定位、导航功能外，还聚合了社交、街景、O2O元素以及各色小工具，致力于搭建一个全方位的生活服务平台。其中，街景地图可以为用户提供大到城市全貌，小到街头巷尾的360度全方位实景实时图像，用户可以通过该服务获得真切的地图浏览体验。通过街景，用户可以更加直观地了解目的地相关信息，在旅途前就获得前置服务。未来，这一平台会搭载更多的功能，不仅仅提供信息，而是真正变为集道路交通状况查看、美食团购预约、社交分享、景区预订等一系列的功能服务的综合体。

2. 一机在手，全程无忧

互联网，尤其是移动互联网的渗透使得景区逐渐趋向智慧化，游客只需拥有一部手机就可以体验景区内的各种服务。移动App和二维码扫描是移动端服务游客最常见的方式。App可以通过GPS卫星定位系统，为用户提供精确定位，让用户知道所处的具体位置；可以让无法实地参观的使用者随时浏览景区建设风貌、旅游区域、旅游景点等信息；可以采用语言、图片等手段，对用户眼前的景观、景物进行自动讲解。目前旅游景点App已经开发出多种服务，支持iOS、Android、HTML5、微应用等多种版本的解决方案，无论用户使用的是哪种移动终端都可以找到适合的应用方式。

而微信"扫一扫"则更加便捷，只需在景区的二维码上一扫，就可以进入其微信公众平台，使用景区提供的多种服务，包括景区介绍、门票预订、美食推介、电子导游等。

3. 科技提升旅游体验

景区是旅游行业最基本的运营单元，在产品销售端与互联网深度融合的同时，景区也分别在运营管理和资本运作等方面进行实践，并取得了显著的成果。

从景区管理方面来看，以物联网、云计算、大数据等技术为基础，可以进行实时流量监测、智能导览等基于互联网的配套服务；以信息数字化为基础，将景区运营和管理的多方数据数字化，建立景区及周边业态的数据库，为未来景区决策提供大数据支持；以 LBS（基于位置服务）为基础，提供基于位置的 O2O 服务，如门票销售、实时电子导游、景区导览等。

从游客体验方面来看，在旅行前，游客不仅可以在行前通过互联网实现产品预订、交易支付，还可以在旅行中，随时随地通过移动互联网享受信息查询、产品购买和移动社交等服务。另外，在旅行后，游客还可以通过互联网对旅游产品、景区进行评价，作为未来景区运营管理的数据基础。

（二）"互联网+"时代开拓景区新天地

1. 龙门石窟——景区与互联网公司的"联姻"

龙门石窟是中国三大石窟之一，文化旅游资源丰厚，本身具有极高的知名度，被联合国教科文组织盛赞为"中国石刻艺术的最高峰"，自 2009 年以来，龙门石窟就开始探索智慧旅游景区建设，如今已初步具备了较好的软硬件条件。在 2015 腾讯"互联网+中国"峰会上，龙门石窟与腾讯公司签订战略合作协议，也成为全国首个与腾讯签约的景区，为打造"互联网+"时代的智慧旅游景区迈出了创造性的一步。二者旨在从提升智慧景区服务、打造景区产业集群、促进景区业态优化升级等方面出发，针对龙门石窟景区优秀的资源优势和发展需求，依托腾讯丰富的用户资源以及成熟的云计算能力和社交产品，以"互联网+智慧景区"为关键结合点，开展全方位、多角度、深层次的战略合作。

目前，双方正在合作推进包括微信建设、语音导览、实景地图、云闸机、线下互动等多种服务；依托微信、QQ、微博、视频网站等重要传播平台，综合运用文字、图片、音频、视频等多媒体传播形式，全方位、多角度地对龙门石窟的文化品牌进行宣传；借助云计算、大数据、3D 实景等技术，大力提升龙门石窟智慧旅游的核心竞争力，在景区管理、用户服务、游客体验等方面，实现全面的优化升级。另外，双方旨在整合资源，共同建设"龙门石窟"的 O2O 体系，为用户提供更方便、更多样的旅游目的地服务。

2. 黄山——本地联盟，借互联网强势反弹

2013年，黄山景区与携程、同程旅游、艺龙、驴妈妈等在产品设计、营销宣传、品牌提升等方面建立了全面战略合作关系。从2014年6月开始，黄山旅游官方旗舰店与阿里旅行建立了合作关系，并于2015年3月与阿里旅行正式达成战略合作协议。双方以旅游产品设计、研发、推广、销售等为合作的切入点，借助各自强大的资源优势，构建旅游产品的大数据库和销售推广的O2O体系，这一举措也标志着黄山全面拥抱互联网进程的开启。

另外，黄山景区与周边景区和休闲娱乐设施合作形成门票套餐，并且打包销售餐饮、酒店、交通等套餐，提供私人订制旅游产品，形成资源共享联盟。借此，黄山整合了景区及周边各种资源，打造了"黄山本地联盟"。

3. 九寨沟——大数据引流的典型

在2014年"十一"黄金周之前，四川省旅游局为了缓解黄金周旅游拥堵问题，将大数据与景区分流结合起来，在官方网站、微博、微信等社交平台上鼓励游客通过互联网预订景区门票，倡导游客理性出游。这一举措使得黄金周每日的游客流量得到很好的控制，且一定程度上培养了游客通过互联网预订的习惯。在通过预订门票控制人流量后，九寨沟景区又着重将网络营销纳入计划，并实时告知景区每天的预订量和实际游客数，一边将已进入景区周边的游客分流到其他景区，另一边引导未出行的游客合理选择出行线路，为理性出行提供参考依据，有利于缓解黄金周人数爆棚的情况。

通过互联网引导景区流量实质上是通过互联网手段实现旅游景区资源与游客的再分配过程。通过前期媒体宣传为用户提供区别于传统购票方式的网络预订，结合大数据的分析功能，为游客提供未来出行的目的地导向，有效缓解了景区人数爆棚的状况。另一方面，由于景区信息的及时更新，游客可以随时了解景区动态，更改或重新规划自己的旅游路线，合理避开高峰期，获得更优质的旅游体验。

4. 三清山——行走中的风景

三清山风景区利用网络营销手段，主动创新景区营销模式，以快速的

步伐、多元的方式紧跟互联网时代，从线上到线下，从 PC 端到移动端，实现从传统旅游到智慧旅游的华丽转身。

在三清山景区官方网站上，不仅有简单的景区介绍、旅游动态、图片视频欣赏，还有包括"吃、住、行、游、购、娱"六要素的"玩转三清山"系列，其中涉及美食、交通路线、当地特产、娱乐活动等项目；另外，还将咨询投诉的服务功能上线到官网，游客有问题可以直接通过互联网进行反馈。另一方面，三清山智慧景区的平台在 2015 年年初上线运营，实行了票务一体化，为游客节省了排队买票的时间。不仅是为游客提供人性化的服务，也在一定程度上提高了景区的管理效率。

小结：一场多方合作的长期战役

随着移动互联网的普及、基础设施建设的完善、景区 Wi-Fi 的覆盖，人手一台智能机的旅游时代已经来临。对于服务方来说，丰富的产品品类、多样化的游客需求以及移动互联网的普及，已经创造了比过去更多的消费可能。手机预订、在线导航、即时图片搜索、实时语音导游等功能应接不暇，使得越来越多的游客开始使用移动端解决问题。接下来，移动互联网与智慧旅游的天然内在联系还将为旅游市场的延伸提供更宽广的想象空间。

目前各景区开始尝试的摇一摇购票、快速方便的二维码验票、贴心省力的智慧化信息展示、全程电子导游等，不仅是智慧景区服务初露头角，甚至可以说是处于大数据采集的阶段。随着大数据和云计算等顶层业务逐渐融入智慧景区服务之中，依托于庞大的景区数据，智慧景区所提供的大数据分析服务能更有效地从景区运营管理、景区服务质量、景区游客需求等多个维度，帮助景区抓取核心问题，大幅提升景区在市场的竞争能力。

可以想象，未来一定会实现游客携带一部手机就能实时了解景区动态信息、自主规划旅游行程、电子导游在线导览等现象。另外，每个游客可能会配备一个"贴身小秘书"，随时进行沟通和咨询。不但可以随时了解自己所处的位置、掌握旅游进度，还可以给同伴定位，避免因人多而造成"走失"的状况。当然，还可以把自己在景区的游玩轨迹发在微博、微信、蚂蜂窝等社交平台，与朋友和有共同爱好的人分享。

在景区加强自身竞争能力的过程中，智慧化服务给景区的升级改造带来了很大帮助。但中国幅员辽阔，景区资源十分丰富，智慧景区、智慧旅游的建设任务非常繁重，要在短时间之内将国内所有景区改造为智慧景区并不是易事。游客不仅需要有更多更好的旅游选择，还需要有服务方对其进行清晰即时的需求洞察。景区要以最智能化的服务方式为游客提供最贴合、最适宜的服务。只有多方共同努力才能为游客提供更优质的旅游资源、更深入的旅游体验。

五、购——说买就买的"任性"

根据中国互联网络信息中心（CNNIC）发布的第36次《中国互联网络发展状况统计报告》显示，"截至2015年6月，我国网络购物用户规模达到3.74亿，较2014年底增加1249万人，半年度增长率3.5%。与2014年12月相比，我国网民使用网上支付的比例从46.9%提升至53.7%。与此同时，手机支付增长迅速，用户规模达到2.76亿，半年度增长率为26.9%，是整体网上支付市场用户规模增长速度的1.5倍，网民手机支付的使用比例由39%提升至46.5%"。在电子商务、物流发展迅速的大背景下，这种火热的发展状况也顺势蔓延到旅游购物领域。

（一）"互联网+旅游"时代"购"的模式

1. 互联网技术提升景区旅游商品价值

旅游商品是旅游过程中不可忽略的环节，也是可以产生巨大价值的部分。旅游商品种类繁多，包括老字号旅游商品、都市工业商品、科技旅游商品、旅游景区及地标类商品等。其中景区旅游商品是目前市场最稀缺的，并不是因为其数量少，而是其同质化高、缺少地方特色，这也是目前旅游商品的最大诟病。不管到哪里，不管去到哪些景区，所购买的东西都差不多，无法体现出不同景区的特点。

不过，随着"互联网+"时代的到来，新颖的旅游商品层出不穷。利用新技术手段和创意思维开发的新型商品如 DIY 商品（3D 立体拼图、DIY 纸插灯笼）、智能设备（智能寻物防丢贴片、智能手表）等，不仅提升了旅游商品的包装品质，突出了创新性，更将传统的东西赋予更多新意，增强其互动性、娱乐性与参与性。

2. 互联网手段打造 O2O 新模式

另外，"互联网+"时代也为游客购物的方式提供了更多可能。线上购买，线下体验；线下选购、线上支付的 O2O 模式成为常态，既方便了游客的购买行为又为景区的业务拓展制造可能。

3. 移动端购物初显端倪

依托互联网信息技术的中国旅游和旅游购物的服务还处于刚刚起步阶段，可提供的服务也不多。随着智能手机的普及以及移动互联网的迅猛发展，游客只需通过一部智能手机就能马上查询到景点的特色产品，并进行比价、购买。通过网上下单购买，可以直接将选购的产品邮寄到目的地，省去游客自己在路上接待、搬运的过程，减轻了游客负担，让游客可以放下一切去体验旅游的奥妙。例如掌上手礼客户端，它是由特产购物网站手礼网开发推出。根据游客的需求纳入电子版手绘地图、景点导航、特产商城、扫描比价等功能，只需要在网上预订当地产品，就可以"送货到家"，大大节省了游客的时间和精力。

毋庸置疑，移动互联时代已经来临。只要大胆创新，移动旅游购物必然会成为一个光明有前景的市场。

（二）模式创新，移动互联促进旅游购物智慧化

在移动互联网狂飙突进的今天，机票、酒店、休闲度假等旅游产品的

移动化正如火如荼进行时,作为"吃、住、行、游、娱、购"的重要环节——旅游购物领域却一派沉默。一直以来,旅游六要素"购"的信息化就是薄弱环节,游客对旅游中的"购"也始终存在很大的矛盾和意见。当手机预订机票、酒店等旅游服务正逐渐成为人们习惯的旅游方式时,各旅游服务商的移动产品中却迟迟没有出现旅游购物的身影。

但移动互联的发展为旅游购物服务创新提供了广阔的天地。2014年10月携程App顺利上线"全球购"频道,在几乎空白的移动旅游购物领域做出了全新的尝试。携程"全球购"频道的推出,是携程为打造完善的一站式旅游服务平台过程中走出的重要一步。游客可以通过手机端轻松获取"全球购"返礼码来享受专属优惠,也可以在旅行中随时随地下单购物,而这些正是依托于携程先进的移动服务平台,致力于为消费者带来便捷而实惠的用户体验。

那么,借助携程的无线战略,到底能为旅行中的游客带来怎样不同的购物体验?如何用"互联网+"推动旅行购物的创新?用网络化和扁平化的互联网方式结合传统的购物模式,能否让游客的购物体验变得不同起来?携程进行了探索。

1. 折扣 + 返现,传统让利模式先移动起来

与各大电商通过"红包""下单立减"种种手段抢占市场有所不同,对于还不是那么火热的在线旅游购物来说,培养游客在移动端旅游购物的习惯是目前的首要任务。要让游客习惯利用移动平台进行旅游购物,最基本的是将线下吸引游客购物的促销手段移动化。携程全球购频道下的"名店购"产品通过与全球各大免税店、购物村、知名品牌商户合作,使游客在这些商户购物时,除了可以通过携程App平台获得可观的购物返现,还能获得到店礼品、商场贵宾卡,乃至机场宾馆的专车接送、免费下午茶等各种高端VIP服务。此外,针对LaoX免税店等部分指定商户,只要手机出示携程优惠券,即可享受9.5折优惠。

对于游客来说,选择在携程合作商户购物可享受额外的折扣或VIP

待遇，通过移动终端的便捷操作即可享受优惠；对特约商户而言，携程利用自身在机票、酒店及旅游产品的大数据分析优势，结合与银行间的合作联盟，能够精准地将具备经济能力和购物需求的游客导向商户。而且携程作为中间环节的服务平台，能有效地改变游客的购物习惯，带给游客更好的购物体验和实惠，进一步完善了其打造一站式预订平台的战略布局。

2. 模式创新，用户体验提升是王道

在旅游产业信息化的浪潮中，业内的O2O旅游购物网站早有萌芽，如主营海南特产的旅游电商"带啥儿"，其提出的"线上下单，线下提货"购物模式已是对传统旅游购物的模式创新。旅游购物要在移动端发展，难点依然在于如何做到用户体验的升级。

旅游购物与传统电商的最大区别在于提货地点的不确定性，PC端的O2O模式对于那些已经在旅途中的游客购物而言其实并不方便，线上下单、线下提货的模式并不能完全满足游客随时变动的需求。针对这个问题，携程"全球购"频道通过与旅游目的地的供应商合作，推出"随行购"服务，将线上下单、线下提货的O2O模式在移动端升级为"手机下单、机场/酒店取货"的M2O（Mobile to Offline）模式。手机下单，将乘车等碎片时间利用起来，让已经在旅途中的游客可以随时随地选购商品。机场/酒店取货，使游客可以选择行程中方便提货的机场或酒店，让商家直接将商品配送至相应地点，使游客不必再因为担心大大小小的购物袋而影响游览风景的心情。对于那些不能提前确定机场酒店地址的顾客而言，随行购最大化提升了提货地点的可变动性。

在即时通讯和移动支付技术迅速完善的背景下，解决物流配送问题进一步解决了游客在旅途中购物与游览难以兼得的困扰。当然，随着多形态终端的研发、移动网络技术的继续完善，旅游购物在用户体验方面依然有很大的提升空间。

小结：资源整合，旅游购物智慧化

近年来，智慧旅游的概念反复被提起，其核心正是利用移动终端应用实现以"游客为本"的高效旅游信息化服务。就旅游购物而言，无论线上折扣返现的推出还是线下机场或酒店提货，都是旅游企业从服务平台的角度出发所做的尝试，其依靠的是企业长期建立起来的线上线下优势。但是，对于大部分平台来说，旅游购物各环节供应商的利益之争使得各方无法形成真正的资源共享，从而也使移动互联网在旅游购物环节的交互性、即时性、便利性弱化。

从大环境来看，从上游技术的开拓到下游资源的整合，旅游购物要形成移动端完善的产业链条，并非朝夕之事。除了通过移动互联技术升级、不断完善的旅游应用提升服务体验之外，还需要旅游商品供应商、政府、行业协会等更多环节的信息共享，从而实现购物资源的整合、销售管理的整合以及质量服务体系的整合，使旅游购物智慧化乃至智慧旅游不再是遥远的理想。

六、娱——"你不走过来，我就跨过去"

目前，"互联网+旅游"时代"娱"的方式主要体现在两个方面：

1. 主题公园——"智造时代"

主题公园是旅游的重要环节之一，它将自然资源与人文资源相结合，应用现代化的科学技术和多层次的空间活动设置，集众多娱乐、休闲、服务于一体，成为旅游业中风景别具一格之地，也成为游客娱乐的重要方式。除了自身品质的打造外，全面拥抱互联网、出售文化、出售体验、出售服务也是互联网时代主题公园发展的重要途径。

互联网时代，主题公园正在探索如何通过新技术进入"智造时代"而不是单纯依靠旅游地产来盈利。比如我国著名的旅游度假区"深圳华侨城"就在"智造时代"的探索上迈开了坚定的步伐。目前，"华侨城"正试图应用增强现实（AR）技术、3D 投影技术、移动互联技术、高清游戏体验技术等方式来打造主题公园。而已经建造多年的主题公园如欢乐谷、方特等则不需做太大的改造，只需致力于利用多种科技手段来更新升级游客体验，如坐过山车时佩戴智能眼镜，选择太空模式，让游客获得在太空遨游的感觉。

目前，互联网正在重新解构园区，基础设施建设也随之产生裂变，从而带来了文化消费发生本质性变化。未来的主题公园，很有可能不再是由迪士尼这种传统文化传媒公司来创造，而是由腾讯、阿里巴巴这些互联网巨头来打造，靠房地产支持建造主题公园的方式很可能转变为靠互联网支持建造的"智造时代"。

2. 旅游演艺——"一部演出看懂一座城"

继电影之后，演出成为通过在线购票深度"触网"的又一行业。剧目制作、剧场管理、售票宣传等整个演艺产业链都开始注入互联网思维和互联网模式，而通过这一生态链，观众也在逐渐获得更多更好的观剧体验。

（1）在线购票不止"优惠"那么简单

互联网对演出行业的影响最先是从票务系统开始的。不再局限于票务代理商的分级销售，现在，观众只需提前查看剧场的详细演出信息，就可以在各网络售票平台页面直接预订、选座、支付。演出当天，只需凭借订单生成后的二维码或订单号就可以在演出场馆内的自助取票机取票，避免了提前到销售点取票的麻烦。除了便捷和适时优惠外，在线购票还可以享受大数据带来的"贴心"的服务，包括演出当天的天气如何、应该乘坐怎样的交通工具、剧场实时观众情况、剧目开始和结束的时间以及用户订单和积分状况等。

（2）O2O 闭环为演出创作提供新标准

根据《2013 年中国商业演出市场票房报告》显示，"从观众的特征来看，中青年群体已成为演艺的消费主力，66.7% 的演出观众年龄集中在 21 岁至 40 岁之间，演出市场消费人群结构呈年轻化趋势；从观演目的来看，以休闲娱乐为主的观众占到 66%，演出消费需求更加偏向娱乐化。演出观众的群体特征与移动互联网甚至是智能手机的用户特征吻合程度较高"。[1]

基于演出群体的这一特征，加之在线购票方式的普及，线上业务逐渐开展起来。资源的整合使得查询、购票、评论等环节可以在同一个平台上完成，既提升了观众的用户体验又增加了用户黏性。

以微信 O2O 闭环系统为例，"它的优势就在于移动社交、大数据分析和客户关系（CRM）管理体系，这些能很好地让演出机构、导演、演员与观众建立联系、实现互动，根据观众喜好制作出符合观众口味的作品。因此，除了在线票务的开发以外，演出内容也在随着观众群体的年轻化和互联网化作出相应的调整。移动互联网时代，观众的注意力很大一部分都在移动终端上，用户购票方式跟随整个移动互联网的趋势变化，演出主办方也更注重用户购票过程的体验，在移动终端上为观众提供解决方案是趋势"。[2]

（3）智慧化提升剧场品牌形象

在互联网基因进入内容制作和购票系统之后，剧场内部也随之发生了改变。2014 年 7 月，深圳华夏艺术中心首先试水移动无纸化智慧剧场。智慧剧场主要有两种方式："第一是所见即所得的购票方式，即不管人在哪里或靠何种方式，只要获得二维码，扫描就可以实现在线选座和购票，没有任何地域与时间的限制；第二是只需通过扫码便可进入剧场，实现全程无纸化"。[3]

以开心麻花的《羞羞的铁拳》在北京地质礼堂的演出为例。在开演之前，观众只需通过微信扫描二维码，便能进入票务服务系统进行选座、购票等行为。通过手机购票成功后，系统会自动向手机发送二维码，演出开场前只需在剧场入口扫码即可入场。

对于剧场而言，在线购票平台可以省去中间的代理环节，直接将演出

---

[1] 道略演艺产业研究中心. 中国商业演出市场票房报告（2013）[R/OL].（2014-05-23）[2015-09-14]. http://www.idaolue.com/Data/Detail.aspx?id=35.
[2] 高庆秀."互联网+"给演出业带来什么？[N]. 中国文化报，2015-04-03.
[3] 高庆秀."互联网+"给演出业带来什么？[N]. 中国文化报，2015-04-03.

方与观众对接，并通过线上为观众提供周边生活信息服务以及优质的用户体验，有利于提升场馆的品牌形象，建立以剧场为核心的商业生态圈。

（一）"互联网＋旅游"时代"娱"的模式

1. 互联网技术提升旅游演艺效果

旅游演艺植根于深度旅游，是指满足一般旅游的吃喝玩乐需求外，还能提供给游客一种深刻的文化体验。如今，旅游既是一种经济现象，更是一种文化行为。旅游演艺可以有效提升游客对景区主题文化的感受度，逐渐成为中国景区的重要发力元素，甚至是一种历史文化的代名词。

随着互联网和新技术的发展，越来越多的技术手段加入到旅游演艺中来提升观众体验。作为"千古情"系列幕后舞台视觉工程服务商的"数虎图像"，将演出内容与当地人文气质融入多媒体舞美影像中，运用三维动画、人影互动、纱幕投影、LED影像等视觉表现手法，串联舞台元素，带给观众前所未有的视觉文化体验。

而与"数虎图像"有过多年成功合作的华侨城集团，现已发展成全国演出节目最多、演员数量最多的旅游集团。大型多媒体歌舞剧《天秀》、大型多媒体交响音画新版《天禅》当中精彩的视觉效果，令人印象深刻。前者透着世界民族大联欢的热闹，后者则用充满禅意的影像与舞蹈表演完美结合，构筑恒久的禅意空间。

此外，在超大型文化综合体开封宋都乐园中上演的《千回大宋》中，数虎将全息技术与舞美影像结合，二者相映成趣，绚丽再现汴京繁华，让游人尽享宋文化信息，感受宋文化魅力。北京红剧场常年上映的《功夫传奇》，在数虎多媒体视觉影像助力下，使演出的视觉冲击力更强，凸显中国功夫文化的博大精深，凭借其优良的视觉效果及文化内涵，在众多旅游演出中脱颖而出。还有在新疆上演的《大美新疆》、宁夏首台大型文化旅游实景剧《梦回·一千零一夜》等反映当地文化体验的演出等，都通过绚丽的舞美视觉向世人展示当地风情。

因此，新技术对于旅游演艺效果的提升作用不容小觑。尤其随着未来科技水平的提高，越来越多意想不到的效果会在演出中应用，观众很可能会成为演出的"参与者"而不仅仅是"欣赏者"。

2. 互联网加深文化体验

演艺与旅游的结合是目前景区娱乐的重要方式。演艺因为其形象生动的表演、文化内涵的挖掘、与景区居民生活的紧密结合受到外地游客的广泛喜爱。一批具有地方特色、体现人文风情、充满创意创新的精品演出剧目逐渐形成并沉淀下来。

（1）《又见平遥》

《又见平遥》大型实景演艺项目是"十二五"期间山西省向文化大省转型跨越发展的重要旅游项目之一，也是"又见系列"在中国北方地区的第一个项目，于2013年2月18日在山西平遥首演。

《又见平遥》讲述了一个关于血脉传承、生生不息的故事，整个演出通过选妻、镖师洗浴、灵魂回家、面秀等片段，凸显了平遥人的道德传统，以及因为这种传统而阐发的悲壮情怀。《又见平遥》对民俗、史实进行了高度提纯，不仅底蕴深厚，而且具有丰富的可视性和象征性。如并未正面地表现镖师的死亡，而是通过创作者的深入思考，用城墙上的鬼魂来表现镖师的精神和灵魂，十分有创见性和哲思。

相比于已有很高知名度的"印象"系列演出，《又见平遥》突破了之前利用山水实景进行场景设置的方式，而将演出场地转移到室内，将古城元素与实景演出有机融合在一起。不同于传统剧场的"固定观影"，《又见平遥》将剧场设置为迷宫般的"流动观影"空间：即剧场是不固定的，在90分钟的演出时间里，观众既是观赏者又是亲历者，可以自行游走在不同形态的主题空间，亲身体验100多年前的平遥故事。

《又见平遥》的演出场馆运用平遥最具代表性的"土"与"瓦"材料，通过巧妙的穿插、悬挑、转折、叠落等现代简洁手法聚合而成，是一座"灵气往来、求之无端"的舞动剧场，赋予建筑以节奏感很强的造型意境，并表达出传统建筑的精神内涵。"古城"与"舞动剧场"以一种相得益彰的姿态共存——古今交错、动静结合。

（2）《印象·刘三姐》

大型桂林山水实景演出《印象·刘三姐》是中国·漓江山水剧场的核心工程。《印象·刘三姐》以自然造化为实景舞台，启用了目前国内最大规模的环境艺术灯光工程、独特的烟雾效果工程及隐藏式设备设计，营造出如诗如梦的视觉效果，体现出一种淋漓尽致的豪华气派。在《印象·刘三姐》中，重峦叠嶂、水波荡漾、微风轻吟、烟雨迷蒙、月光如醉都会成为演出的重要元素，带给观众如痴如醉的观演体验。

刘三姐歌圩的绿化程度非常高，茶树、凤尾竹随处可见，整体绿化率高达90%。另外，《印象·刘三姐》的灯光、音响系统均采用隐蔽式设计，设备在休演时可自由拆卸，不会对周边环境造成污染和破坏；另外，观众席依地势而建，其特有的梯田造型与环境相协调，也避免了自然灾害的影响。

这些经典的旅游剧目不仅给当地景区增添了人气，提高了收入，也让景区所在地更加具有魅力和吸引力。游客来到这里，除了有感官上的享受和体验，还有烙印在脑海中一辈子的回忆，增加了对旅游地人文历史和风土人情的感受理解，可谓是"一部演出看懂一座城"。

3. 互联网打造旅游演艺 O2O 新生态

目前，许多演艺集团进军旅游演艺领域，将单纯的演出剧目植入景区或依托景区自主开发。依托强大本体资源，辅以未来其他领域如景区规划设计等的资源整合，通过线上和线下两条线布局目的地旅游休闲产业，打造线上线下旅游流量平台，通过大数据、云计算、AR 技术、3D 投影等技术打造游客喜闻乐见的旅游演出剧目。对互联网娱乐和旅游演艺业务形成支撑乃至相互促进的作用。

（二）宋城演艺——"主题景区 + 旅游演艺"的深度文化体验

在国内，不少旅游大亨都致力于在景区打造旅游演艺项目，实行剧目带动景区发展的策略。其中最典型、最成功的莫过于"宋城演艺"。

宋城演艺，中国最大的文化旅游集团之一。主业为文化演艺、旅游景区、娱乐综艺、主题酒店、休闲地产等，确立了"宋城""千古情"等中国著名品牌，总资产超过 700 亿元。目前集团已经打造了杭州宋城旅游区、三亚宋城旅游区、丽江宋城旅游区、九寨宋城旅游区等十大旅游区、三十大主题公园，《宋城千古情》《三亚千古情》《丽江千古情》《九寨千古情》《惊天烈焰》《穿越快闪》等五十大演艺剧目、中国演艺谷等数十个文化项目。截至 2015 年，"宋城演艺旗下已经拥有 23 个剧院、近 4 万个座位数，超过世界两大戏剧中心之一伦敦西区全部剧院的座位总数，达到美国百老汇全部座位数的 81.5%，每年接待游客 3000 余万人次，其中仅"千古情"系列演出观众就超过 1400 万人次"。[1] 许多游客甚至就是因为精品剧目而专门去主题景区游玩，一定程度上扭转了演出在景区中的"配角"地位。目前主题公园与大型歌舞是宋城演艺最核心的两大盈利来源。

1."公园+演出"的商业模式

宋城演艺依据自身已有的主题公园再结合自行创作或引进的演出剧目，形成"公园+演出"的商业模式，也是区别于其他主题公园的最大卖点。主题公园的游客基本以团队为主，再加上介入网络售票、分销以及活动策划等形式，让客源能够保持稳定。而且宋城打造的演出剧目内容并非一成不变，而是会根据情况不断增加新的内容、新的看点，同时主题公园也是围绕不同时期的热点进行改造、装修，真正的与时俱进、因需利导。另外，很多综艺节目和影视剧拍摄也会在景区内取景，有些场景在拍摄结束后会被保留下来进行再开发，成为吸引游客的又一看点。

另外，宋城演艺在丽江、三亚、九寨沟等地陆续建设了主题公园，上演切合当地历史背景和风土人情的演出剧目。不同于单纯的拷贝景观或者游乐项目，其核心在于对当地的文化素材、历史底蕴的挖掘，以此来打造

---

[1] 张娴.演绎中国故事的精彩[N].光明日报，2015-05-23.

主题公园建筑、设计贴合当地历史人文的演出剧情。

对于不断出现的新竞争对手带来的压力，宋城演艺以自己在文化产业领域长期挖掘的经验为优势，区别于利用先进游乐设施吸引游客的主题公园，而是将重点放在演艺文化上，将当地文化融入演出之中。目前，宋城演艺正在争取在以下四个指标上成为世界演艺行业的第一："剧院座位数世界第一、年观众人数世界第一、年演出场次世界第一、年净利润世界第一"。[1]

2. 乘风"一带一路"的新市场布局

在落子丽江、三亚、九寨沟后，宋城演艺出资1.5亿元成立福州子公司，布局福州主题公园项目。福州不仅是"一带一路"战略南线的核心城市，也是一线省会城市。因此这虽然是宋城演艺开拓新市场的举措，但福州作为"一带一路"国家决策的桥头堡，也让宋城演艺新的主题公园与"一带一路"发生了联系。一线省会城市本身丰富的游客量、对外还有自贸区的支持是宋城演艺异地模式一个新的尝试。

另外，借助于"一带一路"的风帆，宋城演艺也正在向海外进行多元化布局。坚持"主题公园+旅游演艺"的模式，跟当地企业股权合作开发、租用资产，扎根当地做长期演出。

3. "粉丝经济+打赏模式"的在线演艺

2015年3月，宋城演艺以26.02亿元收购互联网演艺平台六间房，将主要产品和服务定为互联网演艺平台运营业务，进而插上了"互联网+"的翅膀。

宋城演艺选择六间房主要是因为其在线秀场、在线演艺所取得的成绩，以此来服务长尾市场并开拓客户群体。为了符合在线演艺的发展规律，宋城演艺并没有将"千古情"等剧目搬到六间房上。而是换一种角度，把旗下的表演团队和演出人才包装成为艺人推广到六间房，让他们成

---

[1] 张娴. 演绎中国故事的精彩[N]. 光明日报, 2015-05-23.

为宋城演艺互联网上的代言人、拥有自己的粉丝，同时将宋城演艺的线下资源进行软植入。也会在主题公园举办主播们与粉丝的交流活动，使得宋城演艺线下的文化产业延伸到线上，双方相互推广、共享资源，打造一个线上线下互动的娱乐平台。另外，在新的平台上，还加入了"打赏功能"，即粉丝可以根据艺人们的表现自愿"打赏"不同的金额，通过粉丝经济拓展了收益模式。

4. 开展并购，搭建目的地旅游O2O

2015年7月20日，继全资并购六间房布局互联网演艺版块后，宋城演艺又向浙江深大智能科技有限公司投资1.39亿元，拥有其20%的股权并与其签订股权投资意向书。

深大智能成立于1996年，是一家集智慧旅游、智慧景区综合管理系统整体研发推广实施、智慧旅游公众服务支撑平台（"智游宝"）运营、智慧旅游O2O平台投资参股运营、轨道交通（地铁）出入口控制系统建设于一体的综合型智慧旅游领军企业。

截至2015年7月，深大智能在全国各地已拥有700多家智慧旅游和智慧景区综合管理系统的用户，其中包括近100家国内著名的5A景区和100多家大型主题乐园。公司的"智游宝"旅游电子商务平台已经接入超过1800多家景区，其中5A级景区100多家，4A级景区1200多家。

与此同时，深大智能开始布局区域智慧旅游O2O平台运营，已经参股运营或BOT（build-operate-transfer，即建设—经营—转让，一般称之为"特许权"）运营的包括贵州黄果树智慧旅游公司、重庆非去不可O2O平台、陕西华山渭南智慧旅游公司、敦煌智慧旅游公司、河北智慧旅游服务有限公司、哈尔滨区域旅游电商公司等10多家国内著名景区运营公司，通过投资参股区域电商O2O平台的建设和运营，深大智能实现了国内一流高端旅游目的地的战略布局，使公司朝着规模化、多元化、系统化的方向发展。

小结：新技术提升用户体验，布局泛旅游娱乐休闲产业

近年旅游市场竞争不断升温，无论是传统旅行社、传统景区抑或传统 OTA，都在寻找着自己的转型方向。娱乐休闲作为度假旅游中非常重要的一环也成为众多企业争夺的蓝海。除了用新技术提升传统娱乐方式的用户体验外，未来企业可能会拓展旅游娱乐方式，在线上和线下进行全面扩张，打造集各类资源优势于一体的 O2O 平台，布局泛产业的旅游目的地休闲娱乐方式。使主题公园、旅游演艺、互联网娱乐等业务形成支撑进而相互促进。

第二节　互联网+渠道商

一、传统衍生型

（一）发展概况

随着互联网时代的到来，携程、艺龙、同程旅游、途牛等在线旅游网站的先后成立使得传统旅行社纷纷受到打击。业绩的下滑、客户的流失"迫使"传统旅行社不得不寻求转型。各大传统旅行社纷纷开辟线上销售专区，将线下的旅游产品推介到线上来卖。但这仅仅是将互联网当作一个宣传推广的工具，很多的消费者也因为缺少信任等问题选择到线下连锁店去咨询、购买。这种情况使得传统旅行社的线上服务远落后于专业OTA。因此，传统旅行社的转型是市场进化的必然过程，也是互联网时代企业自身发展的必然要求。

但是，互联网时代并不意味着传统旅行社价值的消失。传统旅行社在传统模式下积累的旅游产品、用户资源、目的地资源、渠道资源、实体门店、服务经验等是新兴OTA企业无法比拟的。从这一角度来说，传统旅行社的"互联网+"进程有着优于OTA的巨大优势。新时代下，游客从传统的追求"美景""美食""美物"的旅游观光变为追求差异化、自主化的自助体验，其需求呈分散化、多元化、个性化，所以传统旅行社需要利用互联网技术和自身专业服务能力的整合和创新来站稳互联网时代发展的脚跟。

（二）升级工具

如今，旅游早已成为80后、90后的生活必需，年轻群体的特点决定了需求本质的变化。旅游不再仅仅是为了开阔视野、增长见识，而更多的是一种态度，成为消费者追求身心愉悦、体验目的地风土人情的一种方式。因而传统旅游时代的"跟团游"也迎来了"自由行""个性化定制"等新旅游方式的挑战。

此时的旅游需求越来越呈现个性化、碎片化的特点，需要将行前、行中、行后的几个重要环节打通，将"随时随地满足用户需求"的概念贯彻进去，利用移动互联网打造在线旅游O2O，借助互联网、云计算、大数据等新技术推动用户旅游体验升级，推动传统旅游行业的转型。目前，传统旅游的转型升级工具主要有以下几种。

1. 官方网站、微信

中青旅控股股份有限公司（以下简称"中青旅"）、中国国际旅行社总社有限公司（以下简称"中国国旅"）、北京青年旅行社股份有限公司（以下简称"北青旅"）等传统旅行社纷纷开辟了官方网站，借用自己所积累的资源、渠道和流量进行线上销售。另外，他们还打造微信公众平台，将自己的产品、路线放到微信上进行宣传营销。

2. 百度直达号——让旅游O2O站在新的风口上

移动互联网时代，百度已经从"百度一下，你就知道"升级为"百度一下，你就得到"，真正实现人与服务的连接。百度直达号以传统旅游业为切入点，加速传统产业与互联网产业的融合发展，通过"百度"搜索引擎的优势提供数据的海量存储及分析，在客流量预估、合理售票、调度等方面做预测，实现景区管理者和游客利益最大化。

旅游景点可以通过分析游客的职业、年龄、性别、收入等信息，洞察其个性需求，通过直达号向其推送"私人定制"服务；在景区选择就餐地点时，直接在"手机百度"上@餐饮店名，就可以一气呵成实现订座、点单、支付等功能……种种迹象表明，通过百度直达号，可以以最高的效率将网上搜索用户转化为景区游客。

另外，百度直达号还是商家在百度移动平台的官方账号。用户在百度搜索中以"@××"进行搜索，便可直接进入商家服务页面，浏览详情并且下单支付，提高了搜索效率，免除了之前网页搜索时的繁杂程序，将服务企业与用户直接对接。此外，直达号还引入了CRM（客户关系管理）系统，商家可以在线实时进行售前咨询和售后服务，并通过大数据获得关于用户的深度分析，逐渐形成移动端下单、支付、评价的全流程闭环。

百度直达号自2014年9月推出便受到众多商户的欢迎，2个月内已吸引了超过40万商户的入驻。而这些商户中也不乏旅游景区，比如@都江堰青城山、@峨眉山、@西湖等国内知名旅游景区都已上线百度直达号。其中，峨眉山直达号不仅为用户提供出行参考、语音交互实时监测、导游导览、在线支付等一站式服务，还可以通过"小度i耳目"实时感受峨眉山风景。此外，百度直达号还与韩国旅游发展局联合发布了"@韩国旅游"项目，将眼光放到了出境游的大趋势中。

2014年12月18日，桂林市政府联合百度举办了"秀甲天下，直达桂林——@桂林旅游直达号上线"发布会，正式对外发布"@桂林旅游"百度直达号。用户只需打开手机百度，输入"@桂林旅游"就能登录桂林景区直达号页面，并享受酒店、交通、门票、餐饮、土特产预订等多种服务，漓江大瀑布饭店、芦笛岩景区、小南国餐厅等特色商户都囊括其中。让用户通过一次搜索完成交通、餐饮、游览、住宿、娱乐的全部服务预约等环节，不仅把以前"各自为战"的资源整合成一个大的平台，而且让这个平台发挥"1+1>2"的功效。另外，"@桂林旅游"百度直达号的上线可以让游客通过移动端自己定义游览过程，游览内容更加丰富和自由，适合游客深度体验的旅游需求。

"@桂林旅游"直达号一方面为游客提供便捷的门票、地图引导、攻略、数字讲解等服务,增强了游客的游览体验;另一方面,百度直达号的云摄像头直播功能,让网友通过影像画面直观的了解桂林。通过"@桂林旅游"直达号,桂林旅游在全国首次实现了移动端便捷快速旅游的闭环体验,也成为首个百度直达号旅游O2O城市,为以全新模式促进旅游服务全面升级提供了样本。

百度直达号与桂林的合作打开了旅游O2O思路,引入"O2O旅游城市"[1]的概念,帮助城市打通线上线下完整生态,消费者只需在手机的搜索引擎上@特定的城市,便可以看到关于这个城市旅行的所有信息,包括推荐路线,餐厅排名,住宿推荐,门票优惠等,让所有的消费环节都变得透明化,一改传统旅行中票价不透明和隐性消费的弊端,节约时间让旅行可预算,也让旅行更加自由。

3. 智游宝——"移动互联网时代还可以这么玩"

游客购买景区门票一般会选择淘宝、携程、去哪儿、驴妈妈、途牛、同程旅游等OTA,而在这些网站背后做技术服务支撑的就是一家叫"智游宝"的智慧旅游公共服务支撑平台。"智游宝"是连接景区与互联网渠道的一座桥梁,无论用户通过哪个互联网或者移动互联网渠道购买景区门票,最终都要通过"智游宝"这个平台来进行交易。

简单来讲,智游宝是连接景区与分销商的公正、权威可信的第三方服务平台,也是景区网络渠道的管控平台,是帮助景区提升管理、提高效率、堵住漏洞的重要工具,其主要功能是提供一个可控制分销商的管理环境,安全、便捷、高效的实现电子票的生成、发送、检票、退还票以及票款回收,为游客提供了最佳的旅游体验,也为景区提供了一些简单的数据分析,辅助景区做出决策。目前,智游宝专注于搭建景区与互联网渠道之间的技术通道,且明确不涉足B2C,只为B2C网站做好技术和服务支撑,

---

1 尹天琦. 从百度直达号看O2O旅游城市对于传统旅游的颠覆[EB/OL]. (2015-04-28)[2015-09-16]. http://www.pintu360.com/article/553ded059540a12a3a13fe1b.html.

实现了多方共赢。对于与OTA对接方面，智游宝提出"三不干涉原则"，即不干涉价格政策、不干涉交易资金、不干涉客户信息，真正做到"只做平台"。

由于中国人口庞大，尤其是节假日的井喷旅游，使得景区内部人山人海。基本上，游客到景区买门票时排队时间特别长，体验感也比较差。电子门票的标准不统一，市场需要统一的平台去管控传统的分销商和直销平台，再加上传统旅游业与OTA是手工对账，消耗时间也长。

2007年底，智游宝将中国移动的"条码凭证"业务做了二次开发，游客到景区后在一台设备上刷二维码验证，就能换到纸质票进场。但也出现了即使在网上购票，到了现场还要再次排队换票的情况。针对这个问题，智游宝通过与景区的门禁系统建立互通，为景区插上了"互联网"的翅膀——游客直接通过互联网或移动互联网购买电子票就可以直接在景区刷票入场，大大节省了景区和游客的时间，也较好地进行了游客分流。

之后，智游宝通过与微信合作打造景区游览的智慧方案，通过云终端、手持机、自助售取票机以及云闸机等智能设备对景区无纸化无人工的智慧出行方式进行探索。这一智慧方案共有三个优势：

第一，有一个统一管控的平台。景区所有的组合产品、权限设置，包括未来的人流量限流设置都在景区的后台由智游宝来统一管控。对于景区财务部门来说，可通过智游宝的后台看到分销商的数据报表；对于管理部门来说可以使得大数据的搜集、更新更加及时、便利，对于构建智能旅游平台，构建行业大数据更新、加速行业规范、提升服务品质有着重要意义。

第二，支付与数据的优势。支付是游客与景区搭建的最直接的信息桥梁，每笔支付交易的背后都是与游客的互动。以此为起点，为景区增加便捷的微信支付，构建线上线下的商业闭环，构建景区会员体系，促进商业服务间的信息的共享，实现游客交叉营销和消费的转化奠定了基础。另外，通过智游宝还可以看到未来一段时间每天的预定游客量是多少，游客的年龄、性别、地区、比例以及广告投放的数据分析等，并提出相对可行的建议。

第三，节约时间成本、提升用户体验。对于游客来说无须排队，便可以在家里不受时间和场景的控制直接下单，避免陷入景区排队买票、排队换票的"人海"状况；对于景区的营销部门来说，既减轻了售票窗口的压力，也为进一步提高用户体验、增加用户黏性提供可能。

举一个西湖游览网的案例，游客可以通过西湖游览网微信公众号直接购买景区门票，之后会在手机上收到一个二维码，到西湖的几个景点，都可以通过身份证或者二维码直接扫描入园。另外，智游宝通过云闸机将数据开放并实时同步到微信后台，游客还可以在平台上看到景区的承载量，选择合适的时间再去游览。

互联网时代，出行前网上鼠标一点买到折扣门票，到了景区用二维码换票，轻松进场，已经成为越来越多的旅行达人的"常规动作"。而随着移动互联网的普及，到景区用手机买票，直接刷二维码进场，这样的应用场景也会越来越普遍。

（三）遨游网——"拒绝你死我活模式"

在大众的印象中，互联网对传统旅行社来说是"狼来了"，传统旅行社对互联网往往"谈虎色变"。但并非所有的传统旅行社都这样认为，遨游网就是其中一个。遨游网认为"互联网+"这个概念从旅游信息化到Web2.0再到现在的智慧旅游、移动互联网，是一个系统的凝聚。在前几个阶段，互联网只是一个工具，而现在互联网对包括旅游业在内的其他行业来讲，是空气、水、血液。中青旅和遨游网有足够的耐心和定力，希望在旅游这片沃土上深耕细作而不仅仅是走马观花。

遨游网并非是传统旅行社在互联网时代被迫转型的一个产物，而是一个主动拥抱互联网、与互联网共生发展的创业公司。

1. 概况

遨游网是中青旅旗下的专业度假网站，2005年5月31日正式上线，在市场定位上以出境旅游为主、国内旅游为重要补充；在商业模式上立足标准化产品体系，依托互联网、大数据、云计算等技术手段，建立在线预订、在线签约、在线支付平台，并致力于把遨游网打造成一个以中青旅品牌为依托和保证，具备开放性、个性化、移动化的旅游度假产品预订及旅行服务网站。此外，遨游网既是中青旅旅游产品的在线销售渠道，也是公司旅游业务面向"新市场、新需求、新业态"的创新业务事业部；既是现有主业的有力支撑，也是面向未来的创新型组织。

2. 商业模式

遨游网的O2O模式，是"互联网+"战略的一个最典型样本，应该说，也是截至目前互联网与传统旅行社深度融合的最成功的一个案例。

2015年3月20日，遨游网召开"遨游网+"战略分享会，首次提出了"遨游网+"的概念，宣布打造从O2O平台到"遨游网+"的旅游新生态，以"平台化、网络化、移动化"为发展切入点。"遨游网+"所代表的旅游新生态体现在以下方面：在技术层面，遨游网依托多年在旅游业的积累与运营，围绕大数据时代用户需求和交互行为变化，为线下各方提供更易用的技术解决方案和更智能的生产经营决策体系；在O2O层面，遨游网融合互联网、移动互联网、连锁店、呼叫中心等多个服务场景，为用户创造更便捷、更专业的服务体验；在产业链上，用户、资源方、服务方、内容方、平台方等相关方各得其所，创造用户真正受益、企业可持续发展的旅游生态新格局。

3. 不参与"价格战"，拒绝"你死我活模式"

在目前这个阶段，各种创业资本纷纷涌入旅游市场，形成一片繁荣之景，对该行业的服务创新、消费者的消费体验方面能起到一定的助推作用。但也应看到这繁荣背后可能隐藏的危机。资本的大量涌入，使得企业拥有强大的资金后盾去发展，但也带来了企业利用资本进行"价格战"的恶性竞争现象。目前，很多OTA只是将互联网当作工具，延续传统的价格竞争，并未形成真正的互联网思维。正因为这样，旅游行业的服务价值不能得到体现，而行业主体也将无力进行产品和服务的研发与升级。

针对这一现状，遨游网认为单纯的以价格竞争来争取消费者是短期利益，并不能为企业带来长远收益也不利于品牌塑造。竞争的加剧意味着缺少更多的精力去开发顾客满意的产品和服务。因此，遨游网的定位也很明确——"拒绝价格战，以品质取胜"。遨游网依托着中青旅长期积累的供应商、渠道资源，在旅游产品和服务的创新、升级上投入大量精力，开发出不同于其他平台的各种特色产品。

相比于其他传统旅行社，中青旅打破常规，将线上和线下有效融合，通过双倍绩效激励机制来鼓励线下销售员促成顾客的线上交易，真正实现O2O的联动效应。

4. 品质是最大的竞争力

（1）强劲的综合整合能力

遨游网目前在全国41个城市设有供应商，每地平均5个。对于入网的供应商和渠道会首先进行选择、要求品质，为消费者把好"第一道门"，而且在供应商之间引入竞争机制、激发动力，供应商们会在产品和服务上进行思考创新，以此来吸引消费者。

旅游度假产品要素多、链条长，涉及的服务内容繁杂，将这些琐碎的"部件"整合成一件标准化的产品并非易事，极大地考验着旅游电商对航空、酒店、景区、地接等多方面资源的整合能力。看似简单的对比功能，背后是产品、技术、营销、采购、内容等多个团队共同运营的结果。作为中国在线旅游的领导品牌，遨游网依托中青旅30多年行业资源掌控和深厚积淀，围绕互联网、移动互联网时代用户需求和交互行为变化，帮助用户实现更加美好的旅行体验。

（2）优质的服务

近些年来，在线旅游市场竞争激烈，海量的旅游产品不断推向市场，一方面增加了游客选择的多样性，但另一方面，产品的多样化也让消费者的选择更加困难。如果同样的旅游目的地从路线、价格、服务等方面相差很大，消费者往往需要投入大量精力进行咨询与对比，不仅给消费者带来不便，也不利于企业的效率提升。

2015年，遨游网开发了旅游产品对比功能，用户只需在遨游网搜索框中输入旅游目的地，选择想要对比的产品类型（目前只能选三条），系统便会对基本信息、费用、酒店、往返交通、可选附加服务、参考行程等6大维度、12个小类的各个要素进行全方位比对，吃、住、行、游、购、娱一目了然，使消费者旅游决策更加简单方便。此举帮助游客避免了在各个网页之间反复对比，或者打电话进行咨询的烦琐步骤，可以很直观地做出判断，根据自己的实际情况进行旅游决策，极大简化了用户从出行意向到预订下单的流程。

脱离了"价格战"，差异化的产品以及优质的服务才是赢得市场的关键。作为中青旅旗下的在线旅游企业，遨游网为消费者提供其独特的O2O模式，即将网站、呼叫中心、连锁店三个渠道相对接，线上线下协同合作，共同服务于游客，既让游客享受到线下服务的人性化，又同时兼备互联网的高效便捷，让遨游网成为消费者出境旅游首选的网站之一。

目前，依托"平台化、网络化、移动化"的市场布局的加速，遨游网已经可以提供国内41个出发地，涵盖全球100多个国家的旅游度假产品，并正在根据客户需求不断延伸服务链。

5. 旅游路线"你做主"

（1）你的路线我为你设计

如今，价格低廉已不再是游客选择旅游产品时最重要的因素，游客更希望在旅游过程中能得到更具深度和个性化的旅游体验。对于用户的"明确需求"，遨游网提供了与之相对应的旅游产品和旅游服务，而对于用户的"模糊需求"，遨游网更是绞尽脑汁。

2014年，遨游网开创了旅游定制频道，旨在为游客规划出既满足其个性化需求，又具有性价比的旅游产品。而私人定制功能的产生是依靠中青旅30多年的业内经验和资源优势以及遨游网团队出色的互联网运维模式和快速反应机制。

目前，遨游网定制频道可以根据游客的需求进行目的地、行程、天数的设置，由资深旅游专家提供1对1的专业服务，从路线、方式等方面为游客量身打造专属的旅行方案。在游客申请并填写个人信息及旅游预期后，专家会在半小时内与游客取得联系，从游客需求出发，为游客定制最适合的旅游套餐，甚至会在行程中为游客设置意想不到的惊喜。另外，如果在旅途过程中遇到紧急情况，游客可以24小时随时与在线联系人取得联系，让其协助解决，保证了旅行的安全。由于旅游方式的多元化和自由选择性，私人定制旅游产品受到了游客的广泛欢迎。

（2）你的路线你来设计

2015年，遨游网举行第二届旅游产品设计大赛，通过大赛的形式让公众去设计旅游路线和产品。从比赛中脱颖而出的产品可以和遨游网进行合作，并将设计出来的旅游路线推向市场。这种充分发挥公众智慧和参与度的活动受到了市场的关注。

目前，遨游网进行深入推介的两款产品"陪你走到北纬71度"和"为你写真"正是在遨游网第一届旅游产品设计大赛中获奖的项目。其中北欧4国15日深度游"陪你走到北纬71度"是"遨游网与客户共同设计的一款具有市场唯一性的高端产品，涵盖了北欧最负盛名的世界级景观和邮轮、越野等多种体验方式，售价将近4万元，上线仅一周即宣告售罄"。[1] 而以"为你写真"为主题的马尔代夫自由行则是针对情侣、夫妻等双人游客户定制的自由行产品，通过驻岛的专业摄影团队为游客提供"超越期待"的大片体验。

（3）特色旅游产品给你惊喜——意大利足球训练营产品

2015年，遨游网根据意大利足球的悠久的历史文化资源，巧妙的加入了"探访球队训练基地""与球星进行友谊比赛""零距离的教练指导""游

---

[1] 李玲.中青旅斥资3亿促遨游网品牌升级［N］.中国旅游报，2014-09-01.

览意大利足球博物馆"等项目，为球迷朋友打造了一份专属特色旅游产品。通过该项目，游客可以亲身感受先进的意大利足球青训，获得与世界级球星"面对面"零距离接触互动的机会。还可以参观"2015年米兰世博会"，帮助青少年及家庭建立对足球的认知、提高足球技能、开阔国际视野。

另外，夏令营的教练由意大利足协球员协会指派，拥有国际足联、欧足联以及意大利足协颁发的执教资格证书。每15个孩子配备一名足球教练和一名专职体能教练，为游客进行专属的深入服务。

6. 不满于现状，不停止步伐

2015年遨游网从中青旅大厦迁至一片具有浓厚创意氛围的创意空间——位于新华1949园区的北京文化创新工场，此举实际上是从空间范围上打破原有的思维形式，目的是把遨游网视为创业公司，给予员工一定压力的同时也赋予其创意创新的动力。

这一切的改变都离不开中青旅的支持和鼓励。中青旅对遨游网的支持不只限于资金、资源、人才上，更多的是在于理念上——"以遨游网为龙头，实现中青旅旅游业务的全面互联网化"的原则为遨游网的发展提供了坚实的后盾。虽然，中青旅与遨游网还是"前店后厂"的关系，遨游网只是作为中青旅的一个销售渠道。但目前，中青旅已成立中青旅遨游网总部，将中青旅旗下B2C业务予以整合，中青旅则转型为"多平台、控股型、打造旅游生态圈"的平台公司。

不过，虽然遨游网呈迅速发展之势，但还是会遇到一些问题。制约其发展的不是资金、不是用户而是人才和技术。基于安全的角度，遨游网在技术选择上会比较稳妥，但随着技术的不断发展、新产品的逐渐增多、用户需求的提升，现有技术肯定不足以支持。所以怎样引入更多人才，不断地技术创新也是遨游网未来发展的重要考虑因素。

7. 遨游网的O2O的独特性

（1）利用技术创新拉近了与客户的距离

基于对移动互联网迅猛发展趋势的把握，遨游网实现了官方网站、手机客户端、社交媒体全方位支持在线预订和支付功能，与消费者在任何场景进行无缝对接。同时，遨游网不断创新，依靠技术团队和运营团队的努力显著提升了运营效率和用户体验。

（2）倒逼旅游产品加速迭代创新

旅游产品的真正精彩之处在于旅游活动的过程。而各旅游企业的竞争最终还是会落到产品创意和用户体验上，因而以资源为导向、同质化严重的旅游产品已经无法完全满足互联网用户的需要。而这些新的需求也正在倒逼遨游网不断创新，积极拓展目的地服务、丰富旅游产品品类，逐步实现多出发地、多目的地、多产品品类的布局。

（3）以遨游网为基础打通三渠道，实现服务一体化

"在服务体系上，遨游网打通网站、呼叫中心、连锁店三个渠道，形成"三位一体"的网络化服务系统。旅游者可以在遨游网下单，再到线下连锁店接受服务，也可以先在连锁店、呼叫中心咨询预订，再通过遨游网完成签约支付，充分发挥三渠道各自的优势和协同效应。简单地说，就是传统用户享受了线上渠道的便利，线上用户感受到了线下的服务，互相借势、良性互动"。[1]

二、网络平台型

（一）发展概况

网络平台型的"互联网+"旅游企业是借助原有网络平台长期积累的流量、宣传、品牌资源等优势，基于现有平台和用户进行旅游产品的推广，通过数据分析为游客提供良好的体验和服务，并充分开发互联网旅游在平台应用的新形式。如阿里巴巴推出的"阿里旅行·去啊"旅游品牌，就是基于淘宝、支付宝等现有功能进行旅游产品的宣传、推广、

---

[1] 赵垒.开门店、网店还是微店？[N].中国旅游报，2015-05-18.

销售；百度推出的"直达号"与景区合作，减掉中间环节，直通消费者需求和景区供给；腾讯依靠微信的社交平台布局旅游景区的门票支付；京东也开辟了"京东旅行"，致力于为京东用户提供便捷和优质的旅行体验等。

（二）主要模式

1. 购物平台生发型

购物平台生发型以阿里的"去啊"、京东的"京东旅行"为典型代表。这类企业由于有长久积累的购物流量、支付手段、购买习惯等资源，所以很容易将线上购物的用户引入旅游产品的销售中。

2. 搜索平台生发型

搜索平台生发型以百度为典型代表。这类企业由于有良好的搜索用户积累，旅游方面的信息比较多样。另外，基于已有的数据分析系统，可以直接把消费者需求和景区供给对接，减少中间环节，提高效率、减少成本。

3. 社交平台生发型

社交平台生发型以腾讯为典型代表。腾讯不仅自己开发了QQ旅游网，还为不同的景区提供技术支持。例如，微信不仅成为景区宣传介绍自己的工具，而且成为游客交流互动分享的重要平台，最重要的是，基于强大用户数量的微信支付、"扫一扫"等功能更成为游客"互联网+"时代旅游的必备工具之一。

（三）众多网络平台发力"互联网+旅游"

"2015年5月11日，途牛宣布完成新一轮融资，获得总计5亿美元的投资，其中3.5亿来自京东。根据战略协议，京东的投资包括财务和运营资源两方面，其中财务投资2.5亿美元现金，运营资源估值1亿美元。融资完成后，京东以27.5%的占股成为途牛最大股东。同时，京东还将为途牛提供广泛的运营支持，包括流量、大数据、金融服务及其他经营资源等。其中，京东投入的运营资源包括'京东旅行'、度假频道网站和移动端的免费独家经营权。途牛可以在京东的度假频道独家销售打包的旅游产品并成为京东机票和酒店业务的优先合作伙伴。"[1]京东投资途牛，同时整合旗下旅游资源到途牛，形成了"all in one"的资源整合模式。

"2010年5月阿里巴巴推出淘宝旅行平台。2013年1月，阿里集团整合旗下旅游业务成立航旅事业部；5月，宣布战略投资旅行记录及分享应用'在路上'；7月，一淘网进军旅游垂直搜索领域；同月，阿里集团宣布入股中文旅游资讯和在线增值服务提供商'穷游网'，并以1500万美元战略投资入股百程旅行网。"[2] 2013年3月，阿里投资旅游App"在路上"，将旅游布局延伸至移动互联网。2014年，阿里巴巴集团又收购全球机票B2B销售平台阿斯兰及其旗下的"酷飞在线"，继续布局OTA业务。2014年9月28日，阿里巴巴集团以28.1亿人民币投资酒店信息服务商"石基信息"，持有其15%的股份，并将"石基信息"拥有的国内高星级酒店信息大数据与自己的"淘宝旅行"资源进行整合。2014年11月，阿里整合旗下所有旅游资源，推出独立品牌"阿里·去啊"，并在随后的"双11"促销中集中资源，重点推广旗下在线旅游业务。

腾讯在2010年推出QQ旅游平台，2011年1月收购在线旅游商"同程网"30%的股权，同年5月以8440万美元购买艺龙旅行网16%的股权。2014年9月，腾讯瞄准了市场规模不断扩大的出境游，投资在海外自助游市场积极开发的我趣旅行网，成为O2O大战略布局重要的一环。2014年12月，腾讯瞄准"面包旅行"的高品质产品、海量结构化数据及团队创新能力，领投其C轮融资，将触角深入到移动互联网旅游上。

百度除了有自己的旅游品牌"百度旅游"外，还于2011年6月战略投

---

1 侯继勇. 在线旅游3.0：京东投资途牛的想象空间[EB/OL]. (2015-05-15) [2015-09-12]. http://toutiao.com/a4336444849/.
2 侯继勇. 淘宝旅行变身去啊四巨头角逐在线旅游[EB/OL]. (2014-10-29) [2015-09-14]. http://houjiyong.baijia.baidu.com/article/34130.

资"去哪儿",以 3.06 亿美元的投资额占据其 62% 股份。之后百度结合旗下的"糯米"团购以及"去哪儿"旅游网,将本地生活和异地旅游结合在一起,争抢 O2O 地盘。2014 年 9 月 3 日,百度宣布推出"直达号"产品,成为商家在百度移动平台的官方服务账号,旨在基于移动端搜索、@账号、地图、个性化推荐等多种方式,让用户随时随地享受商家服务。2015 年 6 月,百度宣布拿出 200 亿支持百度糯米,致力于百度"会员+"O2O 生态战略。

随着政策环境、技术环境、市场环境的变化,越来越多的资本涌入互联网旅游行业。各家互联网巨头成为主要的投资人,纷纷争抢市场、布局自己的产业。未来,这一现象可能有所缓和,但合作、并购依然是互联网旅游市场的常态。

三、网络原生型

(一)发展概况

传统的 OTA,主要实现的功能是线上分销,把机票、酒店或者旅行社的资源和产品放到网上去销售。相比于传统 OTA,新型的、基于互联网发生的旅游企业本质上是互联网企业,他们会通过自采资源直接打包成产品,直接面向用户,向批发商说再见。

(二)主要形式

1. 完全的去中间化

去中间化就是省略中间环节,直接将自采资源与消费者对接。目前的互联网企业基本上是与当地人一起开发产品,直接去目的地进行产品的发掘,而并非通过供应商来寻找产品。这样不仅保证了较高的毛利,也保证了对资源的控制,对创业公司和用户来说是"双赢"。

2. 倾向出境游和自助游——"我唯一爱的就是你"

根据好订网《中国游客境外旅游调查报告 2015》揭示:"'千禧一代'

与高消费游客助推中国出境游市场在2014年增长20%，并首次超过1亿达1.07亿人次，且这一趋势仍在延续。其中80%的中国境外游游客通过手机、台式电脑以及笔记本电脑预订和规划行程，该比例在2013年仅为53%。与此同时，中国出境游旅客的整体趋势开始呈现年轻化、思想独立、精通科技和资金充裕等特点。"

随着国民生活水平的提高，越来越多的游客选择去境外旅游，尤其在自由行开放后，这一现象更是普遍。随着自助游和出境游的风头渐劲，其用户范围也在由小及大。另外，相比于"上车睡觉，下车拍照"的旅游诟病，人们更渴望的是能深入体验旅游目的地的风情与文化。不同于传统旅行社提供的标准化产品，新兴在线旅游企业则会更多地从用户出发，尽可能满足用户个性化的需求。

3. 从用户的细微痛点切入

随着互联网旅游用户的年轻化，人们的需求也更加多样和个性。传统"千篇一律"的旅游产品已经无法满足游客的需求。因此，新兴的互联网旅游公司更加善于捕捉用户的细微痛点，通过大数据的对比分析找出目前消费者的潜在诉求，开发了"养生游""情侣游""蜜月游""商务游""购物游""毕业旅行游"等。比如"海岛之家"在马尔代夫的马累机场开设了中国在当地的首家婚纱店，借助旅游婚纱摄影项目迅速切入了海岛市场。

4. 通过众包模式的杠杆玩法

网络原生型旅游企业除了天生具备互联网特质外，还善于将创意创新运用到业务拓展中去。比如，"海岛之家在目的地设立了事业合伙人制度，即优先选择在当地生活五年以上的华人作为合作伙伴，让其充当传统旅游中的'地接'角色，负责在当地的用车及资源拓展等服务并为到地游客提供导览和翻译业务。在深度切入当地的同时，解决了语言沟通的障碍。"[1]

---

[1] UT006. 告别OTA旅游创业公司凭什么安身立命［EB/OL］.（2014-12-29）［2015-08-14］.http://it.sohu.com/20141229/n407366492.shtml.

（三）网络原生型旅游企业的"逆袭"

1. 大鱼自助游——为一张床，赴一座城

"夜晚睡在海生馆的海底隧道里，观察一旁鱼缸里的海洋生物们夜晚最真实的状态，早晨体验喂食白鲸；住在泰雅族的特色民宿里，学习泰雅族的美丽传说以及猎人与大自然共存的生活技能；体验正宗的日式温泉酒店、寺庙住宿；在泰国的民宿老板教你正宗的泰式料理；韩剧中特色住宿你也可以身处其中……"这些与传统旅行方式截然不同的当地体验从选择住在哪里就可以实现了——"大鱼自助游"让这一切不再虚幻。

大鱼自助游（fishtrip.cn）成立于2013年5月，是一家专做境外特色住宿的网站。相比于传统旅游以酒店、宾馆为主要住宿环境，大鱼将眼光放在了特色民宿、客栈、家庭旅店、精品小酒店等非标准住宿，旨在满足游客日益变化的深度游、体验游的需求。通过互联网的方式筛选精华民宿，并以民宿为核心整合精品小酒店等非标准住宿，通过互联网的方式整合住宿资源，并以民宿为核心整合目的地特色活动、交通等服务，为游客提供最地道的目的地体验。

另外，大鱼是一家真正的垂直旅行O2O公司。在国内，用户通过大鱼自助游网站、微信、App可直接预订特色住宿并寻求旅游顾问的咨询服务；在国外，大鱼直接与供应商对接，每一个商家都可以直接提供服务，不需要经过中间其他环节。为此，大鱼开发了一套供应商平台，目的地供应商们可以方便快捷地发布服务、管理库存以及处理订单。

为了发现更多的特色住宿，大鱼还实行了"大鱼旅行猎人"计划。具体而言就是大鱼招募精通目的地语言和中文的年轻人，在海外工作3~6个月，去发现和维护供应商，并确认合作方式。

目前，大鱼已经上线了中国台湾、日本、泰国、韩国四个目的地。主要提供特色的民宿、精品小酒店等非标准住宿，主要受众人群为80后、90后的女性白领、大学生群体，主要集中在一二线城市，也有中小城市拥有闲散时间的白领和公务员。其中中国台湾、泰国、日本等热门地区，发展势头迅猛。

（1）三大"必杀技"

入台证神器——自由行爱好者的福音

出境游的签证和入台证的办理一直是旅游人群的痛点。传统模式下，办理入台证需要用户将文件扫描后，发送给旅行社并等待 11 天左右时间才能够办理成功。而且中间一旦出现资料不全或有误等情况，又需要用户重新提交。而大鱼开发的"入台证神器"通过互联网思维和新技术的手段，简化了入台证流程，只需 10 分钟就能上传完办理入台证所需的所有资料，将办理流程完全线上化，用户只需按照 App 的提示一步步填写资料、拍照上传、线上支付即可。

"入台证神器"解决了两个问题：烦琐程序和长时间等待。线上提交资料时，入台证神器一方面提供了通行证、身份证等照片的参考样例，让用户可以更直观地比对并提交资料；另一方面对一些诸如财力、在读证明等用户不易理解的信息，入台证神器还提供了详细的解释说明，避免用户出错。而且，即使出错，大鱼也会有人员进行人工审核，用户只需要再次提交那一项有误的资料即可。

此外，大鱼直接与台湾地区具有颁发入台证资质的少许机构对接，省去了中间旅行社、地接社等程序，大大降低了时间成本。

"猎人计划"和"股东计划"——旅行也能赚钱

2014 年，"分享经济"成为一个热门词汇进入旅游的视野。分享经济也被称为点对点经济、协作经济、协同消费，是一个建立在人与物质资料分享基础上的社会经济生态系统。它包括不同人或组织之间对生产资料、产品、分销渠道、处于交易或消费过程中的商品和服务的分享。基于此，大鱼在资源端和销售端分别设立了"猎人计划"和"股东计划"。

猎人计划针对出境游高质量特色住宿稀缺的痛点，旨在招募与大鱼具有相同理念的旅行爱好者前往大鱼各个目的地，以其独特的视角寻找专业优质、好玩有趣的住宿资源。通过大鱼认证的"猎人"如果在旅行中发现特色民宿，即可通过 App 提交该产品的信息资料，一旦通过审核便可以上线在大鱼的网站并获得丰厚的现金奖励。这样，不仅可以发现与用户需求紧密结合的旅游产品，也为旅行者提供了一边旅行一边赚钱的机会。除游客本身外，在目的地居住的华人和留学生也是"猎人"的重要来源。

相比于"猎人计划"的产品探索，股东计划则是大鱼宣传推广策略的实施者。一些有影响力和粉丝数量多的自媒体一旦通过大鱼认证便可成为"股东"，获得各自的专属链接。凡通过该链接注册的用户的所有订单，都会为股东带来 5% 的收入，有些游记达人因为一条分享就可月入万元。

特色旅游产品——"为一张床，赴一座城"

大鱼自助游是独具创造性的个性化海外民宿预订平台，拥有最具当地特色的民宿、客栈、家庭旅馆、精品小酒店。并通过民宿主人把当地的服务串接起来，为旅行者提供更地道的自由行体验。

大鱼旨在打造目的地深度自助游，提供基础型（签证、住宿、交通）、观光型（一日行程、旅行套装）和体验型三类旅游产品，直接对接供应商，没有中间环节，产品性价比更高。

大鱼自助游虽然成立的时间短，也没有丰富的旅游行业经验，但却不断地用互联网思维颠覆着传统的旅游业。大鱼在 2012 年底台湾地区开放自由行时抓住了风口，在入台游这一领域进行深耕细作。大鱼以台湾地区民宿+特色精品酒店为核心，开发附属的美食、游览、娱乐等一系列旅游活动，旨在打造"和当地人一起旅行"的目标，让游客体会原汁原味的台湾文化与风景。目前，已经形成入台证神器（App）+ 台湾特色住宿 + 大鱼旅行猎人（App）+ 大鱼咖啡（线下交流平台）的一站式完美台湾地区游平台。

目前，大鱼已经深入到中国台湾地区、日本、泰国和韩国，提供超过 2 万家民宿和特色酒店，占据着大陆在线旅行公司在台住宿的最大市场份额。即将上线的越南、柬埔寨、马来西亚等地产品也受到了粉丝的广泛关注。大鱼对于每间上线的旅馆，都会亲自探访，以求100%真实，为出境游的每位顾客提供安全保障。所以，其资源完全是自采的，从源头上确保了服务的质量。特色、个性、独一无二的民俗体验让有"文艺情怀"的青年们真正"为一张床，赴一座城"。

（2）两大独特之处

自采资源——回归旅游的本质

传统旅游行业多为跟团游，时间、空间受限，消费购物安排繁多，活动缺乏吸引力……种种弊端已让很多旅行者深恶痛绝。而传统在线旅行网站，信息繁多，产品质量参差不齐，现有自由行也多是提供票务和大交通的服务，难以给用户呈现目的地最美最值得体验的美景和活动。所以，如何选择既有品质保证又能满足个性需求的产品对用户来说是一个十分头疼的问题。

对此，大鱼自助游在成立之初便提出了"和当地人一起旅行"的理念，希望旅行不只停留在走马观花，而是倡导深度体验的旅游方式，关照旅行者的个性化诉求，把用户体验放在第一位，深耕目的地，亲自验证供应商，以提供有品质保证的产品，做到真正地带用户感受旅行之美。

例如大鱼自助游网站上最受欢迎的夜宿海生馆、日本寺庙住宿、泰式兰纳风情的民宿等体验式住宿，都为旅行者提供了全新的旅行感受。"私人定制"更是大鱼专为高端用户推出的完全个性化的旅行定制服务，推出以来备受欢迎。大鱼认为只有深度的体验，才能达到旅行的本质。而旅行的本质，是尽情地放松和感受别样的生活。

直连供应商，创造更为坚实的企业护城河

传统在线旅游网站的海外自助游业务绝大多数都是通过当地的地接社来开展，目的地资源掌握在地接社手里。不仅在收入上要让地接社分一杯羹，同时也难以掌控出境游在境外的业务环节，难以保障用户在目的地的旅行品质，无法向用户提供贯穿出境游始终的优质服务。这种模式上的弊端，让传统在线旅游行业的利润率难以提升，并且产业链相对脆弱。

大鱼自助游深入洞悉了这一点，并且有效地运用互联网思维来解决这一痛点。为保证旅行产品的品质,大鱼自助游从数以千计的攻略游记中精选出目的地最值得体验的优质旅游产品,并亲自验证,以确保用户订到的产品与期待的旅行体验相符合。为了让用户在目的地的自由行更有保障,大鱼设立了多语言的客户服务团队,随时随地为用户提供自由行服务。通过技术平台与供应商建立直连模式,让旅行者在出发前就可以找到优质的服务,提前与供应商取得联系。这种业务模式的创新,提高了效率和利润率,并实现了平台、供应商和消费者的共赢,为后来者建立了难以逾越的企业护城河。

2. 途牛——从旅游资源到用户的连接效率加速器

途牛旅游网创立于2006年10月,以"让旅游更简单"为使命,为消费者提供由北京、上海、广州、深圳等64个城市出发的多达8万种旅游产品的预订服务。

途牛创立之初,携程、艺龙已经带动机票、酒店的预订完成从线下到线上的转移,消费者主要以高端跟团游和商务出行为主。而个人游因为价格较高,还未成为主流。但途牛认为,随着中国的消费升级,个人休闲旅游是趋势,有很大发展空间,于是将垂直领域与互联网相结合,打造了类似休闲旅游的旅游攻略社区,之后又转型到旅游产品预订领域,将旅行社的线路产品直接搬到网上销售,通过提取交易佣金来盈利。这一时期,途牛只是充当旅行社的代理商角色,为其提供交易平台、流量入口。

但随着时间的推移,途牛已不满足于只充当中间商的角色,而是积极布局线下和线上资源整合。根据《中国在线旅游市场年度综合报告2015》显示,"途牛以16.3%的份额占据2014年中国在线度假旅游市场份额第二位,紧跟携程"。[1]《中国在线度假旅游市场专题研究报告2015》显示,"途牛在2014年在线度假旅游跟团游的市场份额为21.5%,自助游市场份额

---

1 易观智库.中国在线度假旅游市场专题研究报告2015[R/OL].(2015-03-31)[2015-09-11].http://www.haokoo.com/travel/2257998.html.

为 10.6%，出境游市场份额为 23.1%，中长线游 9.8%，都紧跟携程之后"。[1] 不同于携程的全产业链介入，途牛是专注于度假旅游细分市场的重要厂商，主要收入来自度假旅游产品预订。另外，途牛是加速中国度假旅游产业互联网化的代表性企业，通过 B2C 平台打造，途牛成为连接传统旅行社、旅游资源和用户的连接器，一方面使用户得以通过线上渠道获取度假旅游产品信息，另一方面帮助传统旅行社建立线上渠道，打破时空限制为更多消费者提供服务。途牛通过优化度假旅游产品预订、优化服务体验，拉近了旅游资源和消费者之间的距离，提高资源端到用户端的连接效率，起到旅游资源到用户的加速器作用。

（1）用户体验差，一切都为零

曾坚持"流量为王"的途牛，通过搜索引擎优化（SEO）、论坛、社区推广等各种渠道获取用户和流量，但随着旅游产品预订量的极速增加，平台模式也开始暴露出一系列问题。比如，在旅游旺季，旅行社本身的客户服务都无法保证，更别说从途牛预订的用户了，导致消费者体验很差。相比于追求流量的增加，在用户大脑中形成的品牌和服务认知度才是最终王道。如果用户体验很差，一切都将为零。

对此，途牛认为完全依靠旅行社提供线下服务不一定能带来良好的客户体验，所以决定自己服务客户，尝试"互联网+呼叫中心+落地"的业务模式，改平台模式为自营模式，并与旅行社进行分工：途牛负责游前、游中的产品消费以及售后服务保证，而旅行社主要负责本地的地接、导览。途牛网不再单纯充当旅行社的流量入口，而是自行采购旅游产品，直接与消费者签约并提供游前、游中、游后整个过程的服务。

（2）产品+服务=品牌

互联网时代的旅游，消费者会通过互联网、移动互联网进行查询和分享信息、做出决策甚至产生购买行为。途牛一直致力于满足消费者需

---

[1] 易观智库.中国在线度假旅游市场专题研究报告 2015［R/OL］.（2015-03-31）［2015-09-11］.http://www.haokoo.com/travel/2257998.html.

求、迎合消费者行为转变、解决消费者旅游的各种问题，以互联网的思维和方式打造优质产品、提供旅游服务。通过线上引导流量获取客户，再通过线上、线下结合提供服务。在运营方面，途牛会通过筛选供应商、制定产品标准等一系列措施，从源头上确保旅游产品的质量；在服务方面，通过设立从签单到跟单、从售前咨询到售后反馈等一系列服务流程来把控服务质量。

另外，从2011年起，途牛为了有效提升传统旅游业服务水平，开始学习和借鉴零售业、服务业等相对成熟的经验。例如，途牛吸纳零售业的采购人员、制造业的质量工程师团队，与旅游产品供应商协同合作，帮旅行社解决内部的供应链问题。在服务质量管控方面，途牛借鉴服务业的管理经验，将订单的生成拆解为多个细分步骤，对产品质量和订单管理流程严格加以控制，搭建流畅高效的服务流程体系；在付款环节，则根据旅行社是否按国家标准提供服务、是否满足用户需求的情况进行相应的奖励和扣款，打造自己的用户评价体系和信誉体系。

产品升级

相比酒店、机票、餐饮等标准化产品而言，休闲旅游度假产品打包了门票、餐饮、住宿、交通、导游等各种子项目，成为复杂程度最高的产品之一。因此，如何在为客户提供多样选择的前提下保证服务的可靠性和稳定性是途牛一直努力的方向。

目前，途牛经过反复尝试和改进后，将产品划分成三个维度："出发地、目的地、品类。三个维度相互交叉组合，能构成不同的产品线……产品线不同，订单处理的流程也不一样"。[1]根据不同的产品预订模式，前台会提供不同的订单处理方法，预订完成后后台又会生成详细的数据信息。另外，途牛的系统已经与供应商系统实现对接，且途牛总部与分公司之间也保持着信息的同步性，大大节省了信息查询的时间，提高了效率。

---

1 刘岩.途牛如何颠覆传统行业成功转型［EB/OL］.（2015-05-29）［2015-08-16］.http://www.cyzone.cn/a/20140529/258365.html.

线下服务中心

为了向用户提供更全面、更满意的服务，途牛尝试通过收购旅行社的方式开设线下服务公司。随着 2010 年之后国家政策不断放宽，途牛不再收购旅行社，而是直接在其他地区开设分公司。不同于传统旅行社设置门店来吸引顾客，途牛选择了在交通便利的写字楼设立服务中心，主要负责产品采购、客户签约和供应商维护等服务功能。另外，途牛还在出境目的地设立出境游服务中心，为出境旅游的中国游客服务。

目前在线旅游行业线上对线下的渗透率非常低，大概只有 7% 左右。未来，消费者会追求更多样的旅游方式、更好的旅游体验以及更完善的售前售后服务。对于途牛来说，如何加快整合线下资源、扩大升级直采模式、提供更加丰富的产品选择、确保优质的配套服务、持续提升品牌知名度和用户黏性是未来的重要发展方向。

（3）"互联网+旅游"动了谁的奶酪

为了避开携程、同程旅游的优势项目，途牛曾选择转向"蓝海"的尾货旅游产品领域，以低价尾货吸引消费者光顾，打造库存清货销售模式，意在建设在线旅游的"唯品会"。途牛特卖频道上线以来，受到众多消费者的追捧，最受欢迎的产品平均不到一秒就售出一个席位。特卖频道产品的核心竞争力在于足够优势的价格，所以途牛的毛利润率低至 5.9%，并且这个数字还在不断下降。短时期内的价格战可能会吸引一部分消费者，但长期的"价格攻略"不仅会影响途牛本身的资金链，还极有可能影响旅游消费者的用户体验，对途牛品牌造成伤害。

2014 年上半年，途牛旅游网在美国上市，成为继携程、艺龙、去哪儿后国内第四家 IPO 的旅游网站。2014 年下半年，途牛开始在部分国内产品线上实施"直采"模式，通过与目的地供应商的直接对接，缩短产业链，大大提升消费者出游的便捷度，提升客户体验。虽然遭到以众信旅游为主的传统旅行社的抵制，但这种"去中间化"的模式不可避免地成为未来线上线下融合的重要趋势。

目前，途牛不管是跟团游还是自助游，其操作模式与传统旅行社相比并没有本质上的不同。途牛 App 上的订单确定与取消还主要是通过客服的人工操作，只是把传统旅行社的产品在线上进行了展示。如果利用了互联网，却仍然以传统的思路和模式进行运营，就不是"互联网+"时代旅游的发展方向。目前国内休闲旅游市场规模为 4000 亿，在这个出境游和自助游快速增长、在线休闲旅游渗透率不断提升的良好市场前景下，在"互联网+旅游"的道路上，途牛还有很长的路要走。

3. 途家——分享经济的倡导者和践行者

途家创立于 2011 年，"是一家依托国际分散式酒店管理和业务标准、结合线下旅游地不动产存量、线中呼叫中心、线上度假公寓在线订房交易系统的新型公司，为游客提供旅游度假订房和业主房屋托管及管家服务的一站式交易平台。其核心运营团队由世界知名的 IT 技术研发人员、资深酒店管理人员及众多来自世界 500 强的高阶管理精英组成，专注于新技术与新产品研发，整合高科技产业和旅游地各类资源。既为旅行者提供了优质的度假新体验，又为业主提供了灵活的闲置资产托管增值服务"。

（1）分享经济——从房子开始

随着出境游和自由行的火爆，人们已不仅仅满足于"走马观花"的旅游体验，更希望能深入当地社会，体会当地的人文风情。在这个过程中，住宿成为其中十分重要的环节。就像国外分享经济的典型案例"Airbnb"和"HomeAway"一样，途家一直以"与家一起旅行"为口号，希望游客不管到哪里都能享受到"家"一样的温馨和舒适。在国外，"分享空闲房源"的模式非常流行，指的是将人们闲置的房屋资源拿出来，与旅游度假的人共同分享，让更多的人使用。而在国内，这种模式正悄然兴起，途家便成为涉足该领域较早的旅游平台。因此，这也成为途家不同于其他的在线旅游企业的重要特点。

目前，途家的服务对象可以分为业主和游客。

途家业主端

途家业主网站对业主开放房屋及周边各类信息查询,包括提供房屋信息更新、维护及保养情况、房屋租赁收益和回报、不动产经营报告、房态查询等服务,方便业主及时获取房屋相关情况,更好地管理异地不动产,让不动产增值。其中最重要的业务是"途家房屋"和"途家托管服务"。

"途家管家服务"采用斯维登的国际分布式管家服务和消费者认证、推荐、先行赔付的体系。极富经验的团队全面专业运营,帮助业主更好地管理异地不动产。途家管家维护照片实现物管透明化,保障个人信息及房屋安全,为业主实时监控房屋维护状况。

"途家托管服务"是在不改变业主房屋产权的情况下,将房屋按照斯维登五星级酒店客房标准整理、优化,凭借成熟的电子商务平台进行推广,并提供专业的市场监控、经营报告和增值营销建议,实现业主闲置房屋的灵活增值。并且按需提供定制化的管家接待服务,如亲友入住、个性布置、短期交换等。专业灵活的管理体系,领先的技术平台以及支持零碎时段的托管租赁及自主服务是途家业主端的重要特点。

途家游客端

途家游客网站是为游客出行提供优质便捷的高品质度假公寓的在线预订平台。精选旅游地高品质居家式公寓,提供丰富、高性价比的旅游房产选择,数量多样、价格合理、设施完善,使游客可享受居家式的异地度假体验。另外,途家在线上提供咨询、互动、展示、比价、交易、评价反馈、分享等服务,在线下开展个性化的居家度假服务,如机场门房、接送机、房屋打扫等,打造信息全面的互联网信息平台和线上线下结合的专业化一站式便捷服务平台。

(2)三点保障

房子请进来

目前,途家一方面与开发商合作,为业主提供不动产经营服务,另一方面又借助优势房屋资源为游客提供高性价比的度假公寓住宿方式。目前，途家已覆盖国内 192 个目的地，香港、台湾地区和海外 353 个目的地，在线房源超过 42 万套。在房源储备上，目前已签约 500 多个项目，已完成超过 50 万套的房源储备。

流量精准快

2012 年，携程入股途家。2014 年 1 月 16 日，携程旅行网正式上线途家公寓频道，包括途家自营公寓、海外房源、平台商户在内的所有在线房源都将呈现在携程网站上。对于携程而言，途家使携程用户拥有了度假公寓的多种选择；而对途家来说，最重要的莫过于流量的引入。流量的积累需要大量的人力、财力以及时间成本，途家作为一家新兴公司如果重新开始培养用户是一个"吃力不讨好"的做法。所以与携程的合作让途家可以轻松获取高精准的用户流量。另外，途家还入驻了"360 旅游"频道，并酝酿承包更多类似资源。

优质的技术团队

途家拥有一批专业的酒店管理人才来提升途家公寓的用户体验与运营产出，拥有一批经验丰富的业务发展团队在全国各地获取优质房源，还有一批拥有互联网基因的产品技术团队实现线上线下运营系统的优化与产品推广。在这些优质人才的集思广益下，途家的步伐变得越来越快也越来越稳健。

（3）途家的"一样"与"不一样"

在搜索方式、购买流程、订单模式方面，途家与其他 OTA 没有区别，都旨在依托互联网和移动互联网为顾客提供优质满意的服务。目前，途家的房子在携程的评分为 4.6，甚至超过了五星级酒店的 4.2~4.5。

但是除了高品质公寓，途家还有普通公寓、客栈民宿、树屋、海景房、别墅等多种房源类型。途家不仅和开发商合作，而且还直接和业主对接，利用分享经济的模式和概念，将业主非自住的时间拿出来，用酒店的方式进行经营，产生收益后与业主分成。房产来源不一样、房屋类型不一样、经营主体不一样、所形成的产品不一样、带给消费者的体验也不一样。

（4）旅游+地产+互联网——用互联网思维来解决旅游地产闲置的问题

与房地产结合最有钱、与旅游结合最幸福、与互联网结合最有希望，途家一创立就结合了这三个最有力的"点"。不是单纯的简单相加，而是利用互联网思维将旅游、互联网与房地产紧密联合在一起。

目前，旅游地产存在着空置率较高的问题。除了旅游旺季，旅游目的地的很多房子都经常处于空闲状态，造成极大的资源浪费。

以国内旅游度假胜地海南为例。2015年4月27日，海航集团与途家达成战略合作，双方就打造国际旅游岛城市CBD、文化旅游产业升级等方面达成战略共识。海航基础作为海航集团旗下一家以机场管理、地产开发、工程建设为主营业务的基础设施综合发展商，拥有雄厚的实力和丰富的资源。而途家作为旅游度假公寓"O2O+B2C"的代表，也为传统地产行业注入了新鲜力量。二者的结合以海航基础拥有的地产为根本，加上途家在旅游度假短租领域的新思维，有效地缓解了海南旅游地产项目空置率高的问题，让整个项目社区活跃起来。

海航基础携手途家联合推出"居乐宝"产品，开启海航基础在"互联网+"时代下地产轻资产运营模式，让业主不论是居住还是投资，都可享受到专业托管、现金分红、全国交换入住等超值服务，真正开启了高端宜居的都市生活。2015年，针对海航"飞行公馆"这一项目，途家在海航基础项目中植入金融的元素，为项目业主提供更多的金融服务。例如，业主购买海航的地产项目后，将得到途家所提供的"管家服务"，包括闲置房屋的委托管理，产生收益后进行分成以及房屋清洁等一系列增值服务，是"居住+收益+未来增长"的综合产品，也是目前新型的房产服务项目，在未来有更大的发展空间。

（5）与HomeAway结缘

HomeAway是全球最大的度假公寓租赁在线服务提供商，于2011年上市。2012年底，途家与HomeAway合作，在全球34个热门旅游目的地推出了2000套海外房源，并作为国内预订平台提供24小时电话预订等中文相关服务。此次与HomeAway的结缘不仅是向先进企业"取经"的必经之路，也是未来途家进军海外市场的重要途径。

（6）可以找投资，但需坚持自己的理想和态度

2015年8月3日，途家宣布完成D及D+轮融资，新一轮融资3亿美元，估值超10亿美元。此轮融资的完成也意味着途家正式进入代表"独角兽"互联网公司的10亿美元俱乐部，步入新的发展阶段。本轮融资由All-Stars Investment领投，雅诗阁及现有投资方等跟投，包括纪源资本、光速安振、鼎晖投资、启明创投、宽带资本、携程、美国度假租赁服务公司HomeAway。

对于融资，途家认为资金固然重要，但如何给予投资人等同或高于投资额的回报以及如何在众多投资商的"包围"下保持自身的理想和态度，才是途家最重视并一直坚持的。

（7）变异的挑战——"橘生淮南则为橘，生于淮北则为枳"

途家模式在中国无疑是一种另类的旅游度假产品。虽然国外已有"Airbnb""HomeAway"这样类似的分享经济模式取得成功，但在中国这样一个有着特殊国情和发展路径的地区，想要做这样的"分享空闲房源"的模式并不容易。

在国际上，自住房的度假交换，是在交换一种度假的生活方式，一种文化环境，甚至交换的是一种家庭环境。这是因为国外已经建立了比较成熟的诚信体系，因此其模式可行。途家模式的存在前提也是社会诚信，但在目前的中国，还未能建立成熟的诚信体系，这是未来途家发展的一大障碍。另外，该模式进入中国后，发生了"变异"。这种模式在国外，一般针对的都是闲置的自住房源，而在中国发生了变化，大多数都是新房子。新房子直接进入度假模式，导致了很多楼盘在开盘的时候就绑定了度假。而且供应端还出现了由于缺乏消费者显在需求和完善的诚信体系从而导致线上产品开始大打"价格战"的状况，很多企业注重的是如何把用户"拉

过来"而不是让顾客"留下来"。

就像专车进入出租车市场掀起巨大讨论一样，途家让自住房进入酒店市场也必然会引起质疑。从消费者的角度来说，服务好、价格合理，自然满意。但如何平衡自住房与酒店的利益得失是未来一个需要考虑的问题。

随着中国人口老龄化以及计划生育政策带来的溢出效应，未来平均每个年轻人身上都会有不止一套房子。这种不动产的沉淀加上旅游需求的急速增加，再加上移动互联网的发展，使得未来度假公寓等细分领域会越来越专业化、垂直化，用户的需求也会越来越多样化。所以，"分享经济"在中国有前景，但如何本土化还需要时间的积淀和打磨。

四、线上线下融合型

（一）发展概况

近年来，搭乘"互联网+"的快车，在线旅游企业得到快速发展，并给传统旅行社带来了不小冲击。信息查询、产品预订、评价反馈等环节相继从线下转移到线上。游客可以更加直观便捷地浏览旅游产品信息，并进行比对、预订、交易、支付等，旅游行业的格局正悄然发生变化。

1. 价格战下的博弈

2014年的在线旅游市场风起云涌，BAT大举进军在线旅游，途牛在纳斯达克上市，万达高调投资旅游业，携程投资华远国旅，各OTA也频繁推出"0元签证""1元门票"等营销活动，通过白热化的价格竞争来占领市场。

在互联网思维的影响下，传统旅行社不仅是零售商而且成为线上企业的供应商；而OTA为了扩大自己的市场，除了从传统旅行社"订购"产品，还会经常采取低于批发价的方式倾销。这对传统旅行社线下零售份额造成很大的冲击，因此产生了市场份额、用户流量、品牌知名度等各种竞争。另外，在线旅游企业的"咄咄逼人"以及随之而来的价格战更使得其与旅行社的矛盾逐渐升级。

虽然"价格战"是市场经济为了抢占用户和市场份额采取的最常见的手法，也是短期比较有效的一种手段，但这终归不是长久之计。目前很难有一家企业通过价格战在旅游市场独占鳌头，而且各家资本势均力敌，短期内无法分出胜负。长期的烧钱圈用户并不能给企业带来长远的收益和口碑，反而会给企业造成严重"内伤"。"2014年去哪儿亏损18.5亿元，艺龙亏损2.7亿元，途牛亏损4.6亿元，仅有携程盈利2.4亿元。"[1]

不仅如此，还出现了线上线下"撕破脸"的现象。2015年4月23日，17家旅行社联合声明：停止向途牛供应2015年7月15日及以后出发的旅游产品，抵制途牛旅游低价扰乱市场的行为。无独有偶，在2015年五一期间，国内首屈一指的连锁酒店管理集团"华住"突然宣布全面断开与携程、艺龙、去哪儿的合作。

这些，实际上都是"价格战"带来的负面影响，价格战不仅没有从根本上解决问题、没有增加用户美誉度和用户黏性，也并未给顾客带来更好的用户体验，造成资源的白白浪费。

2. 竞争背后的繁荣

中国旅游研究院的数据显示："2014年中国旅游市场实现平稳增长，国内旅游36.11亿人次，同比增长10.67%；总收入达到30312亿元，同比增长15.40%。从全年形势来看，我国旅游业已经进入'大众旅游'阶段，人们的出游意愿不断高涨。"[2]对于在线旅游，艾瑞咨询发布的《2015年中国在线旅游度假行业研究报告》指出，"2014年我国在线旅游市场交易规模已达3077.9亿元，较2013年增长38.9%，并将在未来4年持续保持高速增长，预计在2018年将达到8053亿元。"[3]

---

[1] 郝杰.旅游市场：线上线下趋于融合[J].中国经济信息，2015（10）.

[2] 张淑萍.2014中国旅游业分析报告[EB/OL].（2015-03-14）[2015-08-17].http: meadin / IndustryReport/

[3] 艾瑞咨询.2015年中国在线旅游度假行业研究报告[R/OL].（2015-03-24）[2015-09-11］. http://www.iresearch.com.cn/report/2318.html.

3. 线上线下趋于融合

近几年，线上线下旅游企业的整合越来越频繁：携程入股华远国旅、去哪儿投资旅游百事通、中青旅强化遨游网品牌、众信整合悠哉旅游网、万达并购大型旅游网站……这些都预示着线上线下融合的浪潮不可逆转。

旅行社在传统旅游业时期依靠信息不对称和价格不透明来盈利，但随着互联网大潮汹涌而起，信息问题已不再是横亘在顾客和旅游目的地之间的沟壑了。随着消费者了解旅游信息的渠道拓宽、旅游选择的多样化、顾客需求的个性化以及互联网和移动互联网的便捷化，传统旅行社在竞争中的优势逐渐衰落。而对于线下而言，在线旅游最大的优势在于便捷的销售渠道和支付方式。

线上线下的矛盾由来已久，解决问题的办法无非有两种——打败对手或者二者融合。而综合旅游市场现有的状况来看，后者的成本显然要比前者低，聪明的企业当然会选择后者，这是双向的互动，也是未来发展的必然趋势。所以总体来说，未来线上线下的旅游企业一定会走向融合，双方不是"你死我活"的关系，而是深入合作的关系。不是要让谁取代谁，而是要让二者的优势都发挥到最大，把互联网旅游这块"蛋糕"做大做强。

但是，线上线下的融合并非互联网与传统旅游业的简单相加，它不仅需要二者的产品体系、业务体系、营销模式、管理方式相互融合，也需要企业文化的重塑、技术团队的深耕、管理团队的再造，通过协同增效来创新商业模式，实现旅游业的转型升级。目前，线上和线下还处于各自资源整合阶段，并未进入融合阶段，由于企业体系的差异化，管理方式、运营模式、企业文化等多方面的整合难度较高。一些在探索线上线下融合的企业还只是简单的合作，将线下旅游企业作为自己的供应商，为其提供宣传和销售的平台，真正从企业本身的特性以及互联网思维出发进行深度融合的目前还很少。

4. 移动端势头明显

根据易观智库《中国在线旅游市场年度综合报告 2015》显示，"在线旅游移动端市场近年来高速发展，移动端在拉升旅游搜索指数方面已经显示出较大的推动力，携程、去哪儿、阿里旅行·去啊，活力天汇四家厂商包揽了中国在线旅游移动端市场总份额的 77.1%。其中，携程以 424.8 亿元交易额（占比 37.3%）继续稳坐第一，去哪儿以 324（25.1%）亿元紧随其后，阿里旅行·去啊（9.6%）排名第三，活力天汇以 63.1 亿元（5.2%）排名第四。"[1]

移动端的爆棚发展为在线旅游提供了新的思维和发展空间。当移动端发展达到一定成熟水平后，将为旅游 O2O 市场高速发展奠定坚实基础。易观智库《中国在线旅游市场年度综合报告 2015》提出，"预计 2015 年成为在线旅游行业的转折年，中国移动旅游市场规模将超过 PC 端，达到 64%；2017 年移动端占比达到 76%。目前各在线旅游厂商已经开始进行线下布局，实施 O2O 战略，预计 2016 年中国在线旅游市场将完成从移动端向 O2O 的转型。"[2]

在移动互联网迅速发展的今天，线上线下旅游企业的并购、重组、升级已不再是什么新鲜事了，借助优势资源、促进线上线下整合、多渠道运营以及大数据的广泛应用正在成为发展趋势。

（二）主要模式

1. OTA 的线下拓展

线上线下的融合是"互联网 +"与传统旅游业相结合的关键路径，对于整个在线旅游行业具有战略意义。互联网时代，无论是前端的旅游消

---

[1] 易观智库.中国在线度假旅游市场专题研究报告 2015 [R/OL].（2015-03-31）[2015-09-11].http://www.haokoo.com/travel/2257998.html.

[2] 易观智库.中国在线度假旅游市场专题研究报告 2015 [R/OL].（2015-03-31）[2015-09-11].http://www.haokoo.com/travel/2257998.html.

费需求，还是后端的资源供给，都在快速发生改变。因此，在线旅游企业在线下开设体验店，也是一种必然选择。"到2015年年底，同程旅游的线下体验店总数将达到100个，覆盖全国100个城市，形成'百城百店'的布局，在开店规模和覆盖区域上形成领先优势；2015年3月20日，遨游网发布了'遨游网+'战略计划，提出新的旅游行业O2O发展思路，旨在将互联网技术和传统旅行社专业服务能力进行整合，挖掘潜在的消费需求。"[1]

2. 传统旅行社的线上探索

传统旅行社最早的线上探索主要是自己开设官方网站或者与线上互联网企业合作，将自己线下的产品挂靠在网上，由线上网站来宣传、营销。之后，随着OTA的兴起，传统旅行社又转型成为其供应商，打包完整的旅游产品。

随着旅游产业的发展，线上线下旅游企业竞争关系发生变化。国务院〔2014〕31号文件提出，要"推动优势旅游企业实施跨地区、跨行业、跨所有制兼并重组，打造跨界融合的产业集团和产业联盟。"[2] 国家旅游局提出的"515战略"[3]也把旅游企业重组作为创新引导产业发展和优化行业管理的方式，鼓励在线旅游企业与传统旅游企业进行融合，改造旅游经营模式。

例如芒果网，自2006年成立之后，便一直是港中旅集团的战略核心业务，向用户提供机票、酒店、度假、签证、租车等全方位的服务。但随着在线OTA之间价格战的愈演愈烈，芒果网正面临着连年亏损、业务量萎缩的局面。2015年6月24日，港中旅将旗下的中旅总社与芒果网合并，并将合并后的芒果网定位为O2O一体化综合平台，依托中旅总社长期积累的优质资源，为消费者提供更满意的产品和服务。

---

[1] 关林.旅游新格局：线上线下走向融合［N］.经济日报，2015-07-14.
[2] 国务院.国务院关于促进旅游业改革发展的若干意见：国发［2014］31号［A/OL］.（2014-08-21）［2015-08-12］.http://www.gov.cn/zhengce/content/2014-08/21/content_8999.htm.
[3] 李丛娇.未来三年：中国旅游"515战略"［N］.海南日报，2015-01-21.

3. 互联网平台的线上线下整合

由于在线旅游市场的火爆,京东、淘宝等互联网巨头已经纷纷进军在线旅游市场。传统旅游企业拥有众多潜在旅游客户且大型传统旅游企业顾客黏性效应明显。而互联网企业在宣传上具有相对优势,像京东、淘宝这种大型互联网企业拥有的用户数量众多,只是黏性效应不及传统旅游企业。

最好的办法就是互联网企业与传统旅游企业进行合作,将各自的优势融合在一起,这样不但加强了行业内自身的竞争力,避免了"以价换市",还可以提高企业自身的约束力。

(三)"携程在手,说走就走"——线上线下的大融合

1. 概况

携程旅行网创立于1999年,以在线票务服务公司起家。随着互联网技术的深入,携程旅行网不满足于只做票务代理平台,因此将高科技产业与传统旅游业相结合,向用户提供集酒店预订、机票预订、度假预订、商旅管理、特惠商户及旅游资讯在内的全方位旅行服务,成为OTA中的领军企业。携程旅行网除了在自家网站上提供丰富的旅游资讯外,还委托出版了旅游丛书《携程走中国》,并委托发行旅游月刊杂志《携程自由行》。携程度假提供数百条度假产品线路,包括三亚、云南、港澳、泰国、欧洲、名山、都市、自驾游等20余个度假专卖店,每个专卖店内还拥有多种不同产品组合线路。用户可选择由北京、上海、广州、深圳、杭州、成都、沈阳、南京、青岛、厦门、武汉十一地出发。

为了满足游客越来越多的需求,携程基于自己长期积累的丰富旅游资源,为用户提供酒店预订、火车票预订、携程信用卡、携程金融、票价比价等服务。

(1)酒店预订服务

携程旅行网拥有中国领先的酒店预订服务中心,为会员提供即时预订服务,覆盖全球200多个国家和地区,约35万家国内酒店和超过85万家

国际酒店。

（2）火车票预订服务

2012年，携程开通了火车票预订业务，为旅行者提供专业的火车票代购服务。

（3）携程信用卡

携程信用卡与中国农业银行合作，集金穗贷记卡金融功能以及携程VIP会员卡功能于一体。主要有以下几个特点：

第一，用户用信用卡进行旅游产品消费，既能累积携程积分还能同步累积信用卡积分，并享有"金融账户、银行积分、携程积分、旅行储备金"4个专享账户。

第二，用户使用信用卡可实现国内、国际航线机票信息查询，异地订票、取票以及携程独家推出的电子机票服务。

第三，用户使用信用卡消费可享受携程VIP会员的优惠待遇，如酒店、机票、度假等产品折扣，其中涉及千余条度假、旅游优惠线路以及全国3000余家特约商户专享餐饮娱乐高额消费折扣等。

（4）携程金融业务

携程金融业务开始于2010年，致力于为用户提供旅行相关的专业金融服务。包括支付结算、预付费卡、境内外精选商户移动支付、旅行支票等各项金融相关产品的设计、开发、管理等工作；携程礼品卡是目前国内最具特色的旅游预付费卡；首创"携程宝""程涨宝"，帮助用户合理规划旅行预算；首开海外购物等业务，结合携程移动支付为用户提供吃、住、行、游、购、娱的全面服务；还将推出携程旅行支票等更多可预存、可消费、可透支、可优惠的旅游金融衍生产品。

（5）票价比价

区别于将机票与机票对比、火车票与火车票对比，携程网推出了可以将机票、火车票等不同出行方式的票价进行比较的功能，改变了传统单一的订票页面模式。

2. 特点

随着在旅游行业十几年的深耕细作和产业布局，携程已经在休闲旅游市场全面建立了领导者地位。目前跟团游、自由行、出境游、国内游、地面玩乐、邮轮等六大产品线，均取得市场份额第一的成绩。其主要原因是长期的产品创新、品牌积累、运营效率和服务的竞争力优势。在旅游度假业务上，携程也通过开放合作战略与技术、服务创新，并与途牛、同程旅游等在线同行开放合作、良性竞争，与整个行业一起提升服务水平。

（1）平台化战略成增长动力

2013年底，携程全面展开与全国旅行社合作的平台化战略，产品丰富度、价格优势更加明显。目前携程的开放平台上已经和超过14万家供应商建立了合作关系。在2015年第一季度，有5%~10%的酒店交易量、超过60%的机票交易量和超过20%的旅游度假交易量来源于第三方合作伙伴提供的产品。目前，携程市值破百亿，这与其推崇的平台化战略密不可分，一方面通过平台化战略最大程度丰富产品线，另一方面通过无线战略拉动流量、通过市场营销活动抢占市场份额。

（2）移动端成主要发力点

随着移动互联网的迅速发展，携程这一互联网旅游的经典企业也开始向移动端布局，移动端成为主要发力点。截至2015年第一季度，携程App下载量已达到8亿次，同比增长550%，移动平台的交易量占总在线交易量的70%。2015年第一季度携程在移动端进行了大量投入，包括跟团游、自由行、邮轮、门票、当地玩乐、Wi-Fi、游学、包团定制、顶级游、酒店+景点、签证、保险等各类产品，都全线优先App预订，并提供最低价格。在此基础上，App用户与预订量呈爆发式增长。

（3）营销投入和价格促销成增长主要支点

携程联合数百家传统旅行社和在线同行，在全国34个城市启动国内首个"3月全民春季在线旅游节"，推出大量零利润旅游产品。整个旅游节有超过5000万人次通过电脑和手机参加活动，创下了旅游交易额过13

亿的记录。二三线城市业务大幅提升，成为携程开展大规模促销的重要动力。

相比市场其他固定打包的"不自由"产品，携程自由行已经开发全新的动态打包技术，覆盖携程国内及海外所有在线机票酒店资源，包括全球几万条航线，数十万家酒店，实时查询更新。此外，携程还提供专业的半自动化打包产品，在线提供数万条自由行产品。另外，携程还提供一站式服务解决方案，达到机场、酒店、地面一次预订，并且提供完善的"六重旅游保障"，任何问题都可以通过专业人员和服务机构一站解决。

3. 出境游、境内游、跟团游"一个都不能少"

2014年国内出境游人数首次突破1亿人次，平均每天有近30万人出境，出境市场井喷成为在线旅游公司的一大增长点。在中国在线出境游市场中，携程位于领先地位，2014年市场份额达到41.4%，交易额达62亿，集中效应明显。在携程旅游度假业务中，出境游已经占据60%以上的比例，在日本、泰国、韩国等多个热门线路上，携程成为最大的出境游组织与服务商，多个目的地组织游客每年超过10万人次。随着居民可支配收入提高，人们有能力承担高客单价出境游产品，相比中国庞大的人口基数，出境游市场发展空间仍然巨大。

相比出境游的火爆，国内游市场并没有被携程忽视。作为全国第一大在线国内游服务商，携程的业务量呈爆发式增长。随着散客化趋势不断加强，目的地服务成为提高游客感受的至关重要的一环。在海南、云南、广西、福建、北京、四川等众多目的地线路，携程的游客量与业务规模都遥遥领先。携程还在上海、三亚、丽江、黄山、舟山等众多国内目的地建立服务中心，全面控制落地服务质量与资源，以解决目的地服务这一旅游业和消费者最大的痛点。

随着网络、手机端报团旅游成为潮流，"互联网+"的大潮正在深入传统旅行社的大本营——跟团游业务。跟团游的爆发式增长成为携程扩大市场规模的主要因素之一，从交易规模、收入水平、服务人次上看，携程是我国第一大在线跟团游预订与服务平台。

4. 不开门店开微店——"十万微商计划"

目前，许多大型传统旅行社和在线旅游企业都纷纷推出微店、掌上商城等电子商务产品。作为全国最大的在线旅游服务商，携程与国内最大的旅游集团共同上线"携程微商"平台。不仅提供店铺红包、代理返佣、微店专享特价等优惠政策，还打破了代理门槛，开放其业内最大的跟团游与自助游产品库，全面向旅行社、业内人士和普通用户免费开放。只需手机注册账号，即可代理售卖携程网内的海量商品。在此基础上，携程的"十万微店计划"已初露端倪，目标是打造旅游业最大的微信社交电商平台。

相对于其他旅游在线销售平台，携程微商最大的特色是具有丰富的旅游资源和可100%自选打造个性化旅游微店的功能以及背后强大的品牌支撑与优质的服务保障。微店作为"前台"为后台提供用户订单，而预订后的一系列服务都将由携程的专业团队执行，同时提供品牌、技术与售后服务支持。上线的产品不仅包括携程自主研发经营的独家线路，还有其他平台提供的个性产品，可供选择的余地更大。

那么旅游微商的商业价值何在？

"一是全面降低代理风险和门槛，零投入、零库存、零风险，由个人开店售卖携程商品，携程作为平台提供资质与服务保障。二是平台扁平化，抛却了传统旅行社销售的层层代理环节，微商可以直接对接目标用户。三是社交媒体红利时代的价值再造，个人根据出行者的需求找寻并推荐适合的个性化旅行线路，促成销售、形成口碑，提供有价值的服务。"[1]

另外，微店的推出有利于解决传统旅行社门店多、成本高、推广费用高、商品库存大等问题，对于个人卖家则会解决优质货源稀缺、产品同质

---

[1] 赵垒.开门店、网店还是微店？[N].中国旅游报，2015-05-18.

化严重、收益缺乏保障、售后维权难等状况，可谓"一举多得"。

5. 在线与移动消费赶超[1]

随着传统门店作用式微，旅游消费越来越向在线和移动端转移，微商在 OTA 官方销售之外，实现个人社交化、个性化移动销售，符合携程平台化、移动化的发展方向，一方面携程开放平台支持传统旅行社上线，另一方面发动供应商和个人开微店参与电子商务，双管齐下以最大力度提升携程在在线旅游市场的竞争优势、扩大其市场渗透率。

6. 致力特色产品创新

携程旅行网根据暑期跟团游和自由行游客量、网友关注热度等用户大数据进行分析，发布了最受关注的十大影视剧旅游线路，最热门的依次是《奔跑吧兄弟》中的塞班岛、《花儿与少年》中的迪拜、《盗墓笔记》中的长白山、《花千骨》中的广西北海、《花样姐姐》中的土耳其、《花儿与少年》中的英国、《狼图腾》中的内蒙古、《爸爸去哪儿》中的新西兰、《心花路放》中的云南、《武媚娘传奇》中的无锡。基于影视剧和电视综艺的旅游产品有着先天的优势。一方面，旅游目的地本身就有一定的知名度，另一方面，通过云计算、大数据分析等得出用户最想去的旅游目的地，二者结合打造出最符合游客需求的产品。

7. 大力推进资本布局

2000 年至今，携程针对交通、住宿、旅游等环节进行了一系列资本布局，投资、收购事件多达 30 余起，在线上渠道、线下资源两方面逐渐形成初具规模的"携程系"企业。2014 年，携程在在线交通预订、在线住宿预订和度假旅游预订三个细分市场中分别占据：34.1%、46.2% 和 31.1%，是中国在线旅游当之无愧的"巨头"。

目前，携程通过产业投资推进了在旅游各个领域的布局。传统旅行社方面，联合翠明国旅、永安旅游、太美旅行、华远国旅、世纪明

---

[1] "携程微商"上线招募 10 万人开旅游微店［EB/OL］.（2015-05-06）［2015-08-19］. http://finance.ynet.com/3.1/1505/06/10051573.html.

德、天海邮轮等企业；在线旅游厂商方面，与易游网、途风网、同程旅游、途牛旅游网、松果网、途家网等达成合作；住宿方面与唐人酒店管理有限公司、如家酒店、汉庭连锁酒店、7天连锁酒店等合作；交通部分，联合北京海岸航空服务、一嗨租车、易到用车等传统与新兴出行方式；在系统平台及应用工具上，整合了中软好泰、慧评网、佳驰软件、Travelfusion、蝉游记等；在目的地还有订餐小秘书；与众安保险合作，免除游客后顾之忧。携程通过以上措施，打通线上、线下数据链，进行深入的资源整合，激发各业务线的增长潜力。

小结：冬天来了，春天还会远吗？

互联网尤其是移动互联网大潮的汹涌来袭，使得线上旅游平台逐渐得到用户认可，呈现出网络交易市场规模不断扩大、爆发式增长的迹象。传统旅行社从产品销售方被动转型为产品供应商，且线下业务被不断蚕食，这使得不少业内人士高呼"狼来了"，还有人预言"网络销售将取代传统的旅行社业务"。因此，如何利用互联网思维，将线上线下融合起来决定着传统旅行社未来的发展。

虽然，"线下旅行社掌握了数量多、价格低的优质资源、拥有庞大的专业服务团队和服务的品牌优势。但在产品丰富度上，OTA的选择更多、范围更广；在便利性上，在线旅游企业的预订和购买过程更轻松自由；在用户体验上，在线旅游企业更贴近旅游消费者的需求和习惯。然而，无论游客通过线上还是线下平台进行产品购买，旅程中的体验和服务才是旅游的核心价值所在。对传统旅行社来说，优质的服务是保证产品研发思路得以实现的前提和基础，是旅游品牌的核心内容。因此，线上与线下融合的O2O发展模式才更适合互联网时代下的目标群体。"[1]

从旅行社的角度来讲，一方面要对现有优质资源进行整合，针对消费

---

[1] 赵正. 旅游业线上线下大融合 O2O "好看不好吃" [N]. 中国经营报，2015-07-06.

群体特点提供精细化、专业化的特色旅游产品，如婚纱旅拍、亲子郊游、自驾产品以及夏令营产品等；另一方面要发挥自己的区域性资源优势和服务优势，提升自己的服务品质和团队服务水平，在 OTA 无法向游客承诺的服务体验和服务质量方面"用心"。从线上旅游企业来讲，需要发挥自己的大数据优势、流量优势、渠道优势以及能突破服务的地域性边界的高效优势。

另外，如何从根本上解决线上和线下的矛盾，需要营销机制创新与商业模式创新的"双轮驱动"作为支撑。

第一，实施营销组合策略。首先，建立明晰、差异化的市场定位，打造有企业特色的产品和服务。其次，进行线上线下融合，让二者互为补充、协同增效。在线下，打造优质的旅游服务体验；线上，通过大数据实施精准定位传播，定时定向为对应消费群体提供产品信息，提高旅游产品的文化附加值，提升品牌知名度与美誉度，为线下产品提供有力支撑，从而形成线上线下的立体整合营销模式。将价格策略、品牌策略以及产品差异化策略等整合到一起，实现"重拳出击"。

第二，提升体验的产品服务策略。当旅游业的赢利点从价格转向偏好后，如何获取游客偏好、通过实现产品和服务的差异化取胜，是传统旅行社转型的关键，也是在线旅游企业竞争力的核心。解决这一问题的最关键因素便是资源整合，通过线上线下的融合消除信息不对称带来的阻碍。另外，服务质量的提升也尤为重要，应利用大数据、云计算、新媒体、社交平台等技术改变传统经营模式，提供更加个性化的服务以及更优质的服务体验。

第三节 "互联网+"时代的消费者：客从网上来

"互联网+"时代的消费者集游客与用户的双重身份于一身，因此也不同于传统旅游业的消费者。

一、UGC

UGC 即 User Generated Content，是指用户原创内容，是伴随着以个性化为主要特点的 Web2.0 概念而兴起的。它并不是某一种具体的业务，而是一种用户使用互联网的方式，即由原来的以下载为主变为下载和上传并重。随着互联网的发展，网络用户的交互作用得以体现，用户既是网络内容的浏览者，也是网络内容的创造者。诸如 Facebook（脸书）、Myspace（聚友网）、开心网、人人网等社交网络，优酷土豆、搜狐、爱奇艺等视频网站，豆瓣、微博等社交平台以及百度知道、知乎等知识分享网站都属于 UGC。

UGC 应用于在线旅游业主要集中于美食、路线等攻略分享的 UGC 旅游社区和用户设计产品上线运营两个方面。

（一）UGC 旅游社区

对于即将出行的游客来说，旅游社区是旅行前必须要逛的网站，通过看游记、看攻略，可以马上了解目的地。

旅游社区兴起于游客的网上分享，尤其是 80 后、90 后成为在线旅游的主体后，他们热衷于向别人分享自己的旅游经历，从交通路线到美食美景再到游客体验无一不成为分享的热点。这些典型的 UGC 旅游社区包括蚂蜂窝、穷游及面包旅行等。

1. 蚂蜂窝——"心若自由，行必无忧"

蚂蜂窝旅行网创立于 2006 年，于 2010 年正式开始公司化运营，是中国领先的旅游社交网站及自由行交易平台。蚂蜂窝以"自由行"为核心，以"为全球的自由行消费者提供靠谱、有爱、值得信赖的旅行信息"为目标，向用户提供全球 6 万多个旅游目的地的旅游攻略、旅游问答、旅游点评等资讯以及酒店、交通、当地游等自由行产品及服务，旨在站在自由行消费者的角度，帮助用户做出最佳的旅游消费决策。

和其他旅游 OTA 不一样的是，蚂蜂窝专注于自由行信息分享，其景点、餐饮、酒店等点评信息全部来自用户的真实分享。截至 2015 年 2 月，蚂蜂窝已积累了 8000 多万用户，其中 80% 的用户来自移动端；月活跃用户数 6000 万，点评数量达 1600 万条。通过近几年来对海量用户数据进行结构化处理，实现了对旅游度假产品更多评价维度的提取，并有针对性地向用户进行个性化推荐，参与交易过程，从而实现 UGC 类网站的商业化转型，形成了"UGC+"商业模式。

目前，蚂蜂窝在 O2O 方面已经构筑了一个良性循环的线上线下生态圈，推动用户、产品供应商和蚂蜂窝的三方共赢。蚂蜂窝对包括旅游产品销售、旅游游记攻略、旅游问答等在内的数据进行用户行为分析并与线下企业共享，线下企业通过大数据分析提供更能满足用户需求的产品，持续提升自己的服务和品牌形象。

（1）不断进行自我革命

2010年之前，蚂蜂窝只是个人兴趣爱好社区。从2010年开始，蚂蜂窝的核心产品定位为旅游攻略，这意味着蚂蜂窝从一个单纯的社区走上了半工具化的产品。正是因为这一战略选择，让蚂蜂窝从一堆小型网站中脱颖而出。2015年，蚂蜂窝进军自由行交易市场，相比之前的旅游攻略产品，又是一次全新的选择。

这两次转型，从某种程度上讲是一个阶段性的重新思考和判断。这样一种自我革命，非常艰难也极具风险。但也正因为这些全新的突破，使得蚂蜂窝在在线旅游市场占据了一席之地。

（2）专做平台，不做自采

蚂蜂窝通过旅游大数据和交易平台整合后端产业链的资源为模式，因此并未涉及自采业务。

用户通过蚂蜂窝查找、下载经典攻略，或者分享经验、做出评价。之后，这些信息通过大数据技术，转化成结构化数据。通过这些结构化数据，后台能很容易识别用户的消费倾向和消费需求。蚂蜂窝把线上线下结合起来，利用用户的优势进军旅游电商，帮助用户对接合适的景点、酒店、出行方式等，促使用户做出购买决策。当某产品达成交易的时候，一方面给供应商节省了营销成本，另外一方面也将潜在用户变成蚂蜂窝的直接用户。

（3）移动端布局

蚂蜂窝在移动端推出翻译工具"旅行翻译官"、攻略分享"旅游攻略"、网站功能集合"蚂蜂窝App"、移动社交"嗡嗡"以及实时记录工具"旅行家游记"。

一大特点

社交基因是蚂蜂窝区别于其他在线旅游网游站的本质特征。

两大维度

蚂蜂窝的社交有两个维度：一种是来自于熟人之间的，可能是同学、朋友或同事；另一种是基于同样的兴趣爱好，比如说去过同样的地方，同样爱好摄影、爱好潜水或者爱好滑雪等。

三大法宝

UGC、旅游大数据、自由行交易平台是蚂蜂窝的三大核心竞争力。基于这些工具和优势，蚂蜂窝分"三步走"来打造精品。

第一步：用户想法发酵

许多用户选择从蚂蜂窝看不同旅行者的游记、攻略，经过长期对比分析，最后做出决策——而这个过程已经成为自由行的前期服务。

照片是旅行分享里面非常重要的一个组成部分。蚂蜂窝的游记产品里分享内容很大部分是图片，每个用户的每个分享平均会包含127张照片和2000多字。另外，蚂蜂窝在移动端推出了一款叫"嗡嗡"的产品，专做图片分享，每一张照片都会带上游客所在的地理位置、坐标，从而转化成在全球各地的旅行足迹。这种形象的信息分享，对潜在旅行者转化为实际旅行者有重要作用。

第二步：游记、攻略服务自由行产品

在完成第一阶段的服务后，蚂蜂窝再将这些UGC内容以另外一种方式呈现在自由行产品中，比如酒店、交通、餐饮的用户点评。这些用户点评实际上就是把攻略或游记信息用另外一种方式来提取和汇总，相当于一种横向阅读游记和攻略的方式。

第三步：从C2B到B2C，你喜欢什么我生产什么

如今的旅游充满了变数、充满了意想不到的需要，如何能让游客随时随地找到符合自己的旅游方式和旅游产品是"互联网+旅游"发展的必要考虑因素。针对高度个性化的个人旅游度假市场，标准化的酒店、交通、旅游路线等已不能满足用户的需求。

基于现有的UGC数据，包括用户的游记、攻略、点评以及分享，蚂蜂窝也正在与供应商合作。通过信息的整合，还原用户的消费点，形成旅行路线，按用户需求定制个性化旅游产品，将潜在用户变为实际游客。

如果某产品的用户口碑好，那它很有可能会成为整个市场上最流行的路线产品。

当走到第三步的时候就会发现，越来越多的用户来到蚂蜂窝平台，不仅能找到攻略，而且还能和全球优质的旅游服务商进行对接。

通过大数据分析与整个旅游电商打通，依托于蚂蜂窝旅游大数据进行高效率的整合，让 B2C 产品更好地互联网化，更好地服务于用户，让合理的需求和合理的供应对接。

小结：奔跑吧，蚂蜂窝

2015 年作为在线旅行市场发展分水岭的一年，自由行时代全面开启，整个市场更加专业化、细分化、区域化，市场需要更精细的服务者和供应商。以前高端的旅游爱好者才能享受到的精细服务，未来会被越来越多的普通用户所接触和享用到。这种趋势需要更多新型的、有信息服务理念和信息服务能力的机构和产品来支撑。

在发展的过程中，蚂蜂窝曾做过一段时间的"特价"，因为当时价格还是影响人们出游的非常重要的因素。但随着旅游产业的逐渐成熟，人们越来越追求高品质、独特的旅游体验，单纯的"特价"已不能完全满足用户的普遍需求，"自由行"便应运而生。因此，在 2015 年，蚂蜂窝将"特价"改成了"自由行"，更加注重提供满足用户个性化需求的优质旅游产品，更加注重用户的旅游体验。

未来，蚂蜂窝可能会坚持通过旅游大数据和交易平台去整合后端产业链资源的模式，为用户提供优质个性化的服务。

2. 穷游网——"穷尽一生，与游相遇"

"穷游网在 2004 年 2 月 1 日成立于欧洲的留学生宿舍，倡导以节省费用的方式自助旅行，为用户提供关于旅行目的地、交通及住宿等资讯服务，并通过酒店、机票等佣金获取收入。"穷游网更专注于"出境游"市场，定位于中国旅行者的出境自助游和海外华人的海外自助游，是国内最大的出境游一站式平台，为追求旅游品位和质量的全球旅游者提供服务。

（1）三大优势

在线旅游市场的火爆毋庸置疑，而穷游网在"出境游"这一细分领域深耕细作十几年的能力也不容小觑。在这十年中，穷游网积累了很多的经验，也汇集了三大优势。

第一，穷游网具有多年积累下的强大社群。

第二，穷游网20%的用户生活在海外，其提供的信息最准确也最及时。

第三，穷游网具有独特的品牌特点。经过多年的发展，穷游网已经不单单是一个旅游的品牌，更是一个生活化的品牌。用户接受穷游的理念，就会继续活跃在这个社区，而不会轻易被其他社区挖走。

（2）两大布局

2013年之前，穷游网的商业模式是先由用户生成海量旅游分享信息，以此来吸引其他用户访问；之后借助客户资源优势为用户提供廉价的旅游资源；然后用户通过穷游网平台预订酒店、机票等，穷游网从中获取预订佣金收入；交易完成并且结束旅游后，用户进一步丰富旅游攻略。从2013年7月阿里集团战略投资穷游网后，穷游网的商业模式变成"社区＋搜索＋电子商务"的模式，积极在产品和用户体验上进行双重发力。

产品

穷游网因公司活动而设计的带有穷游标志的T恤衫与折叠包受到社区用户的广泛喜爱，并取得良好收益。在外人看来，一家定位出境游旅行者社区的公司，却做起T恤衫、折叠包、手机壳等周边产品，行为本身确实有点不符合常规。但这却成为穷游社区文化延伸至其他领域的标志，也是服务旅行者的另外一种方式。

2014年，穷游网进一步巩固了在出境游领域的领先地位，同时以穷游手机App和手机网站显著加强了在出行中对用户的消费引导。穷游率先推出的"穷游折扣"频道引领了"旅行尾货"市场；根据旅行者在旅行途中遇到的不同需求有针对性推出"穷游锦囊""穷游"，以单独App形式推出

"行程助手"。用户不仅可以在"行程助手"上分享自己的旅游日记和攻略，同时可以通过"行程助手"制定自己的旅行规划并进行求助。

为了做出更好的旅行产品，除了公司技术产品部门员工自身的日常工作之外，穷游网每年还会给员工最多达到 50 天的旅行假期，让其出国旅行，到旅行现场体验自己的产品。员工亲身体验旅行，一方面能够更加深刻地理解自己的产品，另一方面也能够深刻理解旅行的价值与意义，从而更好理解用户需求，对于产品的改进和功能完善有着重要作用。

服务体验

为了让社区出境旅行者用户获得更加人性化的服务体验，更加深刻理解当地文化。穷游网在服务体验层面进行了不断地探索。

第一，与国外共享经济鼻祖 Airbnb 联手合作。2014 年 5 月 29 日，穷游网与全球领先的短租网站 Airbnb 就线上线下活动、联合营销推广，以及全球特色旅游目的地专题展示活动等达成战略合作伙伴关系。与 Airbnb 合作，能够给出境游旅行者带来更多服务体验。比如能够与当地人沟通、交朋友、快速融入当地文化；以短租而不是酒店的形式为用户提供住宿，加深用户与当地文化的交流。

旅行者选择出境旅行，一是为了放松自己，增长见识；二是了解当地文化以及与当地人交朋友。与 Airbnb 合作，这无疑是实现这一目的的最佳方式。

第二，与 Uber 达成战略合作关系。2014 年 11 月 17 日，穷游网推出"行程助手"独立 App，并宣布与 Uber 达成战略合作关系，合作范围将涵盖核心产品延续、线上线下品牌覆盖等内容。不仅能帮助用户完成更系统的行程规划、目的地索引，还可添加旅伴及分享设置等。Uber 和穷游网的合作也将以行程助手 App 的 API 接口嵌入作为开端，点击即可帮助用户在旅途当中随时实现直接叫车服务，为中国旅客境外游解决出行用车难题。

第三，大数据分析。随着用户使用"穷游锦囊""行程助手"频次不断增多，穷游网会通过用户的选择以及经常去的旅行地分析并预测他们下一次会去哪些地方，然后提前向其推荐旅游锦囊、行程安排，甚至旅行攻略等信息。目前，通过大数据分析技术为用户提供更加智能化、人性化的推荐以及用户想要的旅游服务信息已经成为主流趋势。

（3）"烧钱"圈用户，NO！

旅游社区需要自我生长的节奏，不适合爆发式的增长。从用户获取的角度来看，穷游网并不会通过大量"烧钱"打"价格战"来圈用户，而是通过长时间提供优质服务和体验来增强用户黏性，进而产生用户积累和口碑效应。

比如 2013 年诞生的"穷游折扣"就是为了给用户进行快速决策成立的。不像淘宝、天猫定位大而全的商品和服务，穷游网开发了精选功能，站在用户的角度，根据性价比、真实性和产品的库存深度去筛选商家，为用户提供适合的产品。

烧钱圈用户的做法固然会在短时间内带来爆发式的增长，但是会影响企业的未来及长远收益。在线旅游是最复杂的 O2O，品牌和口碑的培养，社区的完善都需要大量的时间和精力，欲速则不达。

（4）顺势而为、因势而动、乘势而上

相比过去，用户决策和执行的周期正逐渐变短，对旅行尤其是"境外游"的态度越来越肯定，对深度自助游的需求也越来越大。比如以前是提前几个月看攻略、查询信息，现在可能一个周末就可以去一趟东南亚岛国。根据这种变化，穷游网依靠多年的用户积累、品牌口碑、社区平台以及"出境游"市场十几年的经验，进行社区内的"UGC+PGC"，不断吸引和扩大用户群体，利用数据挖掘和分析，推出应势产品，为用户提供最精准的智能推荐，帮助用户做出消费决策、生成个性化方案。

未来，穷游网会继续深耕"出境游"市场：定位"小而精"的用户群体；专注做垂直旅游，结合"UGC+PGC"，深耕内容，做深度化的旅游产品；区别于其他竞争对手搭建高质量旅游社区生态；创新的延伸产品如"穷游折扣"和"行程助手"，为用户快速做出旅行决策。

小结：穷游新义——穷富的穷？穷尽的穷！

穷游网从诞生到现在已经十年之久，在这十年之间，帮助中国旅行者出国玩得更加容易、体验更好的愿景一直未改，提供最准确、最实用信息、帮助用户做出更好的旅行决策的初衷也未变。但与过去相比，穷游的内涵确实发生了一些变化。在诞生初期，穷游网看重的可能是价格，即如何用最少的钱进行一次旅行。但现在，穷游的内涵却更加丰富。首先，穷游网注重的是具有较高性价比的体验，更多地考虑合不合适而不是价格是否低廉。毕竟住青年旅店跟住古堡的体验完全不同，完全待在高级酒店不与当地人接触也使得旅游在某种程度上失去了应有的乐趣。其次，穷游网想宣扬的是一种价值观——旅途无穷尽。无论你怎样走，无论是在旅行中还是在生活中，只要充满好奇心，充满乐趣地"走"下去，就一定会有意想不到的收获。

经过十年的积累沉淀，穷游网创造了一种良好的氛围，这也成为穷游网厚积薄发的一个重要优势，优质的用户、优质的数据库以及优质的社区这三种独特优势使得穷游网在商业化之后走得更加顺畅。而且现在穷游网已经摆脱了原来的"慢"公司时代，新的团队加之新的传播工具以及原有的口碑，都使得穷游在近几年呈现爆炸式增长。穷游网的价值就在于为大家提供准确旅行信息帮助用户进行合理消费决策。提供平台让普通人展示不普通一面，这就是穷游网的品牌力传播。

经过十年发展，穷游的穷，不再是穷富的穷，穷游富有更加深意的内涵，而这就需要游客在旅行中慢慢体验了。

3. 面包旅行——与你分享全世界的美好

面包旅行的名字来源于《格林童话》中小女孩通过记录"面包屑"的痕迹找到回家之路的故事，旨在成为旅行者旅游过程中像面包一样的必需品。它于2012年5月推出，是一款记录旅行轨迹、图文并茂分享旅行见闻、完整生成游记的旅行社交App。它致力于通过移动互联网技术帮助人们更方便地发现精彩、探索世界、享受个性化旅行的乐趣。同时在记录旅行的过程中与全世界同样喜爱旅行的人们沟通交流，分享美好的体验和记忆，以行交友。相比于蚂蜂窝和穷游网等已形成很大规模的旅游社交网站，面包旅行是一个新兴且专注于移动端的旅游出行应用软件。

面包旅行秉持"Life is a Journey（人生即旅行）"的观念，鼓励并帮助人们感受旅行、随时随地记录分享旅行瞬间，是提供个性化旅行信息与旅行服务的社区平台。你可以通过面包旅行来记录途中的点点滴滴，以结构化的方式存储，自动生成有条理的游记。

（1）面包自由行——带上面包去旅行

2015 年 5 月 23 日，面包旅行在三周年派对中推出了其全新产品——"面包自由行"。用户可以一键预订当地景点门票、旅行体验项目、城市交通、酒店、机票等全方位服务，省去查询攻略和指南的烦琐筹备，并且避免不同产品在不同平台购买的复杂操作，实现一站式购买，同步进行行程规划，更便捷精准完成旅行决策与消费。

通过整合全球目的地和用户个性化的出行需求，利用面包旅行各类旅行相关渠道资源，"面包自由行"能够为用户精准设计深入目的地的旅行方案和路线。这种以旅行产品的自由购买组合，直接实现行程规划，并可多人、多信息一键提交的产品功能形式，尚属国内首创。

另外，面包旅行还通过"旅行达人意见影响""大数据分析建议""朋友圈互动引导"三个层面，发挥"决策引擎"的作用，对用户消费需求进行拆分解读和针对性建议，从而推动旅行决策的快速制定，并最大限度地完成消费转化。

一个逻辑

旅游作为一个频次较低的刚需，兴起于成熟的旅游市场以及移动互联网的井喷发展时期，面包旅行在创新布局方面做出了探索，主打"移动社交 + 大数据挖掘"的产品逻辑。

两把利器——产品数据结构化与功能社交化

面包旅行没有选择像蚂蜂窝、穷游一样做旅游攻略，而是从记录旅行轨迹的玩法切入。用户通过图片、文字、视频等方式分享旅行见闻，而后台会自动以结构化的方式存储，自动生成有条理的游记，形成体验—记录—分享—社交的闭环，通过后台推荐、数据挖掘、用户交流等方式，改变传统的"旅行观"。

功能社交化

面包旅行的很多优质产品和攻略资讯，是靠口碑和高品质服务积累起来的。与微信合作后，面包旅行在树立口碑的基础上进一步提升了自身的影响力，增加了用户黏性。

通过面包旅行，用户不再需要借助搜索引擎、后台推荐来寻找旅游产品，而是直接通过社交场景便能获得，并收获有价值的旅游规划和攻略。比如在社交场景内讨论或分享目的地信息时，系统会自动将图文链接到面包旅行的相关内容，促使用户将旅行决策落地。

产品数据结构化

技术发展方向包括进一步加强移动端的优势，提供更好的体验；现有数据的继续挖掘；针对用户的社交关系做深度整合挖掘。

从产品规划上看，面包旅行通过对现有数据继续挖掘、对用户的社交关系进行深度整合发掘，将产品数据结构化，建立了用户大数据平台，并为提升旅游体验、提高旅游效率奠定基础。比如在2014年7月上线的泰国自由行App，其首创的"UGC游记—旅行计划—预定产品"服务流程和一直秉承的"移动技术提升旅行体验"理念，大幅提升了自由行用户的预定效率，帮助用户利用碎片化时间和社交关系完成旅行产品的预定。

整体来看，面包旅行就像一座桥梁，通过产品数据结构化和功能社交化提升用户的产品预订效率和旅游体验。

三个阶段

"第一个阶段是记录分享工具。通过记录途中的面包屑（旅途信息），用户可以保存珍贵的旅行回忆。第二个阶段是资讯工具，通过UGC产生的'面包屑'，可以为用户提供个性化的目的地攻略。第三个阶段是交易平台，通过把目的地旅行产品绑定到结构化的POI，用户可以在做计划的同时，轻松完成旅行产品预定"。[1]

未来，面包旅行会着重对大数据的处理和分析，将技术重点聚焦到三个方面：

第一，在快速发展的移动互联网时代，进一步加强和巩固其在移动端的优势，加快迭代速度，为用户提供更好的体验。

第二，重视数据积累，对现有数据继续挖掘。提升结构化数据的数量和质量，为用户提供更多更有价值的信息。

第三，针对用户的社交关系做深度的整合挖掘，和腾讯的合作将会具有很大的想象空间。

（2）移动互联网竞争的关键点

技术人才的优势

在移动互联网时代，用户对应用的忍耐度非常低。应用的稳定程度、便捷程度、速度都是影响用户黏性的重要因素。而这些都需要技术来保障，也就意味着技术人才是基础。

目前，面包旅行的团队总人数在60~70人。其中技术团队15人左右，分别是移动端6人，服务端和数据9人。虽然人数少，但面包旅行对每一位员工的要求都非常高。除了所需的专业技能外，员工还需要具备智慧、细心、责任心、团队能力、勇气与热情等，这也是面包旅行能在几年内迅速崛起的原因之一。

对用户的深入理解

做产品，最重要的是了解用户，甚至比用户更了解其需求。面包旅行关注到这一点，以技术手段作保障，通过用户在应用中的提及量、点击量等大数据深入挖掘用户未表达出来的深层次需求。

---

[1] 面包旅行获腾讯等5000万美元C轮融资［EB/OL］.（2014-12-22）［2015-08-16］. http://tech.qq.com/a/20141221/020518.htm.

小结:"你的生活就是我的旅行"

"你的生活就是我的旅行",面包旅行倡导人们享受个性化旅行的乐趣,旨在带领大家去全世界各个目的地体验不同的生活方式。面包旅行的使命是让人们更好地体验世界,希望通过丰富多样的旅行服务让更多用户可以真正实现"Travel like a local",深入地去体验当地人的文化和生活。在瞬息万变、竞争激烈的移动在线旅游市场中,面包旅行将发挥尊重用户个性需求和熟知移动互联网使用习惯的优势,通过人性化的功能和操作设计,真正为用户带来出行便利,满足每一个人的旅行需求。

未来,面包旅行将全面提升旅行信息和产品服务,让用户不仅可以与有旅行经验的朋友分享生活、旅行瞬间,同时还能够发现未知目的地和高性价比旅行产品,实现真正的个性化旅行。

(二)用户设计产品

从旅行社提供产品到 OTA 打包产品再到移动互联网时代的游客自制产品,现在的旅游业已不单纯是供应商的天下了。渴望个性化的游客已不满足于千篇一律的同质化产品,而是希望有自己专属的、能满足自己个性需求的旅游产品。所以,携程、遨游、大鱼自助游等 OTA 都已开始探索游客自制旅游产品,并上线运营。一方面将用户的需求变为现实,另一方面打造了与用户沟通交流的平台。

二、众筹旅游

"2014 年 4 月,青岛旅游集团在众筹网发起'海钓达人'众筹项目。投资人只要支持 100 ~ 2400 元的任意金额,就可获得海钓船的使用权,免费使用海钓工具,成为众筹网在全国推出的首个旅游项目。项目上线不到 24 小时即突破 117% 的成功率,成为旅游众筹在旅游线路项目的成功探索案例"。[1]还有宝中旅游众筹60万资金、携程推出的"讨盘缠"等都是旅游众筹的尝试与探索。

众筹，"英文为crowd funding，即大众筹资或群众筹资，香港地区译作'群众集资'，台湾地区译作'群众募资'。由发起人、跟投人、平台构成，是指一种向群众募资，以支持发起个人或组织的行为。众筹的形式最初是源于Facebook网站的'许愿'版块，陌生人合力捐资帮助许愿者完成心愿梦想。而众筹进入中国后则被'本土化'演绎，成了'立项—集资—获利'的新商业模式"。[2]

随着中国经济发展进入"新常态"，旅游业发展也同样步入新阶段。国务院总理李克强在2014年召开的国务院常务会议上提到"建立资本市场小额再融资快速机制，开展股权众筹融资试点。"众筹将成为金融发展的一大方向。在2015年全国旅游工作会议上，国家旅游局局长李金早提出了新的旅游六要素："商、养、学、闲、情、奇"，认为旅游已经从传统观光型向内容体验型转变，而这个过程即是旅游者全程参与的过程，也是旅游众筹发展的必要条件。

经过2014年，中国众筹元年的探索发展，众筹开始进入全民化，旅游众筹也进入大众视野。目前，旅游众筹主要有两种方式：个人通过社交化平台进行众筹或者通过专业平台进行众筹。

（一）个人通过社交平台进行众筹

随着"众筹"的神秘面纱被揭开，越来越多的年轻人开始接受和推崇这种模式，众筹音乐、众筹产品、众筹电影，甚至众筹旅游。

曾几何时，旅游只是作为个人的休闲娱乐方式，但现在因为有众筹，它也可以变为一种大众参与的行为。缺少旅游资金的年轻人可能会在微信

---

[1] 陈杰. 旅游众筹项目频遭搁浅［N］. 北京商报，2015-02-26.
[2] 纪法军. 旅游众筹前途光明道路很长［EB/OL］.（2015-01-26）［2015-08-14］. http://tour.dzwww.com/lvnews/201501/t20150126_11791828.htm.

朋友圈等社交平台上发布自己的"旅游梦想"和"众筹计划",予以投资者一定的物质或非物质回报。比如带回当地的土特产、从当地邮寄明信片回来、替你拜见久未谋面的朋友、替你做一件想做的事等,形式多样、花样百出。许多旅游众筹计划发布后,都得到了周围朋友、亲戚以及一些不认识的人的帮助。在旅游途中,众筹者还会在自己的社交平台上分享旅游中的故事、图片、经验,与未去旅游的众筹参与者进行互动。不得不说,这种形式很奇特、很精彩,可以让那些没有去过的人,少一点遗憾;让那些想去的人,多一份感动;让已经去过的人,多一丝回味。

但是个人众筹也会遇到一些问题。比如目前对众筹旅游还没有一个明确的管理规定;众筹时是否会出现银行账户泄露的情况;安全问题如何保障;众筹的资金流向如何管理和监督等都是未来需要各方共同努力规范和解决的问题。

(二) 通过专业众筹平台进行众筹

1. 众筹网

众筹网兴起于2013年2月,其平台上的旅游项目主要分为旅游线路定制、景区游乐设施改造、旅游客栈主题公寓、文化公益旅游等方面。

2014年4月11日,青岛旅游集团联合众筹网推出"海钓达人"众筹项目,投资人投资百元起即可"认筹",在4月26日9时之前只要筹资金额达到30000元即宣告众筹成功,成功后便可享受海钓的乐趣。这是青岛旅游项目首次涉足众筹项目,也是众筹网在全国推出的首个旅游项目。

2015年6月25日,"洛阳大唐牡丹园"奖励式众筹在众筹网上线,成为洛阳本土首个众筹项目,也是洛阳首个本土实操的"互联网+生态农业+全民回报众筹+新传媒"的文化旅游项目。该奖励式众筹套餐分为1元(限额10000人)、13.14元(限额1000人)、99元(不限额)、520元(限额50人)等四类,其中1元套餐包含爱情牡丹园赠送的爱情证书以及一次抽奖机会，奖品为园区门票 2 张和国内至洛阳双人高铁票（名额 20 个）；13.14 元套餐包含园区门票 1 张、认养牡丹 1 株、赠送刻有爱情故事的铭牌一个、亲手制作陶艺一个；99 元套餐及 520 元套餐内，除了包含园区门票、认养牡丹等项目，还将赠送牡丹温泉会馆门票及提供婚纱摄影场地等。

2. 众筹旅行网

众筹旅行网定位为"中国首家众筹旅行社交化平台"，专业为旅游项目提供众筹平台。

（1）实现梦想，说走就走

"来一场说走就走的旅行"是 90 后崇尚的休闲理念。事实上高频率高品质旅行所花费的费用、千篇一律的行程安排仍是众多经济实力不强而又追求个性的年轻人心头之痛。众筹旅行网基于敏锐的洞察力，以众筹结合旅游，打造全新的主题个性化、定制化的众筹旅行社交化服务平台，同时也是国内首家正规企业化运营的旅游众筹平台。

（2）创新众筹玩转全球

众筹旅行网以创新众筹理念运营旅游产品，通过平台发起线路众筹。用户可选择"参与""支持"等功能，让自己或他人获得免费旅游的机会，也可以选择"预售"的旅游产品，提前半年享受低于未来市场价格的产品。另外，平台还计划推出"许愿""期货"等新众筹旅游线路和玩法，颠覆以往旅游的刻板印象。

（3）社交互动个性出行

众筹旅行网依托优质的地接资源，为用户提供多样化、个性化的线路行程；围绕网友的社交需求，定期推出相关主题旅游线路，如单身派对之旅、自驾穿越之旅、树屋帐篷野宿之旅等，为年轻人创造爱情、生活、事业、修为提升等机遇；通过现金券抵扣线路费用等多种奖励形式鼓励用户分享个性攻略，积极与平台进行互动。

（三）众筹旅游中你不知道的新点子

1. 众筹旅游的主要旅游方式

跟团游：发起人描述旅游计划、承诺回报，为已有的旅游团筹集部分团友和资金，参与团游作为支持回报的一部分。众筹失败不影响原旅游团旅游计划。

组团游：发起人制定旅游计划、承诺回报，众筹全部团友和资金，参与团游作为支持回报的一部分。众筹失败即取消该旅游计划，或另做安排。

资助游：发起人指定旅游计划、承诺回报，众筹资助资金，支持者不参与旅游。

2. 众筹形式的旅游攻略

2015年，携程旅行网通过其拥有1.2亿用户的大型旅游社区推出手机"口袋攻略"。采取网友"众筹"的形式，让每一个普通游客都可以在上面分享自己的旅游体验，实时更新内容。打开携程手机App里的"口袋攻略"，每一个旅游目的地除了最基本的"吃、住、行、游、购、娱"六要素的介绍，还有上千名旅游"达人"的真实出行经历，由旅行编辑审核、分类、整合，为阅读者提供最新鲜全面、个性深度的旅游信息。

携程"口袋攻略"是国内第一部由网友"众筹"产生内容的在线旅游攻略书，也是所有中文旅行指南里面唯一一个带有用户点评内容的移动App。目前已覆盖百余个海外知名旅游目的地，覆盖中国旅行者首次出境游热门目的地的95%。攻略的作者来自于全球各地，以众筹的形式完成某一个主题的讨论，阅览者在观看的时候信息比较集中，阅读效率也更高。至今在线阅览量和分享量已累计超过500万次。游客在行前、行中都可以随时通过手机查看、刷新信息、基于最近期的用户体验和点评做出正确的判断，也可以根据自己的旅游体验更新攻略内容。

（四）众筹旅游应该是一套组合拳

目前，众筹项目多集中在资本、科技、艺术、影视等领域，而涉足旅游众筹项目极少。旅游群体的认识程度、旅游企业筹资习惯、众筹意向及旅游众筹的平台选择等目前都存在很多问题。

实际上旅游众筹不同于其他众筹，旅游本身就是一个面向所有群体的行业，而众筹所面向的受众群体也不确定。旅游群体与众筹群体既有区别又有交叉，旅游群体与众筹群体既是生产关系，也可以是生产力。旅游众筹根据自己的特性，应该是整体的一套系统，从项目的前期、中期、后期都可以众筹，众筹设计、创意，整个众筹过程，就是一个宣传推广的过程。在这个过程中，可以引导受众群体的身份性质转变。

众筹项目就是一个故事，故事就要面向愿意听这个故事的人。众筹群体可以转化成旅游项目的潜在群体，甚至是将旅游群体转化成众筹群体。比如嘉兴举行的文溪坞乡村假日狂欢活动中，旅游众筹就有很好的体现，前去旅游的游客全部都是投资人，他们既是项目的推动者，也是项目的参与者。

目前，专业旅游众筹类平台正在建立，成熟的综合性众筹平台也正在为旅游众筹开设专栏，旅游众筹是未来旅游业的大势所趋。

三、私人定制

私人定制是指根据消费者的需求，提供独特个性的产品。最早的私人定制源于16世纪欧洲的服装界，由于其精细完美的做工、唯一尊贵的特性，深得皇室贵族的青睐。现今，私人定制作为一种时尚的个性化消费方式正在世界各个角落蔓延，涉及各个领域，而私人旅游定制就是这种消费方式的延伸。

随着旅游人群的逐渐年轻化，80后、90后成为旅游主力。他们的成长环境决定了其旅游特点——追求个性化、新颖性，反对大众化、千篇一律的旅游路线和旅游产品。对于这些新时代的需求，OTA们开始探索怎样更新产品和服务才能让消费者满意。"私人定制"因其针对不同的游客类型设计专属的旅行方式和个性化的旅行路线而受到广大年轻消费者的欢迎。携程、同程旅游、遨游网等OTA纷纷在"私人定制"这方面进行了探索和尝试。

目前，国内定制旅游形式主要有三种："第一，单项组合定制：对消费者旅行过程中注入餐饮、交通、酒店等单一项目进行销售，属于较为初级的定制旅游服务；第二，旅行主题定制：按消费者的旅游需求和旅游目的制定科学可行的行程计划；第三，自主旅行定制：完全按照消费者的主张，充分满足其消费实力、时间成本和旅行体验的旅游产品，属于'纯定制旅游产品'"。[1]

当然，"私人定制"由于产品设计的复杂性以及调动资源的多样性，必然会比普通的旅游产品收费要高一些，但并不意味着"私人定制"一定就是高消费。目前来看，定制旅游产品一般比普通的旅游产品贵20%左右，但对于现在的年轻人来说，优质的旅游体验要比价格更具影响力。相比于传统旅游产品"拼价格"，度身定做、提升服务、强调个性化、专属化、一对一的高品质体验才是定制旅游的高明之处。因此，未来在中国，"私人定制"也是一个重要的发展趋势。

（一）定制旅游的多层次

旅游已经发展成一种大众休闲行为，但定制旅游目前还只针对少数人。一方面是因为定制旅游的特性导致其收费普遍偏高，另一方面，一些旅行社提供的定制旅游本身具备了更多的社交功能和商务价值。

但现在，很多旅行社开始推出针对普通游客的定制游，将已经成熟的产品线路根据游客的个性化需求进行调整，降低定制游的门槛。

（二）定制自由行灵活实惠

随着自由行在游客心中的认可度越来越高，旅行社开始推出灵活性更

---

[1] 郭羽. 旅游市场需求细分化主题定制游渐成新宠［EB/OL］.（2015-04-15）［2015-08-15］.http://roll.sohu.com/20150415/n411341216.shtml.

高的"定制团"服务，即少量游客成团的半自由行产品。旅行社会在确定大体旅游路线的基础上提供灵活的餐饮、门票、住宿、交通等项目，游客可以自行选择，既可享受团队游的价格和服务，又兼顾自由行的灵活性。

1. 携程旅行网的私人定制服务

2014年，携程旅行网推出私人定制服务，在专业人士的参与策划下，将电影场景复制到现实生活中，打造游客专属风格的私人定制游，为游客提供精彩、精致的独具匠心的旅行。当然，定制旅行并不等同于奢华，不需要花太多的钱就可以策划出特别的旅程。比如：跟随"千与千寻"的脚步；在斯里兰卡体验水上火车；薄荷岛欣赏海豚王子鱼跃的欢快；米克诺斯岛蓝白间，享受阳光沙滩天体浴。

针对私人定制服务，携程推出旅行向导，帮助游客实现"心有多大，足下就能走多远"的旅行诉求。向导会根据游客的情趣、爱好、时间、预算和旅行强度来策划包括线路、住宿、景点、餐饮、交通等行程，犹如贴身管家一般细心、专业地安排旅行的大小事务，为游客提供全程的信息咨询服务，解决出游准备过程中遇到的问题，让游客轻松快乐地坐享个性旅游计划。

到底是选择三亚森林温泉旅游区的度假酒店，还是去坐拥1.2公里珊瑚沙滩景致的酒店？是感受古城西安充满浓郁文化气息的酒店，还是选择接待各国政要的场所？是品味丝绸之路重镇敦煌具有独特西域风格的酒店，还是享受著名设计师的杰作？当游客陷入难以抉择之地时，携程专业的旅行向导免费答疑解惑，量身服务。包括酒店、机票、景点、门票、租车、美食、购物等一切旅游中会遇到的情况，只需扫一扫二维码或直接联系旅行向导，就完全不必担心。

2. 同程旅游的私人定制服务

2015年，同程旅游宣布成立数据应用中心，基于移动端深入研究用户消费行为和市场需求趋势，为同程旅游当前力推的休闲旅游"私人订制"模式提供大数据支撑。

截至 2015 年 3 月底，同程旅游已拥有超过 2 亿的无线端用户，安卓版客户端的累积下载量已超过 3.5 亿，总下载量超过了 6 亿，稳居在线旅游三强之列。另外，同程还拥有着全行业最丰富的休闲旅游产品线体系，庞大的移动端用户基数、大数据技术的应用和营销理念的不断迭代，使其更加高效地从移动端的快速扩张中获益。

在 2015 同程旅游节期间，"私人定制"的概念贯穿始终。以往单纯以低价面向客户端"狂轰滥炸"的套路被弱化，代之以更加精准的推进模式。在新的理念指导下，同程旅游节基于移动端大数据分析为每一位活动参与者准备了定制化产品，无论是价位还是产品属性都遵循了一个基本原则："不一定是最便宜的，但一定是最适合你的"。同程认为，基于移动端的定制化营销理念是摆脱低水平价格竞争的唯一出路，只有潜下心来研究用户需求、倾听用户的心声，才能在移动互联网时代做好用户体验。

3. 遨游网定制频道

2013 年 12 月，遨游网更新了其微信服务功能，加入"私人定制"服务，使有个性化旅行需求的客户能够找到咨询对象。只要关注遨游网官方微信并选择"私人定制"，即可通过微信留言获得客服专员的接待。微信"私人定制"服务项目包括：个性旅游、家庭旅游、私密小团、会议拓展及商旅合作等，用户只需提供目的地、时间、预算等信息，例如用户只需输入"您好，我想春节去巴黎，4 个人（2 个大人 2 个小孩），需要导游、接机、安排五星酒店，预算希望在 10000 元/人以内"等信息，便可在数小时内享受遨游网专业定制人员的行程规划服务。

伴随着在线旅游的发展，旅游行业将更加市场化、标准化、精细化，用户的旅游选择也将日益增多。消费者逐渐由要素组合需求向深入体验、享受优质服务的需求进行转移。作为传统旅行社电商化的代表之一，遨游网定位于做"专业度假"，除了微信之外还在网站、移动 App 等各方面增强专业服务能力，倾听客户需求。

2014 年 9 月 16 日，遨游网定制频道正式上线，旨在以专业的服务、优质的性价比，为游客提供可靠的个性化旅游服务。遨游网定制频道根据游客的需求，根据个人爱好、目的地、行程天数的不同，由资深旅游专家为游客1对1服务，从路线、方式和服务等方面为旅游者量身打造专属旅行方案。游客通过遨游网选择自己理想的价格，想要的航班，喜欢的酒店，想要走的景点，甚至一些特殊要求，遨游网的资深旅游专家会在半小时内与游客取得沟通，为游客定制最合适的旅游计划，帮游客订好机票、酒店，安排好景点、导游，制定完全合游客心意的旅游套餐，甚至还会有意想不到的惊喜。行程中，遇有紧急情况，游客可以24小时随时与紧急联系人取得联系，协助解决，保证旅行的安全。

遨游网定制频道依据自有的先天优势，将各种标准化要素与游客的个性化需求相结合，旨在为游客规划出既满足其个性化需求，又具有高性价比的旅游产品。

第四节 "互联网+"时代的旅游管理

一、智慧管理——让数据自己"说话"

简单集成型智慧旅游无法应对旅游信息数据,尤其是动态数据流存储与处理,各子系统界面各自独立,以保障集成系统运行为主,对数据融合与挖掘考虑不足。而"智慧旅游大数据主要来源于物联网感知系统、移动设备应用、各单位云数据共享、游客反馈、网站访客行为统计、人工采集提交等途径。智慧旅游管理信息化可对各渠道、各类型数据进行仪表式生动化价值分析,让数据自己'说话',使管理组织全面掌握目的地各领域的量化信息,从整体上了解目的地旅游业动态"。[1]首都旅游产业运行监测平台首先在"互联网+旅游"管理方面迈出探索性的步伐,虽然正处于初建期,许多功能和应用都需要进一步开发,但仍然会为未来其他城市智慧旅游建设提供可借鉴的宝贵经验。

"首都旅游产业运行监测平台是北京市在夯实智慧旅游建设环境基础上,进一步疏通渠道,协商整合资源,有序地推进智慧旅游建设进程的关键组成部分,实现了一个大厅(应急调度大厅),两个平台(基础设施平

---

[1] 首都智慧旅游行业运行监测平台运行效果良好[EB/OL].(2013-12-18)[2015-09-01]. http://www.ceccen.com/html/2013-12-18/2013-12-18_1387364453.html.

台、应用支撑平台），一库管理（旅游信息资源库），监测和应急智慧并重（产业运行监测系统、应急指挥处置系统）的工作要求，在全国旅游产业具有非常典型的示范意义"。[1]

二、政策调整

经历了互联网旅游的快速发展，政府的政策从简单的推动旅游业转向推动"智慧旅游""互联网＋旅游"的发展。

（一）由发展传统旅游到步入智慧旅游

1. 传统旅游的推进

2009 年，国务院出台《关于加快发展旅游业的意见》，提出要把旅游业培育成国民经济的战略性支柱产业和人民群众更加满意的现代服务业。

2. 智慧旅游的"破壳"

2014 年 8 月 21 日，国务院印发《关于促进旅游业改革发展的若干意见》（以下简称《若干意见》），《若干意见》中明确提出，要"制定旅游信息化标准，加快智慧景区、智慧旅游企业建设，完善旅游信息服务体系"。这是对 2014 年国家旅游局提出"智慧旅游年"主题的充分肯定，为旅游业的信息化和智慧化建设提供了政策保障。

同时《若干意见》提到，要"完善国内国际区域旅游合作机制，建立互联互通的旅游交通、信息和服务网络"，将移动互联与智慧旅游联系起来，认为要实现智慧旅游，必须首先实现不同地区之间信息和数据的互通有无。

另外，《若干意见》还提出要积极培养致力于智慧旅游建设的社会企

---

[1] 首都智慧旅游行业运行监测平台运行效果良好［EB/OL］.（2013-12-18）［2015-09-01］. http://www.ceccen.com/html/2013-12-18/2013-12-18_1387364453.html.

业："打破行业、地区壁垒,推动旅游市场向社会资本全面开放;支持符合条件的旅游企业上市"。为旅游创新企业提供了资本方面的政策优惠,也为其充分的市场运作提供了空间。

另外,针对智慧旅游"创新、开放、不同于传统"的核心理念,《若干意见》提出"要创新发展理念,坚持融合发展,加快转变发展方式,深化旅游改革"。

3. 智慧旅游的"加速"

2015年1月10日,国家旅游局印发《关于促进智慧旅游发展的指导意见》,从技术的角度对旅游信息发展提出建议,可总结为以下几点。

(1) 智慧的数据平台

规范数据采集及交换方式,逐步实现统一规则采集旅游信息,统一标准存储旅游信息,统一技术规范交换旅游信息,实现旅游信息数据向各级旅游部门、旅游企业、电子商务平台开放,保证旅游信息数据的准确性、及时性和开放性。

建立智慧旅游示范项目数据库,鼓励旅游企业利用终端数据进行创业,支持智慧城市解决方案提供商以及云计算、物联网、移动互联网应用项目进入旅游业,鼓励有条件的地区建立智慧旅游产业园区。

推进数据开放共享。加快改变旅游信息数据逐级上报的传统模式,推动旅游部门和企业间的数据实时共享。各级旅游部门要开放有关旅游行业发展数据,建立开放平台,定期发布相关数据,并接受游客、企业和有关方面对于旅游服务质量的信息反馈。鼓励互联网企业、OTA企业与政府部门之间采取数据互换的方式进行数据共享。鼓励旅游企业、航空公司、相关企业的数据实现实时共享,鼓励景区将视频监控数据与国家智慧旅游公共服务平台实现共享。

(2) 智慧的示范标准建设

支持国家智慧旅游试点城市、智慧景区和智慧企业建设,鼓励标准统一、网络互连、数据共享的发展模式。鼓励有条件的地方及企业先行编制相关标准并择优加以推广应用。逐步将智慧旅游景区、饭店等企业建设水平纳入各类评级评星的评定标准。

（3）智慧的融合发展

各地旅游部门要加强与通信运营商、电子商务机构、专业服务商、高校和科研机构开展合作，引导相关部门和企业通过技术输出、资金投入、服务外包、资源共享等方式参与智慧旅游建设。探索建立政产学研金相结合的智慧旅游产业化推进模式。

（4）智慧的旅游营销体系

依据旅游大数据挖掘，建立智慧旅游营销系统，拓展新的旅游营销方式，开展针对性强的旅游营销。逐步建立广播、电视、短信、多媒体等传统渠道和移动互联网、微博、微信等新媒体渠道相结合的全媒体信息传播机制。结合乡村旅游特点，大力发展智慧乡村游，鼓励有条件的地区建设乡村旅游公共营销平台。

（5）智慧的旅游管理体系

建立健全国家、省、市旅游应急指挥平台，提升旅游应急服务水平。完善在线行政审批系统、产业统计分析系统、旅游安全监管系统、旅游投诉管理系统，建立使用规范、协调顺畅、公开透明、运行高效的旅游行政管理机制。

在景区的管理中建立景区门票预约制度鼓励博物馆、科技馆、旅游景区运用智慧旅游手段，建立门票预约制度、景区拥挤程度预测机制和旅游舒适度的评价机制，建立游客实时评价的旅游景区动态评价机制。

（6）智慧的游客信息服务体系

充分发挥国家智慧旅游公共服务平台和12301旅游咨询服务热线的作用，建设统一受理、分级处理的旅游投诉平台。建立健全信息查询、旅游投诉和旅游救援等方面信息化服务体系。大力开发运用基于移动通信终端的旅游应用软件，提供无缝化、即时化、精确化、互动化的旅游信息服务。积极培育集合旅游相关服务产品的电子商务平台，切实提高服务效率和用户体验。积极鼓励多元化投资渠道参与投融资,参与旅游公共信息服务平台建设。

(二)"互联网+旅游"的新时代

1. "互联网+旅游"的挑战与机遇

"目前,大数据正成为继互联网、云计算、移动互联网和物联网之后引起广泛关注的新概念,将像能源、材料一样,成为战略性资源。美国政府已将大数据视为强化美国竞争力的关键因素之一,把大数据研究和生产提高到国家战略层面。可以预见,大数据应用将给中国经济发展带来新的机遇,深刻影响零售、金融、教育、医疗、能源等传统行业。"[1]

因此,旅游业应该紧紧抓住大数据的机遇,积极开展大数据技术应用,充分发挥示范效应,促进大数据产业发展及信息化建设。

在2015年全国"两会"上,"互联网+"行动计划被写进了《政府工作报告》。"互联网+"的提出为旅游业的转型发展打了一剂"强心针"。近年来,以移动互联网、云计算、大数据、物联网等为代表的互联网技术的发展,已经对旅游业产生了巨大的影响。而将其写入政府工作报告,是从政府层面肯定了它的发展方向和发展前景。

2. "互联网+旅游"VS"创业创新"

2015年6月16日,国务院下发《关于大力推进大众创业万众创新若干政策措施的意见》(以下简称《意见》),其中在创业的具体方向上,"互联网+"成为创业的具体方向。《意见》提出,"要加快发展'互联网+'创业网络体系,建设一批小微企业创业创新基地,促进创业与创新、创业与就业、线上与线下相结合,降低全社会创业门槛和成本;加强政府数据开放共享,推动大型互联网企业和基础电信企业向创业者开放计算、存储和数据资源;积极推广众包、用户参与设计、云设计等新型研发组织模式和创业创新模式。从创业创新的角度为'互联网+'旅游提供发展路径"。

---

[1] 蔡雄山."互联网+":法律政策怎么加?[EB/OL].(2015-03-08)[2015-08-14].
http://www.eeo.com.cn/2015/0308/273340.shtml.

3."互联网+旅游"VS"全方位融合"

2015年7月4日,《国务院关于积极推进"互联网+"行动的指导意见》提出,"'互联网+'是把互联网的创新成果与经济社会各领域深度融合,推动技术进步、效率提升和组织变革,提升实体经济创新力和生产力,形成更广泛的以互联网为基础设施和创新要素的经济社会发展新形态。在全球新一轮科技革命和产业变革中,互联网与各领域的融合发展具有广阔前景和无限潜力,已成为不可阻挡的时代潮流,正对各国经济社会发展产生着战略性和全局性的影响。积极发挥我国互联网已经形成的比较优势,把握机遇,增强信心,加快推进'互联网+'发展,有利于重塑创新体系、激发创新活力、培育新兴业态和创新公共服务模式,对打造大众创业、万众创新和增加公共产品、公共服务'双引擎',主动适应和引领经济发展新常态,形成经济发展新动能,实现中国经济提质增效升级具有重要意义。"

"到2018年,互联网与经济社会各领域的融合发展进一步深化,基于互联网的新业态成为新的经济增长动力,互联网支撑大众创业、万众创新的作用进一步增强,互联网成为提供公共服务的重要手段,网络经济与实体经济协同互动的发展格局基本形成。"

(1)社会服务

健康医疗、教育、交通等民生领域互联网应用更加丰富,公共服务更加多元,线上线下结合更加紧密。社会服务资源配置不断优化,公众享受到更加公平、高效、优质、便捷的服务。

创新政府网络化管理和服务。加快互联网与政府公共服务体系的深度融合,推动公共数据资源开放,促进公共服务创新供给和服务资源整合,构建面向公众的一体化在线公共服务体系。积极探索公众参与的网络化社会管理服务新模式,充分利用互联网、移动互联网应用平台等,加快推进政务新媒体发展建设,加强政府与公众的沟通交流,提高政府公共管理、公共服务和公共政策制定的响应速度,提升政府科学决策能力和社会治理水平,促进政府职能转变和简政放权。鼓励政府和互联网企业合作建立信用信息共享平台，探索开展一批社会治理互联网应用试点，打通政府部门、企事业单位之间的数据壁垒，利用大数据分析手段，提升各级政府的社会治理能力。

（2）技术方面

加快发展固定宽带网络、新一代移动通信网和下一代互联网加快发展，使物联网、云计算等新型基础设施更加完备，人工智能等技术及其产业化网络设施和产业基础得到有效巩固，应用支撑和安全保障能力明显增强，基础支撑进一步夯实提升。

结合高科技、新技术发展体验经济和共享经济。支持实体零售商综合利用网上商店、移动支付、智能试衣等新技术，打造体验式购物模式。规范发展网络约租车，积极推广在线租房等新业态，着力破除准入门槛高、服务规范难、个人征信缺失等瓶颈制约。发展基于互联网的文化、媒体和旅游等服务，培育形式多样的新型业态。

（3）发展环境

破除互联网融合发展面临的体制机制障碍，使公共数据资源开放取得实质性进展，相关标准规范、信用体系和法律法规逐步完善。

到2025年，网络化、智能化、服务化、协同化的"互联网+"产业生态体系基本完善，"互联网+"新经济形态初步形成，"互联网+"成为经济社会创新发展的重要驱动力量。

充分发挥互联网的高效、便捷优势，提高资源利用效率，降低服务消费成本。大力发展以互联网为载体、线上线下互动的新兴消费，加快发展基于互联网的旅游等新兴服务，创新政府服务模式，提升政府科学决策能力和管理水平。

案例：

2015年7月20日，山西省高速公路服务区与广州骇特商务咨询有限公司旗下"驴迹导游"产品建立了战略合作关系。经过一段时间的设计和布局，现在已经逐步在各服务区的门口、台阶、垃圾回收桶、厕所、自选超市、餐桌上，粘贴"驴迹导游"的宣传海报，人们只需用手机扫一扫二维码，就可以拥有一款集"导航、语音导游、拍照、分享、社交"于一体的电子导游软件。

驴迹导游产品整体立足于移动互联网络的技术支撑，有着广泛的受众群体，通过游客手机客户端实现互动和通联，实现手机导游私人定制的效果。其凭借国家首家独立开发的手绘萌版地图，引领旅游潮流新时尚，实现景区室内外GPS导航定位、多语音多风格智能语音讲解、经典路线酷炫轨迹、周边美食交通信息、基于GPS位置的即时通信等多种功能。

目前，该软件已利用云计算、物联网等新技术，对旅游景区、旅游网络营销、云服务平台、大数据挖掘等方面进行了深度研究，成功应用完善的技术方案与深厚的"智慧经验"促进210家景区完美转型升级，并取得了良好的经济效益和社会效益，有力地提升了区影响力与品牌形象。

山西省高速公路服务区与在各方面均居全球手机电子导游细分领域首位的驴迹导游合作，依靠现代科技的力量，共同提升山西省"互联网+"山西信息化水平，深入推进"互联网+"山西建设，实现文化旅游产业可持续健康发展，为到山西旅游的游客提供更便捷、更智能化的旅游体验和旅游服务。

4. "互联网+旅游" VS "投资消费"

2015年8月4日，国务院办公厅印发《关于进一步促进旅游投资和消费的若干意见》（以下简称《若干意见》），正式部署改革创新促进旅游投资和消费工作，明确提出要积极发展"互联网+旅游"。

《若干意见》提出6方面、共计26条具体措施，"并指出旅游业是我国经济社会发展的综合性产业，是国民经济和现代服务业的重要组成部分。通过改革创新促进旅游投资和消费，对于推动现代服务业发展，增加就业和居民收入，提升人民生活品质，具有重要意义。从国家层面肯定了旅游对国民经济的拉动作用以及改革创新的必然之路。"

（1）基础设施提升计划

《若干意见》明确提出要实施旅游基础设施提升计划，改善旅游消费环境。要建立健全旅游产品和服务质量标准，规范旅游经营服务行为，着力改善旅游消费软环境；鼓励依托城市综合客运枢纽和道路客运站点建设布局合理、功能完善的游客集散中心；到2020年前，实现重点旅游景区、旅游城市、旅游线路旅游咨询服务全覆盖；加强连通景区道路和停车场建设，加快实现从机场、车站、码头到主要景区公路交通无缝对接。

（2）旅游投资促进计划

《若干意见》提出实施旅游投资促进计划，新辟旅游消费市场。要制定全国自驾车、房车营地建设规划和自驾车、房车营地建设标准，明确营地住宿登记、安全救援等政策；支持建立国内大型邮轮研发、设计、建造和自主配套体系，鼓励有条件的国内造船企业研发制造大中型邮轮；制定游艇旅游发展指导意见，有规划地逐步开放岸线和水域，培育发展游艇旅游大众消费市场；大力发展特色旅游城镇，推动新型城镇化建设与现代旅游产业发展有机结合；大力开发休闲度假旅游产品；鼓励社会资本大力开发温泉、滑雪、滨海、海岛、山地、养生等休闲度假旅游产品，重点依托现有旅游设施和旅游资源，建设一批高水平旅游度假产品和满足多层次多样化休闲度假需求的国民度假地。

（3）旅游消费促进计划

《若干意见》指出，要丰富提升特色旅游商品，扎实推进旅游商品的大众创业、万众创新；鼓励市场主体开发富有特色的旅游纪念品，丰富旅游商品类型，增强对游客的吸引力，培育新的消费热点；积极发展老年旅游、研学旅行和中医药健康旅游等特色旅游方式。

（4）乡村旅游提升计划

《若干意见》指出，要坚持乡村旅游个性化、特色化发展方向，立足当地资源特色和生态环境优势，突出乡村生活生产生态特点，深入挖掘乡村文化内涵，开发建设形式多样、特色鲜明、个性突出的乡村旅游产品，举办具有地方特色的节庆活动；要完善休闲农业和乡村旅游配套设施，重点加强休闲农业和乡村旅游特色村的道路、电力、饮水、厕所、停车场、垃圾污水处理设施、信息网络等基础设施和公共服务设施建设；加强相关旅游休闲配套设施建设，开拓旅游消费的新空间。

（5）优化休假安排

《若干意见》指出要落实职工带薪休假制度，鼓励错峰休假，鼓励弹性作息。结合企业和员工的自身情况，将带薪休假与本地传统节日、地方特色活动相结合，安排错峰休假，激发旅游消费需求。

（6）加大改革创新力度

《若干意见》最后指出，要加大政府支持力度。落实差别化旅游业用地用海用岛政策；拓展旅游企业融资渠道，支持符合条件的旅游企业上市，鼓励金融机构按照风险可控、商业可持续原则加大对旅游企业的信贷支持；积极发展旅游投资项目资产证券化产品，推进旅游项目产权与经营权交易平台建设；积极引导预期收益好、品牌认可度高的旅游企业探索通过相关收费权、经营权抵（质）押等方式融资筹资；鼓励旅游装备出口，加大对大型旅游装备出口的信贷支持，促进旅游投资消费持续增长。

另外，《若干意见》明确提出要积极发展"互联网+旅游"。积极推动在线旅游平台企业发展壮大，整合上下游及平行企业的资源、要素和技术，形成旅游业新生态圈，推动"互联网+旅游"跨产业融合。支持有条件的旅游企业进行互联网金融探索，打造在线旅游企业第三方支付平台，拓宽移动支付在旅游业的普及应用，推动境外消费退税便捷化。加强与互联网公司、金融企业合作，发行实名制国民旅游卡，落实法定优惠政策，实行特惠商户折扣。放宽在线度假租赁、旅游网络购物、在线旅游租车平台等新业态的准入许可和经营许可制度。到2020年，全国4A级以上景区和智慧乡村旅游试点单位实现免费Wi-Fi（无线局域网）、智能导游、电子讲解、在线预订、信息推送等功能全覆盖，在全国打造1万家智慧景区和智慧旅游乡村。"

近几年，国家密集出台了许多关于旅游的政策，从宏观层面明确了对旅游业转型升级、创新发展的重视。随着"互联网+"大幕的拉开，不仅传统旅游业将迎来跨越式、颠覆式的变化，相关产业也必然会产生互动发展的"加速度"。不得不说，"互联网+旅游"的新时代真的到来了！

第四章

"互联网+旅游"的"症"与"解"

　　近几年，我国在互联网技术、产业、应用以及跨界融合等多方面均取得了积极进展，现已具备加速促进"互联网+"发展的坚实基础，然而也存在着一些问题，如：传统企业运用互联网的意识和能力不足、互联网企业对传统产业理解不够深入、新业态发展面临体制机制障碍、跨界融合型人才严重匮乏等。随着互联网时代的发展，上述问题亟待解决。

第一节 "脆弱"的网络硬件

"互联网+"的基础设施包括三个层面：网络基础设施、数据基础设施和标准接口的基础设施。基础设施作为"互联网+"发展的载体与基石，是"互联网+旅游"发展非常重要的部分。只有从战略高度看待基础设施，将这些硬件真正"硬"起来，才能使互联网与各行业真正"+"起来。然而，目前我国"互联网+"背景下的基础设施建设相对落后、急需完善和提升。

一、撑不大的"网"

"要想富，先修路；要想强，拆掉墙。"这些流传了几十年的俗语，完全适用于网络基础设施建设上。

2015年7月4日，国务院印发《国务院关于积极推进"互联网+"行动的指导意见》提出"巩固网络基础，加快实施'宽带中国'战略，组织实施国家新一代信息基础设施建设工程，推进宽带网络光纤化改造，加快提升移动通信网络服务能力，促进网间互联互通，大幅提高网络访问速率，有效降低网络资费，完善电信普遍服务补偿机制，支持农村及偏远地区宽带建设和运行维护，使互联网下沉为各行业、各领域、各区域都能使用，人、机、物泛在互联的基础设施。增强北斗卫星全球服务能力，构建天地一体化互联网络。加快下一代互联网商用部署，加强互联网协议第 6 版（IPv6）地址管理、标识管理与解析，构建未来网络创新试验平台。研究工业互联网网络架构体系，构建开放式国家创新试验验证平台。"

近几年，我国在互联网技术、产业、应用以及跨界融合等多方面均取得了积极进展，现已具备加速促进"互联网+"发展的坚实基础，然而也存在着一些问题，如：传统企业运用互联网的意识和能力不足、互联网企业对传统产业理解不够深入、新业态发展面临体制机制障碍、跨界融合型人才严重匮乏等。随着互联网时代的发展，上述问题亟待解决。

（一）Wi-Fi，能给力一点吗？

1978 年改革开放之后，我国社会经济得到了快速发展，如今成为仅次于美国的世界第二大经济体。然而，我国互联网的基础设施建设水平与其他发达国家相比，还显得比较缓慢与落后，尤其严重的是互联网技术自主创新能力还不高。目前已建成的网络设施，其质量还不能很好地适应互联网旅游发展的需求。

近年来，互联网从过去有线的互联网，发展成为无线的、移动的互联网。另外，随着移动智能手机的大范围普遍使用，互联网市场的规模持续扩大，互联网用户的数量继续增多，对移动网络基础设施建设的需求也越发强烈。与发达国家相比，我国互联网的普及率仍存在较大差距，平均网速也远远低于世界平均水平。在国内，城乡和区域之间的互联网普及率差距也很大。

据《ITU：2014 年全球宽带状况报告》显示，"在 2014 年初，互联网使用全球排名前十位的国家都位于欧洲，互联网普及率均超过 90%。77 个经济体中超过一半的人口实现了宽带连接。到 2014 年底，发展中国家的互联网普及率将达到 32.4%，最不发达国家则低于 10%。超过一半的世界人口，即超过 40 亿人仍无法定期或方便地使用互联网，这其中超过 90% 的

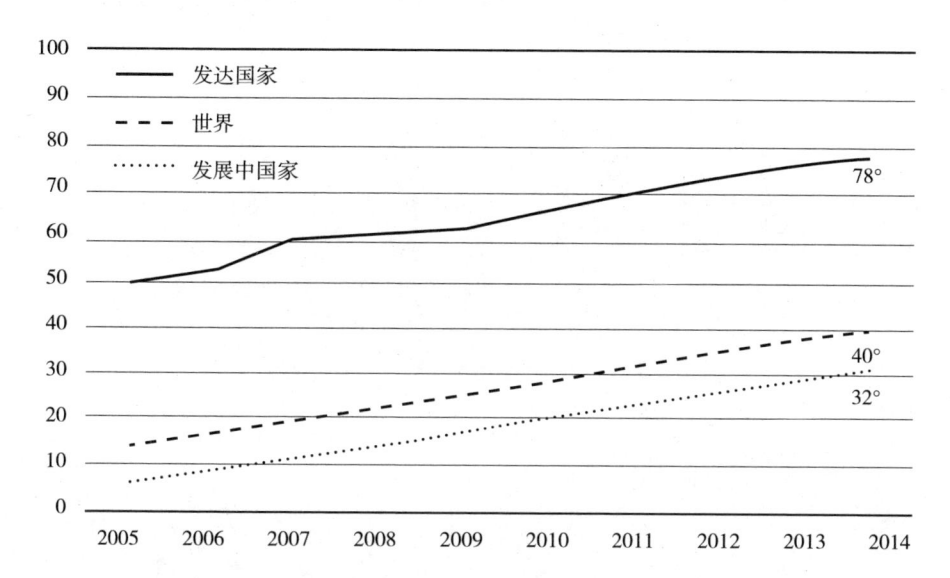

人来自于发展中国家。"[1]（如图 4-1 所示）

图 4-1　2006—2014 年全球网络普及率情况（100 个居民中网络用户的数量）

中国互联网络信息中心（CNNIC）在京发布的第 36 次《中国互联网络发展状况统计报告》显示，"截至 2015 年 6 月，我国网民规模达 6.68 亿，互联网普及率为 48.8%，较 2014 年底提升了 0.9 个百分比，整体网民规模增速继续放缓。"[2]（如图 4-2 所示）

截至 2015 年 6 月，我国手机网民规模达 5.94 亿，较 2014 年 12 月增加 3679 万人。网民中使用手机上网的人群占比由 2014 年 12 月的 85.8% 提升至 88.9%。（如图 4-3 所示）

截至 2015 年 6 月，我国网民中农村网民占比为 27.9%，规模达 1.86 亿，相比 2014 年底增加了 800 万。城镇地区与农村地区的互联网普及率分别为 64.2% 和 30.1%，相差 34.1 个百分点，差距较大。（如图 4-4 所示）

---

[1] 199IT 互联网数据中心.ITU：2014 年全球宽带状况报告［R/OL］.（2015-05-06）［2015-09-16］.http://www.199it.com/archives/345307.html.
[2] 中国互联网络信息中心（CNNIC）.中国互联网络发展状况统计报告［R/OL］.（2015-07-23）［2015-09-14］.http://www.ce.cn/xwzx/gnsz/gdxw/201507/23/t20150723_6022843_3.shtml.

图 4-2　中国网民规模和互联网普及率

资料来源：CNNIC 中国互联网络发展状况统计调查

图 4-3　中国手机网民规模及其占网民比例

资料来源：CNNIC 中国互联网络发展状况统计调查

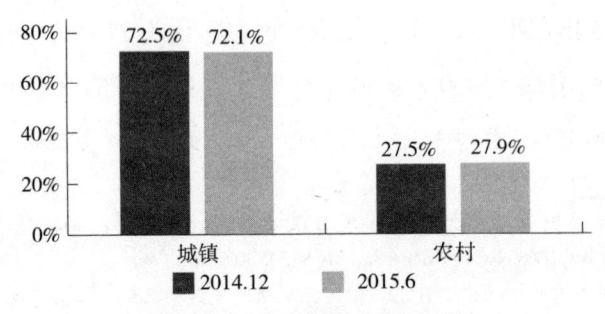

图 4-4　中国网民城乡结构

资料来源：CNNIC 中国互联网络发展状况统计调查

据 2015 年 2 月 18 日中国报告大厅（www.chinabgao.com）发布报告显示，"截至 2014 年 12 月，中国大陆 31 个省、直辖市、自治区中网民数量超过千万规模的达 25 个，互联网普及率超过全国平均水平的省份达 12 个。分经济区域看，东部地区 10 省中，有 8 省的互联网普及率超过全国平均水平，中部地区 6 省中仅有 1 省，西部地区 12 省中有 2 省，东北部地区 3 省中有 1 省，不同经济区域间互联网普及率差异非常明显。"（如表 4-1 所示）

表 4-1　2013—2014 年中国内地分省网民规模及互联网普及率排名

省份	网民数（万人）	普及率	网民规模增速	普及率排名
北京	1593	75.3%	2.4%	1
上海	1716	71.1%	2.0%	2
广东	7286	68.5%	4.2%	3
福建	2471	65.5%	2.9%	4
浙江	3458	62.9%	3.9%	5
天津	904	61.4%	4.4%	6
辽宁	2580	58.8%	5.2%	7
江苏	4274	53.8%	4.4%	8
山西	1838	50.6%	4.7%	9
新疆	1139	50.3%	4.2%	10
青海	289	50.0%	5.5%	11
河北	3603	49.1%	6.3%	12
山东	4634	47.6%	7.0%	13
海南	421	47.0%	2.3%	14
陕西	1745	46.4%	3.3%	15
内蒙古	1142	45.7%	4.5%	16
重庆	1357	45.7%	4.9%	17
湖北	2625	45.3%	5.4%	18
吉林	1243	45.2%	6.9%	19
宁夏	295	45.1%	4.2%	20
黑龙江	1599	41.7%	5.6%	21
西藏	123	39.4%	6.9%	22
广西	1848	39.2%	4.2%	23
湖南	2579	38.6%	7.0%	24
四川	3022	37.3%	6.6%	25

续表

省份	网民数（万人）	普及率	网民规模增速	普及率排名
河南	3474	36.9%	5.8%	26
安徽	2225	36.9%	3.5%	27
甘肃	951	36.8%	6.4%	28
云南	1643	35.1%	7.5%	29
贵州	1222	34.9%	6.7%	30
江西	1543	34.1%	5.1%	31

我国通信基础设施的建设和升级、运营商的积极推动以及网民对移动端流量应用的使用需求，共同推动了2G用户向3G/4G用户的迁移。截止到2015年6月，我国手机网民中通过3G/4G上网的比例为85.7%。但目前移动互联网还处于初始阶段，用户上网门槛高，流量支付费用高。

在中山市的一次关于上网费用的调查中，共722名受访者填写了问卷。统计数据显示，"超八成受访者认为上网费用太贵；过半受访者每月手机流量费在30元以上，其中每月流量费在50~80元的占14.54%；超一成受访者平均每月手机上网流量费在100元以上，其中有5.96%的受访者每月手机上网流量费超150元。"[1]

在回答上网费是否贵的问题时，有超过八成的受访者认为"太贵"，另有16.76%的受访者认为"贵"，仅有0.69%的受访者认为便宜。与此相对应，有98.48%的受访者支持下调上网费，不支持的只有1.82%。

另外，Wi-Fi上网已成为当今网民主要的上网方式。移动Wi-Fi在给网民带来流畅网络的同时，还让网民随时随地可享受到免费的Wi-Fi服务，潜移默化地改变移动用户的上网习惯，从而更加依赖Wi-Fi。

相对于未设置免费Wi-Fi的公共场所，可提供免费Wi-Fi服务的商场、咖啡厅、酒店等场所，往往更具吸引力。使用Wi-Fi的网民大多为80后、90后，甚至00后，这股新的互联网消费大军希望在可能长时间逗留的场所享受免费Wi-Fi。在公共Wi-Fi建设方面，景区、机场、码头、车站、商场、宾

---

1 王文杰，陈晓华. 公共场所免费Wi-Fi网速慢得像龟爬[N]. 南方都市报，2015-05-28.

馆、酒店、餐厅等旅游地的公共场所 Wi-Fi 覆盖率较低，无法完全满足用户的需求。

再如北京，从 2011 年开始，北京市就在一些公共场所设置免费的网络热点，并以"My-Beijing"命名 Wi-Fi 名称。按照设想，市民在火车站、机场、公园和主要商业街等 298 个地方，都可以用手机、电脑免费连接并使用该网络。

据首都之窗网站政府采购网页上的信息显示，该项目的中标金额为 4271 万元。"招标文件还对网络运营提出了一些具体要求，包括用户输入手机号码后，管理平台应于 60 秒内将密码通过短信提供给用户。招标文件中，还列出了共计 298 处提供免费上网的场所，其中 184 处为各级政府的办事大厅。此外，各大火车站、客运站、机场，部分公园、博物馆和主要商业街也都包含其中。"[1]

然而 3 年之后的调查发现，徒有着"My-Beijing"这一响亮名字的免费网络，却并不好用，很多地方都存在搜不到、连不上、用不了等问题。

（二）人、机、物，无法泛在互联？

如果说原来我们所说的信息化主要指的是人类行为的话，那么物联网时代的信息化则将人和物都包括进去了。未来，地球上的人与人、人与物、物与物的沟通与管理，将全部纳入新的信息化世界，使人们的生产更加效率、更加舒适、更加和谐。随着世界的智能化和互联网化，人、机、物"万物互联"成为一种趋势。

然而，目前看来，物联网发展相对缓慢，《2014 年中国物联网产业发展分析报告》指出其存在的问题主要有：

（1）"产业集中度低，边界模糊，物联网发展脉络难以把握。物联网产业链条长且分散。物联网每个产业环节都有众多的中小企业或者少数大企业，

---

[1] 王文杰，陈晓华．公共场所免费 Wi-Fi 网速慢得像龟爬［N］．南方都市报，2015-05-28．

但缺乏能够凝聚产业形成发展合力、具有产业引领和绝对话语权的灵魂企业。"而且物联网产业边界模糊，造成部分产业统计没有依据，统计难度大。

（2）"应用规模化和产业化水平的矛盾突出，大规模应用的临界点尚未到来。现阶段，物联网的应用规模化和技术产业水平存在矛盾。一方面，在应用开展的初期，部分产品功能单一、价格昂贵，产品精度和可靠性无法满足要求，难以推动形成规模应用和产品普及。另一方面，没有规模化的应用无法带动产业化水平的真正提升，部分技术仅仅停留在实验室层面、仿真层面，不能真正通过产品化发挥作用和创造价值。"

（3）"行业定制性强，物联网实现革命式突破发展难度大。物联网可以应用在经济社会生活的各个行业领域，而行业需求的差异性要求企业需要深入了解行业特点、明确行业要解决的关键问题、为行业进行定制性的设备研发和软件开发，一定程度上增大了企业研发的难度。同时，行业的差异性也带来了标准化的难度增大，产品无法实现有效互通。"

（三）天地一体化网络，仍未构建

目前，中国导航与位置服务的核心技术尚不完备，制约了产业的健康快速发展。据智研咨询数据统计，"'十二五'期间，导航与位置服务产业为了重点解决技术瓶颈，主要是突破三大核心技术：泛在精确定位、全息导航地图、智能位置服务；开展三类应用示范：研制导航与位置服务应用系统，开展公众、行业及区域应用示范，为政府、企业、公众用户随时提供内容丰富的位置信息服务；构建一个体系框架：面向未来导航与位置服务需求，构建国家定位导航授时体系框架"。

《国务院关于积极推进"互联网+"行动的指导意见》提出："增强北斗卫星全球服务能力，构建天地一体化互联网络。""北斗卫星导航系统由空间端、地面端和用户端三部分组成。其建设目标是建成独立自主、开放兼容、技术先进、稳定可靠覆盖全球的导航系统。该系统可在全球范围内全天候、全天时为各类用户提供高精度、高可靠的定位、导航、授时服务并兼具短报文通信能力。"未来，中国生产定位服务设备的生产商，都将会提供对 GPS 和北斗卫星导航系统的支持，会提高定位的精确度。

然而北斗卫星存在以下缺点：一是目前卫星数量还没有覆盖全球，还不能实现全球定位；二是北斗卫星属于主动式定位，需要客户机向卫星发送信息，这样很容易导致信息暴露；三是有限的服务，卫星要接收到客户机信息并响应后才能定位，一旦用户过多可能造成阻塞。

二、沉睡中的"金矿"

"互联网＋旅游"的发展离不开大数据，只有依靠大数据提供足够有利的资源，"互联网＋旅游"才能得以迅速发展。一座城市的旅游客源市场分布情况、哪些产品更受游客喜爱等信息均可通过大数据准确地反映出来，为精准营销提供重要的数据支撑，对决策营销产生了颠覆性的作用。但目前"互联网＋"的数据基础设施建设存在缺乏大数据思维、数据资源不公开、数据使用专业性不高以及隐私安全等问题，无法跟上新时期旅游发展的新需要。

（一）你不了解我

与云平台强大的计算能力、服务能力相比，云计算的知晓度并不高。很多客户从运用云计算的企业、科研机构那里听过"云计算"，但有五成客户并不了解云计算到底有哪些功能及其运行的模式。

在旅游行业中，仅有少数在线旅游企业，如：携程旅行网、艺龙旅行网、去哪儿等在使用"大数据"，其他大多数企业对于"大数据"还停留在认识阶段，谈不上应用。

（二）隔离着的彼此

旅游业最重要的信息资源有三点：一是关于旅游目的地，二是关于旅游产品和服务，三是关于旅游者的信息。在目前的旅游市场中，这些信息资源的不同主体之间都处于隔离状态。最主要的原因是信息资源未被重视，没有有效的搜集和适合的分享机制，或者信息的占有者不愿意相互分享。比如：国内大多数城市的旅游部门都建立起各自的旅游信息网络，各系统自成体系、各司其职、各自为政，而且数据交换接口不统一，导致信息沟通存在障碍。

目前，互联网是"大数据"的最主要源头，而且随着互联网时代的发展，人们越来越认可"大数据"的价值，将数据看作重要的资产平台。但是，想获得其他机构的数据资源并不容易。

以山东省旅游局为例。山东省旅游局属于较早开展"大数据"搜集和应用的行业管理机构，然而在进行"大数据"搜集时也遇到了问题。要想获得其他机构或部门的数据，必须付出一定的成本，甚至有些时候即使愿意支付费用都很难获得。

（三）难以捕捉的价值

"大数据"是极具价值意义的资源，在旅游行业的未来发展中应用前景也极其广阔。然而目前，整个旅游行业在使用大数据的过程中仍存在重重障碍。障碍首先来自如何对数据进行快速地采集。对比现在的数据库水平和数据增长的趋势，可以发现，数据增长速度比现在数据库的处理能力要大得多，因而采集难度也越来越高。其次，缺乏对数据进行专业的分析和挖掘能力也是大数据难以普遍应用的重要原因。

"大数据时代缺的不是数据，而是方法。"如今是数据增长爆棚的时期，每人每天都会产生各种各样的数据，然而如何收集、挖掘、利用这些数据才是问题的根本所在。

"大数据"技术的战略意义不单单在于占有庞大的数据信息，其最根本的意义在于专业化处理那些具有意义的数据。用来分析旅游者旅游信息与咨询服务需求的数据每天都会被生产出来，不仅数量庞大，而且具有即时性、非结构化的特性。由于数据是非系统化的，且不具有一致性和可靠性，现有的数据处理技术质量较低，常常难以满足进行大数据处理的技术需求。除此之外，进行大数据处理的代价也相对较高，从而导致了地方政府无法普遍实现将大数据应用在旅游信息与咨询服务中，大多数旅游企业也难以有效地进行大数据应用处理。

三、没有规矩，难成方圆

"标准是产业发展和市场竞争的核心要素，是实现产品、服务、管理与国际接轨的手段。"[1]加快旅游服务标准化建设，实施标准化引领战略，有利于统一旅游服务的建设标准，规范旅游市场的秩序，提升旅游产品、服务质量，提高旅游企业竞争力；有利于推动和促进旅游产业结构调整和优化升级，促进旅游业向产业化、品牌化、特色化和国际化方向发展；有利于促进旅游业发展方式转变，推进旅游经济持续健康发展。

纵观目前旅游市场数据基础设施建设的情况，旅游行业生产服务标准的滞后和相关接口不统一是"互联网＋旅游"发展的重要屏障，在跨界融合中已遇到了诸多因接口不统一而导致的重复开发和效率低下的问题。

（一）缺少平台，无力施展

目前，我国缺乏统一的旅游信息标准，各旅游地关于旅游资源信息的描述也千差万别，导致旅游信息收集困难重重，难以搭建完善的信息系统、基本数据库和旅游信息储存的云计算平台。信息封闭意识极大地限制了信息的共享，使旅游信息无法实现对接，造成诸多旅游企业实际操作不便，更导致相关企业数据运用的成本过高，从而阻碍了旅游市场信息化发展的步伐。总而言之，信息标准差异已成为旅游信息服务一体化发展的瓶颈。

例如 2013 年 10 月 2 日九寨沟风景区发生的游客滞留事件，约 7 万游

---

[1] 海南省人民政府.海南省人民政府关于实施标准化战略的意见：琼府［2011］15 号［A/OL］.（2011-03-16）［2015-08-22］. http://www.hainan.gov.cn/data/zfwj/2011/05/3607/.

客涌入最高负荷只有 4 万的九寨沟。因不满长时间滞留，部分游客翻越栈道、围堵景区接送车辆，导致九寨沟上下山通道陷入瘫痪，大批游客被迫步行十几公里下山。

九寨沟是国内建设最早、投入最多、获奖最多的数字景区和智慧景区，却仍然出现了大规模的游客滞留景区的现象。旅游黄金周所引发的道路交通拥堵、景区人流爆棚等现象，会使得旅游舒适度大打折扣，旅游安全也隐藏隐患。

形成这一现象的重要原因是我国旅游信息标准的不统一、地方景区管理各自为政，导致地方层面对旅游信息化建设缺乏准确的理解、有力的技术支撑，使景区客流量预测系统没有得到有效的完善。景区层面旅游信息没有得到实质上的对接，使得景区无法在旅游高峰时段，利用大数据平台，将数据及时整合并传递给游客，引导游客分流、疏导交通等有效的管理作用。

（二）尚未苏醒的本体意识

"由于我国标准是由政府主管部门制定之后再向企业宣贯执行的。目前相关旅游企业对标准的知晓度、认可度还比较低，标准化意识不强。虽然有中介机构和部分旅游企业开始介入标准制定，但还只是为政府部门起到参谋作用，其本体意识尚没有真正苏醒，在一定程度上阻碍了新时期旅游标准化的建设进程"[1]。

一方面，大多数旅游企业尚未依照要求建立起较为规范的标准体系，对旅游行业标准贯彻很不到位，尤其是法定计量单位应用欠缺，公共信息图形使用不规范；另一方面，旅游企业内部缺乏一套完善的标准化管理工作机制，导致相关行业如：商贸、餐饮、宾馆、信息等对相关标准认识十分欠缺，相关产业的从业人员服务中的规范意识不强，服务行为缺乏标准。

---

1 张熙物. 智慧旅游与标准体系建设的研究——以武夷山旅游为例[J]. 质量技术监督研究，2014（1）.

（三）多头管理，政出多门

在各地旅游发展初期，一方面地方政府足够重视，另一方面社会投资者也拥有较高的积极性，因此大多数地方基本都是政府出资、招商引资开发、民间资金利用共同进行旅游初始建设。然而随着时间的推移，旅游开发项目开始变为各方单独规划、各自进行开发，从而造成一系列不规范问题。大多数地方的旅游管理对旅游资源的保护、开发和宣传等存在各自为政、缺乏统一协调的问题。如：对风景旅游资源管理中出现管理分散、产权复杂等问题；对某些风景名胜旅游资源的管理，存在多个部门多头管理的问题，难以做到对景区的有效监督、协调发展；一些个体经营者开发的景点，由于在开发时只重经济利益，不顾社会效益，导致景点建设质量低下，管理较为混乱。

另一方面，目前很多旅游城市缺乏有效的标准化评估体系和监督机制。对标准实施的监督力度差，对广大旅游企业实施各级标准的督查尚未制度化，不利于旅游标准化的可持续发展和进一步完善。

四、对策：强本固基，夯实发展基石

"互联网+"基础设施的建设是保障"互联网+旅游"能够健康快速发展的重要驱动力。完善网络基础设施建设、数据基础设施建设以及标准接口基础设施的建设是互联网时代旅游产业转型升级的必然选择，是旅游服务质量提升的重要保障。

（一）接入一"网"，通天下

"互联网+旅游"是让旅游业搭载着"互联网"这双翅膀，从而飞得更高。在"互联网+"时代，除了泛在的接入，还需要更高的网络带宽来支持海量数据和图文共享等，从而为新时期的旅游业注入活力。

首先，既要提升互联网速度，又要降低流量资费。在提升互联网速度方面，政府一方面要尽快打破互联网行业的垄断局面，引入新的市场竞争者，促进市场健康竞争，推进互联网服务实现优质优价。另一方面政府还应该积极引导运营商，加速推进网络建设改造，力争形成有序发展的宽带市场以及互联网产业健康竞争的环境；在降低流量资费上，政府应该引导运营商全面改善互联网服务，在提高网络速度、降低上网价格的前提下，加快普及移动 3G、4G 以及光纤宽带网络，全面扩大网络覆盖的范围，实现宽带提速目标。随着手机网络访问速度、下载速度的提高，旅行者使用手机网络查询旅游目的地信息的兴趣会越来越浓厚，通过手机网络搜索旅游目的地信息的频率也会越来越高。

其次，在互联网旅游资源整合方面，政府和旅游企业要相互合作，加快"互联网＋旅游"的发展，实现旅游企业内部信息系统与互联网信息互通、旅游业与其他各行业的信息系统互联互通，建成覆盖全世界的互联网旅游系统。

最后，为了加强"互联网＋旅游"的发展，必须制定一系列相关法律法规，规范旅游业在互联网中的合法地位，解决网上交易安全和消费者权益保护等问题。

（二）征服数据海洋，让数据"发声"

运用大数据、云计算思维，采用合适的数据处理方法和流程，对数据进行有效整合，从而建立公开而有效的数据库对于"互联网＋旅游"时代来说有着至关重要的意义。

1. 改变，从思维开始

旅游行业应该积极培养大数据意识，由传统的数据认识思维转变为大数据战略性新思维。应该将大数据看作是旅游产业进行融合、进行兼并的战略性意义资产，利用大数据最终形成竞争优势。

对于旅游管理部门来讲，树立大数据意识具有战略意义。旅游管理部门为了在进行旅游决策时能得到更为可靠的依据和支撑，进一步提高效益，促进行业转型升级，需要对所有的数据进行深入挖掘和分析，包括旅游者在旅游过程中产生的所有数据、旅游企业在进行经营活动时产生的所有数据、旅游管理和目的地宣传活动中产生的所有数据等。

在互联网的发展下注重对数据进行收集和积累，特别是对于中小旅游企业而言，应该前瞻性的重视数据来源和积累，不能因数据在短期内使用不到，而不重视它的价值。此外，旅游企业应具备处理数据的能力，尽早对收集到的数据进行处理，从大数据中发掘出业务发展的主要信息，并针对处理的结果对旅游业的发展做出正确的商业选择。如：某酒店能根据消费者的个性特征以及其喜好来推荐更加精准的、更有吸引力的住宿体验；某旅行社通过整合旅游信息资源来开发对旅游者更具有针对性和个性化的旅游产品；某旅游景区能有效地进行客流疏导与管理调控等。

2. 跨越你我的鸿沟

当前，大数据中常常出现"数据孤岛"的现象，很难发挥其中蕴藏的价值，并使得旅游企业内部部门之间造成"壁垒林立"的状态。因此，应该建立旅游沟通机制，避免"数据孤岛"的持续存在。"应研究并出台我国相关的公共数据开放战略，将政府公共信息与数据率先向全社会开放，打破行业信息孤岛，加强信息资源的供给与传播，以提升可用性和利用率，确保社会公众能及时获取和使用公共信息；同时，逐步建立数据安全保护体系和数据开发利用的标准，确保数据的有效使用和相关方权益。"[1]

此外，当前我国对数据界限分析比较模糊，大部分的数据涉及个人的隐私。如何在二者之间做出平衡，应当从法律角度来划分。

3. 用人才让数据"发声"

大数据时代，掌握庞大的数据信息并不是大数据存在的根本意义，对这些储存数据进行挖掘和分析才是的重点。分析处理数据需要专业的数据人

---

[1] 《保密科学技术》编辑部.2015年全国两会委员代表信息安全建言综述[J].保密科学技术，2015（3）.

才，因而，培养大数据专业人才是当今数据发展的方向。

大数据专业人才不仅需要专业技术，还需具备扎实的统计学理论基础。此外，还需具备预测建模型的能力。专业人员要熟知大数据工作中所用到的数据分析软件，能够进行数据分析并有效地挖掘出专家提出的信息。最后，这些人才还应该具有良好的职业道德。所谓良好的职业道德是指对商业机密保密的意识。作为专业领域内的数据人才不可避免地会接触到大量的商业机密，为了保证企业信息安全、战略安全，数据人才应具有高度的保密意识。另外，提高数据人才的合作意识，注重对团队合作意识的培养，充分调动团队成员的资源意识，发挥数据的重要作用，对促进旅游企业的健康发展也尤为重要。

（三）有了规矩，方圆触手可及

旅游标准化对于促进旅游市场规范化、旅游业服务质量优质化等方面均起到了良好的先导作用，有力地推进了中国旅游业的健康快速发展。旅游行业的从业条件、资质离不开旅游发展中的标准化建设。只有促成旅游企业的管理行为、经营行为和服务行为的标准化、规范化的建设，才能促进旅游自身行为规范，实现旅游服务质量、水平、层次等方面的提高。旅游标准化对于旅游业的持续、健康发展有着重要的意义。

1. 提供一个基础平台

首先，必须搭建以准确、动态、共享的数据库为基础，能有效整合各类信息资源的平台。应该依照统一的设计标准来对旅游资源数据库进行规范化建设，从而为旅游者提供及时、准确、有效的旅游信息。而通过搭建智慧旅游资源平台可以将传统的管理方式转变为全新的信息集成管理方式：第一，将会转变对旅游行业的监管方式。通过对信息的有效收集、处理以及反馈，二度再造旅游组织业务流程；第二，将会提高管理的质量。通过全面收集、提炼以及整合公共信息和旅游者个人需求，可预先对信息加以细分，以便提高信息处理的质量，能更有效地进行前期智能分析和规划工作，分析得出的更为精确的信息数据将存储在资源平台供受众检索；第三，通过全新的管理实现更广阔的发展前景。通过提高旅游资源和信息的准确性、时效性以及组织性，打破阻隔，实现信息资源的共享，使得旅游行为方式顺应信息化浪潮发生变化，从而更好地提高智慧旅游行业的整体实力。

2. 从标新自我开始

旅游标准体系的建设还应该充分发挥龙头旅游企业的带头作用。一方面要鼓励龙头企业参与标准体系的制定讨论、反馈评估，并将其作为旅游标准化建设示范单位，使这些龙头企业具有主体意识，更好地实现标准的研发创新。另一方面，我国的旅游标准建设应与国际接轨。相关旅游企业要借鉴一些发达国家成熟的服务业管理理念和其富有成效的标准化建设成果；踊跃参与国内外旅游标准化活动，以便能全面及时地了解国内国外的旅游标准建设的进展情况，更好地制定符合企业自身现状和未来趋势的相应标准体系。

3. 坚实而有力的臂膀

首先，政府相关部门一方面应该加强指导企业标准制定，鼓励自身条件优越的相关旅游企业进行旅游企业标准的研究制定工作。另一方面，开展企业标准化工作来促使相关企业标准体系的进一步完善，促使相关企业管理水平、服务质量进一步提高，最终形成层次分明（包括国家标准、行业标准、地方标准和企业标准四个层次）、结构合理（以国家标准和行业标准为主，地方标准为补充，企业标准为自律）、覆盖广泛（覆盖吃、住、行、游、购、娱六大要素）、凸显特色（特色旅游项目制定标准）的旅游业标准化体系。

其次，重点落实旅游标准实施，在开展旅游标准化创建工作中，遴选旅游标准化工作基础条件较好的县（市）区、旅游企业作为试点，树立标杆、以点带面，通过宣传、培训、监督、指导等措施，加大实施国家、行业、地方标准的力度，从而扩大标准化的实施范围和影响力。

最后，旅游标准化相关部门应将旅游标准化水平纳入到全国旅游质量监管体系，依托各级旅游质量监督管理机构来加强对旅游标准适用性、标准贯彻实施有效性的监督和管理，同时应该鼓励各地方建立科学合理的旅游标准化工作奖惩机制，通过旅游标准化评估和信息发布，来引导旅游企业更好地贯彻实施旅游标准，进一步提高服务质量、进一步提高经济效益，并得两者有机统一起来。

第二节 "失联"的数据孤岛

100年前,如果有一种方式能让你听到来自千里之外的爱人的呼唤,你需不需要?

你的答案肯定是需要,这便是电话发明的原因。

如今,如果有一种方式能将所有的旅游要素汇聚成共用的数据资源池,完善整个旅游业界的生态体系,极大地提升旅游业的生产效率,满足人们更多元化的体验需求,带来巨大的经济效益,这样的连接我们需不需要?相信答案肯定也是需要。

目前,传统的互联网已经解决了上述部分问题,但离形成旅游业的数据生态体系还有很长的路要走。旅游产业链之间、传统旅行社之间、景区之间以及旅游六要素之间仍处于"失联"状态。

没有连接,也就没有跨界;没有跨界,就更谈不上融合与创新。在"互联网+×"的背景下,"+"便是连接,是跨界、融合与创新。连接成了新的要素,是价值和成长性的衡量尺度之一。而数据是生产力,没有连接的数据无法结构化,未被利用的数据几乎等同于垃圾。目前,在旅游行业中存在信息孤岛化问题,出现了信息处理的碎片化、分散化、表面化趋势,数据与数据之间没有直接互联起来,利用率不高,无法释放出其应有的价值。

一、断裂的数据链条

信息链是信息在旅游企业之间的互相传递中形成的。自发性和被动性是信息链的双重特点。各企业在价值链、企业链、供需链和空间链的作用下，进行信息交流，最终形成信息链。但纵观旅游产业链现状，企业之间存在信息不共享的情况，虽然有一定的信息流通，但少而不畅，影响了整个旅游活动的质量和效益。信息链得不到人为的优化和管理，这种不稳定状态直接影响了相关的价值链、企业链、供需链和空间链。

（一）互不信任，互不交流

信任在交易中有十分重要的作用，只有其中一方认为自己交易伙伴的承诺可以信赖时，才会履行自己的义务。因此也可以说信任具有行为导向性。企业间越相互信任，其共享的信息层级就越高。

当下的企业互相缺乏信任。为了减少由于信息不完备而对决策效果的影响，企业在经营决策时渴望尽可能多地获得信息。同时，由于担心合作伙伴滥用信息并且占有额外利润，一些企业会刻意掩盖自己的成本、产量、采购价格等信息，从而使得自己在竞争中更有力。

比如自驾游、自由行等开车出门停车难的问题。针对这一状况，从2014年下半年开始，市场上陆续催生出各种停车应用，其中大多以停车导航为切入点，剑指释放闲置的车位资源，努力打通与停车场的合作。然而，这一过程却并不顺利。

车位共享受阻碍，关键在于供给端，即把大量停车场快速地整合到平台上来；而停车本身是一个十分传统的行业，涉及停车场管理人员、物业公司以及停车运营的管理公司，背后的利益结构错综复杂，作为新型的互联网应用，并不能马上打通这些链条。

深圳停车百事通总经理李国伟表示："停车百事通从去年开始找停车

场洽谈,希望对方把数据开放给他们,为日后做车位信息的及时共享做准备,但对方的积极性并不高。优化车位管理对于他们来说不是刚需,所谓增加额外收入只是锦上添花的事情,更何况这幅收益蓝图不知什么时候能实现。因此,停车场可能会开放一部分资源去尝试,但如果效果不明显就不会再有兴趣合作了。"[1]

(二)信息共享的利益平衡点在哪里?

在旅游供应链中,企业之间实现信息共享所带来的额外利润可能存在分配不均的问题。从企业的角度来看,信息主要来源于旅游下游企业,但是由信息共享对整个旅游供应链绩效改善而带来的利润增加则主要体现在旅游上游企业。因此,下游企业在信息共享上缺乏主动性,常常自己掌握私有信息。同时,信息共享活动难以监测,"个人理性"的作用会导致企业产生"机会主义""搭便车"的意图。

未来,传统旅行社要么变成 OTA 的零售渠道;要么变成产品供应方,也就是与携程、去哪儿、同程旅游等网站展开合作,从而成为这些 OTA 网站产品供应方。如:中旅在淘宝网开设了中旅总社旗舰店,就是为了积极寻求第三方销售平台来销售自己的产品,这样旅行社既成为供应方也是店铺经营者。另外,还有一些旅行社将微博、微信等变为产品销售的宣传平台和阵地,比如凯撒旅游就经常在微信推送促销等兼有图文的相关信息,其链接的形式也方便于转发。

然而,"因为借助了 OTA 平台,在高端游客市场的份额中留给中小旅行社的部分不会太多。优质高端客户互相之间的传递效益和其背后隐藏的巨大市场可能将一并被 OTA 优先抢占者夺取。那对于传统旅行社来说,利

---

[1] 周上祺,梁卓慧.停车 App 小步走 从停车导航到共享数据成拦路虎?[N].南方都市报,2015-03-09.

益分配公平性根本没有保证。"[1]

（三）对泄露核心机密的担忧

供应链在产业链中属于一种动态联盟的形式，也就是说它将随市场机遇的产生而形成，也将随市场机遇的消失而瓦解。每个参与者都有自己的核心竞争优势和商业机密，况且他们并非永久加入该供应链，因此过度共享信息也就意味着危险的迫近。实际上，每家供应商不会只与一家旅行社建立长期合作关系，每个旅行社也不会只与一家供应商建立战略合作关系，因此旅游供应商和旅行社都有可能无意中泄漏相关信息，使对手有机可乘。这样，信息共享不仅没有使企业获得收益，反而为经营带来了风险。

2013年10月3日，百名旅客在北京南站进站检票时，因票面信息与个人信息不符而被拦下，滞留火车站近4个小时。这些旅客都是携程的用户，购买了携程"国庆青岛三日自由行"的产品，订票时把自己的身份信息提供给了网站，没想到在进站时却发生了火车票"人不对板"的窘况。

对此，携程表示，游客所持火车票上的身份证号码是供应商自行获得的，与携程毫无关系。携程有着严格的信息保密制度，不会将用户的相关信息提供给第三方使用。携程严格按照火车票预订的相关规定，向供应商提供游客相关的订票信息，有着严格的信息保密规定，不应该发生信息泄露的事故。

携程对用户信息保护的如此严密，却还是出现了失误。这是因为携程既提供自营的产品，也提供第三方的产品。对于第三方产品，携程不可能全方位监管，只能起到一个平台的作用。虽然事件的大部分原因在于供应商违规操作，但毕竟涉及资源共享中信息的安全性问题，造成了游客出行受阻，也给携程带来了一定的负面影响，带来了一定的经营风险。

---

[1] 旅行社线上运营艰难 精耕细分市场是王道（2）[EB/OL].（2013-12-19）[2015-08-20].
http://www.sxdaily.com.cn/n/2013/1219/c339-5306851-2.html.

二、内部的"孤岛"

旅游行业的信息得不到有效的沟通和分享,信息化水平也不高,不能满足消费者需求,这也就是所谓的信息孤岛现象。旅游行业的各部门、各企业之间都缺少有效沟通,比如旅行社、景区、旅游协会、旅游单位、旅游企业等各自都掌握很多旅游信息,但是缺少对信息的整合利用,所以其信息的价值并不大。我国旅游信息技术应用已经有了将近二十年的发展,然而对于信息的管理和应用依然处于初级阶段,信息传播和应用效率极低,各旅游企业对于市场的反应迟钝,信息资源共享率低,规模效益并不明显。同时还存在网络信息更新和处理不及时,数据库资料不完整的问题,而相关专业化信息分析的技术人才也较缺乏,使得信息化管理和服务力量极为有限。

(一)关着门自己做买卖

从旅行社自身来看,首先,由于没有实现管理信息化,旅行社内上下之间、部门之间各自为政、资源独享,彼此间信息不畅和滞留,削弱了旅行社整体实力。其次,各部门之间以及部门内部客户信息不能共享,造成重复工作,使得工作效率低下,增加了成本。

从旅行社与旅行社之间来看,国内 B2C 模式的旅游电子商务网站数量剧增,但大多数网站的旅游票务信息处理都维持在局部范围,旅游信息资源较为分散,造成了彼此信息不能进行及时、有效地传递,信息共享性差的状况。从而直接导致了旅游电子商务网站在设计旅游产品时缺乏对市场的信息参考、大数据计算,不利于生产出具有差异性、创新性的产品。反而易引发彼此之间盲目地竞争、不规范地经营,甚至造成欺诈现象。

(二)不在意互通,只关注客流

旅游景区合作是区域旅游合作非常重要的部分,它的合作方式、格局都有自己的特征。旅游资源的共生性、连续性体现在景区之间应加强信息的共享与合作，尽量减少旅游产品的替代性，降低旅游者的交通障碍和经济成本，从而增加旅游产品的经济价值，满足消费者日益多样的、个性化的需求，令生产要素合理配置，共同维持市场秩序。

然而，多数旅游资源隶属不同景区、行政区划和行政部门，跨越县或市的边界，使得资源分割分管、信息数据孤立、多头管理。大多数的景区之间旅游信息也没有得到有效的传递，旅游景区没法有针对性地进行客流疏导和调控，景区的管理者也没法及时了解景区的经营情况，游客也没法及时掌握和反馈各类旅游信息。这些导致了管理者缺乏有效管理、景区之间的盲目竞争以及游客出游的不便，从而阻碍了旅游活动的正常运行。

以西安为例。通过"百度"搜索引擎对西安、咸阳、渭南、韩城、宝鸡、铜川、汉中等市区的旅游网进行搜索可知，各城市均已建立自己的官方旅游网站，网站内容大体一致，即介绍本地景区景点、风土人情等。但目前各景区之间的资源信息融合仍处于初级阶段。除西安旅游网外，其他的旅游网站均缺少与旅游景区和其他地区的旅游景区以及相关旅游企业的关联信息提供，仅限于对本地旅游资源的介绍。其信息共享的发展远远落后于信息化的需求，阻碍了以"大旅游、大区域"为目标构建西安旅游城市群的进程。

（三）连不到一起的"吃、住、行、游、购、娱"

移动互联时代的到来意味着旅游产业内部之间可以在移动互联技术的支持下，高效、快捷地互相传递、共享信息，合理分配旅游资源。信息的共享可以实现旅游的虚拟一体化，让游客轻松完成旅游规则。同时，旅游产业内部相关企业之间进行积极的信息交流能为旅游产业实体虚拟化提供有力的指导。将旅游产业链中的各个企业从虚拟和实体两方面紧密地结合起来，有利于旅游产业集群式发展。

但目前，由于技术、旅游产业内部自身特点等因素的限制，旅游信息化水平并不高。旅游业务只能以"半信息化"方式开展，存在信息数据共享程度低，联系不紧密等问题，造成了旅游资源得不到及时有效地分配、资源浪费等现象。产业内部，旅游企业之间各自为政，缺乏一体化的思考，造成游客在"吃、住、行、游、购、娱"上只能分时、分地完成，无形中加大了游客的旅游成本，同时也造成了游客身体和心理的负担，为旅游带来不便。

三、外部的"失联"

网络信息化时代旅游消费的一个重要特征是需求泛化。其中旅游者需求泛化指的是在多种不同的情景环境下，来自旅游信息的各种诱导致使旅游者的旅游需求变得更加广泛。一方面旅游者需求泛化促使了旅游产业与多种产业进行融合，而另一方面旅游的跨界融合反过来又促进了旅游需求的泛化。

网络信息化时代旅游消费的另一个重要特征是信息共享。信息高度共享对旅游产业深度融合提出了更高的要求，这是因为其触发了旅游者瞬间产生"泛化需求"的现象，促使旅游信息服务的提供者快速整合相关的旅游产品信息服务资源，以便快速响应旅游者的瞬时需求。

"互联网+旅游"也以互联网为平台正在向第一和第二产业渗透，为农业、工业等相关产业带来新的发展机遇，提供广阔的发展空间。旅游信息共享能破除旅游产业发展中存在的政策、市场、交通、服务等障碍，进一步提升旅游经营的专业性和集团性。但是，由于技术或产业特性的不同等原因，目前，旅游产业在寻求与其他产业的融合时，信息共享仍是开展协同合作、共同发展的痛处。

（一）难以突破的行业壁垒

制度障碍的存在是影响旅游产业与其他产业信息共享、融合发展的原因之一。"制度障碍主要包括产业政策管制、产业管理管制和市场垄断结构。我国旅游产业的管理体制与各产业、行业的管理体制一直以来都是条块分割与行业壁垒并存的体制,各产业和行业出于各自管理目标的需要形成了各自的政策和制度规定。"[1]他们在纵向体制上必须遵循不同的上级管理部门的管制。

因为各自所处市场竞争、垄断的程度情况的不同,导致其他产业企业要素进入时面临着不同程度的制度障碍,大大阻碍了融合的推进。例如在体育产业与旅游产业的融合中,体育产业的严格管制便成为融合的制度障碍。只有克服或变革这不恰当的政策与管制,才能促进旅游产业与其他产业进行融合、进行信息交流,才能抓住提升旅游产业竞争力的良机。

(二)心有余而力不足

旅游企业与相关企业所具备的能力也是影响双方信息共享、共融的原因。"能力障碍主要包括企业整合能力、知识学习与创新能力。"[2]

倘若认为可以通过变革制度和政策形成的环境来使其得以完善,那么企业能力方面的障碍提高便不是那么轻易就能实现的。先不考虑不同产业的企业间能力上存在的极大差异,即使企业意识到了有必要与其他产业的企业进行交流融合,在实施融合的过程中,能力不够仍然会影响其进程。

经过30年的发展,我国旅游产业虽然已形成了一定的产业规模,但是在微观层面上,众多旅游企业的核心竞争力仍不够强大。而共享和融合是双方甚至多方的事情,这就导致了其他产业在寻求与旅游产业的交流融合中,即使拥有强大的资本实力、先进的商业运作模式优势,也很难出现良好的交流共享的效果。

---

[1] 徐虹,范清.我国旅游产业融合的障碍因素及其竞争力提升策略研究[J].旅游科学,2008(4).

[2] 徐虹,范清.我国旅游产业融合的障碍因素及其竞争力提升策略研究[J].旅游科学,2008(4).

在目前旅游行业的发展中，与传统旅行社前景困难重重形成鲜明对比的是在线旅游发展得如火如荼。传统旅行社积极寻求"上线"，不少旅行社也开始走上了触网之路。传统旅行社发展线上业务，不仅是定位的变化，且在人才储备上更加需要大量既懂旅游又懂互联网的人才。大型的传统旅行社由于长期的资本、资源的积累能支撑其寻求自我转型或者谋求与线上旅游企业合作。然而，中小型旅行社由于资金有限，在产品设计、市场推广、建立完善的销售网点以及寻求线上旅游企业合作上普遍力不从心，更无法进一步进行信息共享与交流。

"2015年4月21日，山东省旅游局在泰安市'山东旅游O2O泰山会盟'大型旅游招商、营销结盟活动，在线上旅游'大鳄'与线下旅游'精英'之间全面展开。省旅游局局长表示，山东的旅游企业发展规模参差不齐，大而强的少，小而散的多，各自为战，终究难以形成规模化发展。"[1]

如今线上旅游"大鳄"已经形成了气候，然而由于技术服务问题，延伸到线下时，频频暴露出跟不上需求的情况。这便也成为线下对线上旅游运营商投诉上升的原因，严重阻碍了双方合作交流的进程。

（三）孤芳自赏的创新尴尬

旅游企业能否积极寻求与其他产业进行信息共享、促进旅游企业与其他产业进行融合很大部分取决于有无市场需求。创新是旅游产业通过与其他产业信息共享、寻求融合的本质特征，通过融合、创新而形成的新型旅游产品在进入市场时，均会面临来自市场的考验，会遇到市场是否愿意接受、是否有能力接受等问题。假如出现了融合型创新产品被市场拒绝，这便意味着它缺乏市场需求，那么将很难形成具有竞争力的产业融合。

再者，游客消费支付能力的高低、新产品价格的高低、游客学习能力的高低与其能否接受融合性创新产品也具有一定的关系。随着时代的进步，在

---

[1] "泰山会盟"推动山东旅游融合升级（1）[N/OL].新京报，2015-04-17[2015-09-01]. http://epaper.bjnews.com.cn/html/201504/17/content_572178.htm?div=-1.

目前国内旅游市场的顶端，已经形成了一批具有较高支付能力、较强学习能力并且踊跃尝试新鲜产品的游客群体。在发育时间不长的中国旅游市场中，游客的消费惯性、观念还未固化，供给方应积极引导游客，创新管理营销。

四、对策：连接一切，共建共享

随着时代的发展，"互联网+"成为新生态，在这个新生态里连接着越来越多的实体、个人和设备。互联网已从传统的虚拟经济转变为主体经济社会不可分割的一部分。经济社会的每一个细胞都需要与互联网相连，互联网与万物共生共存成为大趋势。

当前，各行各业正面临着如何通过连接进行融合寻求新发展，旅游产业也不例外。连接这一切的基础便是信息共享，再加上旅游产业本身具有的综合性和渗透性，决定了它必然需要对内对外打通一切，共享信息，才能更好地适应"互联网+"时代。

（一）从一根相通的链条开始

"互联网+"新时代已经来临，其具有的信息共享性、智能化、融合化、个性化等特点正促进着各行业寻求新变化。当前旅游产业链中各产业应积极与理性地迎接这种新变化，理清互联网时代为旅游产业链带来的影响，并将新兴的互联网技术融入旅游产业链中去实现各环节信息的共享，更好地融合从而优化旅游产业链，促进旅游业进一步发展。

1. 从产业链竞争到生态圈

只有从旅游产业链的整体利益出发，紧密结合自己企业和合作伙伴两者的利益，才能建立起旅游产业链中成功的合作伙伴关系。例如：企业竞争不再是单一企业间的竞争，而是转变为供应链与供应链之间相互的竞争，进一步使供应链上各主体获得赢利。这样才有利于维持产业链合作各方持久的合作积极性与主动性，才有利于合作双方进行长期的信息共享，旅游产业链之间的积极的信息交流才能为旅游产业实体虚拟化提供重要的指导作用。将旅游产业链中的各个企业从虚拟和实体两方面紧密地联系起来，才有利于旅游产业集群式发展，最终促使产业链获得更大的盈利、更强劲的竞争力，维持长久稳定。

2. 一个"苹果"公平分

信息共享的程度直接受实现信息共享后的再分配多少的影响。如果要更好地调动产业链上各参与方的积极性，就要保证产业链上参与信息共享的主体最终获得的利益必须大于产业链上不参与信息共享的主体所获得的利益。同时，对利益不能平均分配，而应该依照产业链上的各主体为总收益所做出贡献的大小进行相对公平的分配。

2015年4月24日，携程宣布旗下入驻的知名旅行社数量已突破2000家，并与华远、众信、凤凰旅游、竹园、凯撒旅游、国旅总社、中旅总社等60多家核心供应商达成全面合作，上万条暑期国内和出境游旅游线路也已经先于市场上架，旅游者可选的跟团游线路突破3万多条。

携程发布了针对线上、线下旅行社的"门户开放"与合作共赢政策。第一，在开放程度上向全行业开放，把供应商品牌作为产品搜索维度，直接对外展示品牌；在同一产品推荐排序体系，以用户选择为标准优胜劣汰；不干涉供应商与其他平台的合作。

第二，在客户服务上，相比一些代售和网店平台，携程提供预订前后的客户服务和系统支持，为消费者提供"六重旅游保障"等售后政策，为合作伙伴承担巨大的费用和人力成本。

第三，在结算周期上，携程对平台的核心旅行社供应商实施"T+7"政策，客户预订后七天结算，相比同行30天以上结算，极大缩短旅行社资金周转周期；"T+7"政策将进一步覆盖平台上更多的中小旅行社。

第四，在价格和利润上，携程并非采用急功近利的手段盲目地榨取供应商，而是寻求和供应商共同维系合理的利润关系。在不损害供应商和消费者利益的前提下，携程将不惜投入以确保价格竞争力。

携程旨在以大平台、大投入、大创新，最大限度保护供应商的利益，服务好消费者。吸纳更多旅行社入住到在线旅游平台，以此顺应当今休闲旅游向"线上"、移动端等迁移的大潮流。同时，携程为了更好地维护旅游行业的健康发展，便提倡线上线下各个主体应该相互进行"门户开放"，实实在在地为供应商和客户利益着想。

3. 让"偷窥"难上加难

实际上，信息共享会给旅游企业带来一定的经营风险，为了防范风险，旅游产业链上的企业应做好以下几点：第一，应该要有安全范围意识，要决定好共享信息的范围，把握好信息共享的尺度，从信息容量上加以限定；第二，要明白，处于旅游产业链上的每个个体都是信息共享者和信息发布者的双重身份，所以应该有选择地发布信息和获得信息；第三，应该对访问类型以及权限进行设定，应该根据与合作伙伴的密切程度、根据合作伙伴的角色的不同，来决定对方能访问的信息资源类型，同时应该设立访问权限。

4. 开辟一片共享的天地

通过建立信息共享平台，可以更好地实现对整条旅游产业链的信息收集、信息传递以及信息反馈。广泛运用信息技术，可以让旅游产业链上各个主体之间的合作关系变得更为稳定，整个旅游产业链的运作变得更为协调。从整个产业链的每个主体上来看，链条上每个旅游企业均要完成两个网络建设，分别为产业链合作伙伴自身的网络建设与各个企业之间的网络集成。只有在完成了对两个企业之间信息的收集，才能做到彼此之间信息的共享。

（二）内连一切，革新自我

旅游产业属于信息密集型产业，旅游产业内部公共管理部门、旅行社、旅游企业、景区、旅游目的地等各主体间需要协调的信息内容不在少数，应尽力避免信息不对称现象的出现，即在合作过程中，双方应尽力保持沟通顺畅使得彼此之间所掌握的信息均等。如旅行社在与其他旅行社进行信息共享时，应权衡两方的利益关系从而达到共赢。

而旅游产业内部数据的共享和信息的互通不仅会有利于产业内部的企业、景区，而且能从源头上打通"吃、住、行、游、购、娱"，使得旅游者在出游时能获得"一站式"信息和服务，从而满足旅游者的多元化需求、提升旅游体验感，促进旅游业更好地发展。

1. 开放自我，寻求蜕变

步入互联网时代时，以传统模式经营的旅行社为了迎接挑战，纷纷拓展市场，加快了内部信息化建设的步伐。而在"互联网+"这个"信息共享、连接一切"的大时代中，旅行社为了更好地提高企业工作效率，提高企业的综合竞争实力，创造价值，开始寻求旅行社与旅行社之间信息共享，协同发展便成为大趋势。

第一，高层管理层应该对信息共享给予强力的支持。作为旅行社的管理者，应投入足够的精力参与到信息共享的建设过程中。应该在清楚了解实施信息共享的目的和风险的前提下，强力支持和重视信息共享的项目，同时要投入足够的人力和财力，将信息共享融入旅行社的战略规划之中，并且完善相应的配套制度。

第二，全部的业务部门都应该积极参与到信息共享中。因为信息共享囊括方方面面，不能只靠某一部门的出力，各方人员都需要参与。如果其他业务部门人员不参与、不配合，整个信息共享项目的实施便无法顺利开展，最终会造成项目建设的延期以及人力、物力等的浪费。

第三，应该清楚地意识到风险的存在。旅行社可以通过优化社内的组织结构，重构业务流程，深化企业内部管理和改革创新进而实施信息共享。在实施过程中应该提前做好思想准备，信息共享项目的推进会有触犯到双方或者个人的利益的风险，他们不免会产生相应的消极情绪，这会成为政策等实施的人为障碍，在一定程度上也会阻碍到信息共享项目的推进。

2. 景区走向"1+1>2"

旅游景区通过信息的共享从而实现资源共享、优势互补、风险共担等目标，一方面对于景区来说，能更好地提供质量更优的景区服务；另一方面对于相关产业要素来说，能重新整合包括吃、住、行、游、购、娱在内的六大服务元素和与这六大服务要素相关的生产要素。景区与景区之间通过信息共享能实现技术、资金、信息、人才交流等在内的密切往来关系，从而能获得"1+1>2"的合作的整体效益。

纵观目前的景区合作发展情况，可以分为以下几种模式：

第一种模式为"强强联合"模式，指的是城市与城市之间景区合作的主要形式。城市之间合作的根本优势在于资源、信息、客源相互之间的互惠互利，而不在于地缘。所以，在打造城市之间景区的合作时，应逐步深入到提高旅游景区的经营管理绩效，来实现旅游景区的可持续发展，而不是一味地打造精品旅游线路、仅仅关注开拓旅游客源市场。

第二种模式为"以强带弱"的模式，指的是城市内部的景区合作的主要形式。这是因为城市的品牌景区知名度虽然很高，但想要持续发展、壮大实力也离不开与周边景区合作。这种模式能将城市内部景区之间结合在一起、共同开发出完整、丰富的旅游产品，从而扩大当地旅游产业规模，更好地满足旅游者在目的地的多样化需求。

第三种模式则是"合力合作"模式，这种模式是指在行政部门以及相关企业的共同作用下，形成一种以资源特色为导向、以交通网络为纽带、以客源等信息共享为目的的景区区域合作格局。在全国旅游市场竞争日趋激烈的背景下，要加快旅游产品的品牌化建设，避免资源的浪费以及相互之间恶性的竞争，从而形成规模竞争优势，这离不开各区域的景区联手合作，它们需要联合共同融入一个更大的区域旅游合作圈。一方面它们要在**资源**配置、线路设计、联合营销、日常管理、信息交流等**多方面进行积极**合作，另一方面它们也要寻求和旅行社、交通等相关部门进行密切配合。

3."吃、住、行、游、购、娱"信息一条龙

"旅游产业系统是具有层次性的。构成旅游产业的子系统又是由更低

一级系统组成的,如产品系统中,吃、住、行、游、购、娱产品满足游客不同方面的需求,彼此之间是互补的协作关系。"[1]为了寻求更好的一体发展,信息资源共享是必不可少的。构成系统的各个主体部分在系统演进中的作用是不一样的。其中,技术作为产业演化的动力,制度作为产业发展的保障,企业作为产业发展的主体,而旅游产业的发展离不开旅游企业间的互动、信息的交流合作。只有从技术、制度入手,才能保障旅游产业六要素之间的互通,才能更好地探求进一步发展。

在信息共享中要打造完善的旅游相关配置,摆脱以往以"门票经济"为主的状况。树立"吃、住、行、游、购、娱"全要素发展的理念,打通"吃、住、行、游、购、娱"的信息共享平台。先通过景区将游客吸引过来,再通过更完善的产业配套让游客能够留下来、住下来,在参观景点之外再将购物、娱乐加入进去,由此带来的收入将比单纯的门票收入高出许多,才能实现旅游产业的健康发展。

(三)外连一切,实现价值

首先,"旅游产业作为开放的产业系统,在产业自组织演化进程和外部力量的影响与干预下,其产业边界在原本不太清晰的基础上,呈现出更加动态的变化特征。所以,旅游产业寻求与其他产业的信息共享和产业融合是开放的旅游产业系统本身动态演进的必然结果。"[2]

其次,旅游产业寻求与其他产业信息共享,产业融合是"互联网+"时代"连接一切"大潮流下的新型产业方式。一方面,它与传统产业方式相比,从消费者需求的角度切入,能满足游客更精细、更个性、更多元的消费需求。另一方面,也从供给的角度,为旅游产业成长创造了更为博大

---

[1] 徐虹,范清.我国旅游产业融合的障碍因素及其竞争力提升策略研究[J].旅游科学,2008(4).
[2] 徐虹,范清.我国旅游产业融合的障碍因素及其竞争力提升策略研究[J].旅游科学,2008(4).

的空间、更为深化的链条与更为持久的能力。

1. 促进行业间的协同

旅游产业具有民生性和竞争性，政府在对旅游产业进行管制时，应放松管理，给予旅游企业与其他企业之间进行信息共享的更为自由的空间，这样才有利于企业之间进行人才、资金、技术等资源的共享，促进相互之间的协同创新，共同推进旅游产业的更新换代。

实际上，旅游产业在与其他产业进行融合、信息共享的过程中，总会出现各种冲突，这些冲突要么是因规则、要么是因资源或者是利益分配而产生的。因此，为了协调各局部利益主体在产业融合中的行为不配合的矛盾，完善跨界治理机制显得尤为重要。所谓跨界治理机制，是指强调各利益主体之间持续交流互动，以认可的目标为前提，对公共事务实施管理，以达到基于目标实现的资源有效配置的目的。

第一，为了约束成员主体的行为应建立起一个凌驾于所有产业成员主体之上的组织，如旅游产业发展委员会，通过制定相应的政策目标，运用合适的政策工具，提升产业竞争力；第二，为了实现各成员主体的利益最大限度的平衡，应建立有效的激励机制，激励企业之间进行信息的共享、推进产业的融合；第三，需要完善约束机制，通过制定一系列的法规制度，完善对相关利益主体的行为约束和监督。

2. 彼此满意的导向标

旅游产业与其他产业的融合，是因为旅游需求具有多样性和动态多变性的特点。所以，为了寻找创新产品的灵感，旅游产业需要加强关注科技进步和需求变化，需要加强产业与产业之间的信息沟通和协作。在探索旅游产业与其他产业信息共享、产业融合的进程中，不同产业间的不同主体十分有必要共同商讨、联合探索出台有助于共享、融合的促进政策。

例如：农业部和国家旅游局联合出台了鼓励农民发展新型农业旅游的产业政策，这便是农业和旅游业融合发展高科技农业观光旅游、基于农家乐的乡村旅游中一个很好的探索。在消费需求多样化的新形势下，只有各产业部门由部门分割的思维转变为开放的观念，才能跳出本产业看待产业发展形势的思维，才能更好地寻求广阔的产业发展空间。因此，各产业部门联动出台政策，促进产业结构的升级换代是大势所趋。

2014年8月21日，由国务院印发的《关于促进旅游业改革发展的若干意见》（以下简称《若干意见》）当中，众多旅游业发展的利好政策受到各界持续高度关注。在这次《若干意见》中关于房车露营地、森林旅游、邮轮旅游、低空飞行旅游等系列政策出台，让"泛户外"旅游再次成为人们关注的焦点。

随着转型升级的加快，中国旅游业逐渐由观光型向休闲度假型深度转变，登山、攀岩、探险、自驾游、房车露营、邮轮游艇、低空飞行等新兴旅游方式的产生及不断发展，使"泛户外"旅游更好融合了旅游体验与自然休闲双重功能，从传统观光旅游中分化出来，成为拉动旅游市场消费的强劲动力和发展休闲旅游市场的重要支撑点。泛户外旅游是立体的多行业、多部门跨界整合的一个全新产品，符合中国旅游业转型升级以及当下人们生活方式的改变，是迎合全新商业模式的积极探索。

我国整体泛户外产业旅游市场起步晚，仍处于发展的初级阶段，泛户外旅游资源开发与设计方面缺乏行业标准，同时，泛户外旅游横跨多产业，各个细分领域法规法则少，户外旅游安全保障难等。

而此次《若干意见》从政府层面结合了泛户外各个领域产业的发展实情和意见，创新改革传统市场推进模式，不仅仅从上而下提供支持，还联合了大众、社会资本、企业、媒体的共同力量为这一冉冉升起的朝阳产业添一把柴。

《若干意见》指出，要积极发展休闲度假旅游。在城乡规划中要统筹考虑国民休闲度假需求。加强设施建设，完善服务功能，合理优化布局，营造居民休闲度假空间。积极推动体育旅游，加强竞赛表演、健身休闲与旅游活动的融合发展，支持和引导有条件的体育运动场所面向游客开展体育旅游服务。积极发展森林旅游、海洋旅游。继续支持邮轮游艇、索道缆车、游乐设施等旅游装备制造国产化，积极发展邮轮游艇旅游、低空飞行旅游。[1]这顺应了大众休闲旅游时代的到来，突破了传统旅游发展方式，对体育旅游、海洋旅游、邮轮游艇、森林旅游、低空飞行旅游做出了明确政策支持，为"泛户外"领域发展引来各界更多关注，以上诸多问题或将可以寻求出更多更好的解决方案。

3. 赋予"单位细胞"以活力

企业作为旅游产业与其他产业信息共享、产业融合的主体，其实力的强弱及创新能力的高低制约着它能否与其他产业实现共享融合。

一方面，政府需要扶持培育企业集团，但更为重要的是，为了让企业集团真正具有创新能力和竞争能力，需要不断地去参与市场竞争，在磨炼中得以真正成长。

培育集团成长的市场竞争环境和制度对于培育企业集团来说是很重要的，而完善的法制法规建设更是重中之重，完善了法制法规建设才能更好地保护企业进行合作创新行为、创新利益。另一方面，给予企业鼓励也是必需的。应该设立鼓励政策，比如：产业共享创新奖励制度，以此来倡导企业进行必要的学习，掌握通过信息共享来实现创新的方法。在不同的阶段政府和市场应发挥不同的作用，也就是说产业的共享融合具有阶段性。当共享融合产业度过幼稚期后，政府应该及时调整自己，由微观推动者转变为宏观管理者，让处于新时期的共享融合产业在市场经济规律作用下自由地竞争、成长、提升以及壮大。

4. 需求导向的产品创新

市场对通过信息共享和产业融合所形成的新型产品需要一个认识以及接受过程，但是靠市场自然接受后扩散产品耗费的时间会很长。因此，克服旅游产业在与其他产业进行信息共享、产业融合中需求方面的障碍，通过运用市场策划和营销手段来引导市场消费方向变化则显得尤为重要。只有这样才

---

[1] 国务院出台《意见》促旅游业改革　带薪休假不再遥远［EB/OL］.（2014-08-22）［2015-08-22］.http://www.ce.cn/xwzx/gnsz/gdxw/201408/22/t20140822_3403204.shtml.

能加快共享市场的进程，促进新型产业的成长，从而提高市场份额。

一是要"广而告之"。所谓"广而告之"是指广泛运用各种媒介来宣传旅游产品的信息，将"旅游是一种生活方式"的观念传达给市场，并使得旅游成为提高国民生活质量的一种必然选择，以此成为市场接受创新型旅游产品的坚实的基础。二是要"感化对方"。所谓"感化对方"是指给消费者优质的产品体验。这就需要以掌握当今旅游消费变化趋势为前提，在旅游体验产品的设计中，将新型技术大胆地融入其中，再运用互联网、电子商务媒介来对融合后的新产品体验价值进行宣传，最终以价值增值利益来打动消费者，从而促进消费市场的融合以及扩散。三是要"创造条件"。所谓"创造条件"是指整合所有信息、从市场角度为融合共享创造必要的条件。这就需要整合各种营销资源以及共享信息，同时，在推广创新型旅游产品时，需要利用整合营销传播理论以及实践指导信息共享方法，站在市场需求的角度，为促进旅游产业与其他产业之间的信息交流与产业融合创造有利条件。

第三节　线上线下的恩怨情仇

2013年前后，旅游界便开始流行起"互联网思维"，新兴的在线旅游企业靠"拼杀"寻求成功，有活下来的，有倒下的，打得一片火热。这场战争永远不会终止，已经成功者依然随时可能倒下，而后来者更是数量庞大、激情万丈、来势汹涌。

传统的线下旅游企业在互联网的冲击中哀叹着市场股份的日渐下滑。面对着新兴在线企业"拼杀"成功的消息越来越多，和自身生存空间越来越小的双重压力，传统的旅游企业再也无法看热闹了。

在线旅游企业为了借助资源方的价值和影响力，开始向线下旅游企业伸出橄榄枝，寻求主动谈判。而线下旅游企业生怕被新兴势力吞噬，也纷纷"触网"。线上与线下的冲突与合作，像一部大戏天天在上演，恩怨情仇到现在也没有释怀。

2015年4月23日，以国旅总社、中青旅、中旅总社、众信旅游、华远国旅、凯撒旅游等为代表的17家国内主要大型旅行社忽然联合发布声明称途牛旅游网因"不合理低价"破坏了市场秩序："我们共同决定，停止向途牛旅游网供货2015年7月15日及以后出发的旅游产品。"一小时之内，途牛旅游网发出声明进行回应，其矛头直指众信，称因众信旅游在没有任何沟通的情况下单方面中止合作，不守契约，决定即日起将众信旅游全部产品下线。风波一出，4月24日晚间，国家旅游局监督管理司发出公告宣称，将成立联合调查小组，调查"旅行社与途牛之争"。

到了26日午间，途牛发布声明：基于同处旅游业大发展黄金时期，应共同维护旅游市场秩序、提供优质产品和服务的共识，与17家旅行社达成和解，恢复所有正常合作。

正当大家的目光聚集在途牛和17家旅行社的矛盾上时，又一场线下实体旅游业与OTA的"断供"大战开始了。

2015年4月28日上午，华住酒店集团（原汉庭）突然宣布中断与携程、艺龙、去哪儿三家OTA的合作，尔后这些平台上均不能预订华住的酒店产品。但仅一天的时间，华住旗下酒店在三家OTA平台上就恢复了预订。

华住暂停与携程、艺龙、去哪儿的合作，原因是对华住的产品价格，必须坚持官方价格最优。这点华住与各家OTA多次沟通过，但由于种种原因，并未得到长期有效的执行，导致OTA的渠道价格低于华住酒店的官方价格，严重破坏了华住官方价格体系。此次中断合作是短期的行为，只要三家OTA调整好各自的价格管理，保证华住官方渠道的价格最优，就可以恢复合作。

从前旅游业的大战在线上很热闹，线下则一直比较冷清。这是因为：一方面，在线旅游公司擅长利用互联网造势；另一方面，互联网时代的人们注意力集中在互联网上的信息载体上，这也从某种角度反映出互联网离用户更近。这种情况让传统旅游业焦虑，线下旅行社、批发商辛苦数年构建的渠道在互联网的影响下如农耕文明，而在线旅游公司短短几年利用互联网、移动互联网构建的渠道引领着信息革命，以携程、去哪儿、途牛、同程旅游、驴妈妈、去啊等为代表的OTA或平台利用流量优势构建的渠道瞬间笼络了大批终端用户。

抓住了消费者的在线渠道商在技术、资本的双翼护航下突飞猛进，它们不计成本、不计代价，靠积累的用户、资金的支持、技术的优势获得品牌影响力时，也具备了与线下传统旅行社竞争的优势。当其触角伸向线下资源，越过这些渠道直采资源时就可以一脚踢开线下渠道供应商了，这一矛盾不是今天才有，新旧事物之间的较量在新事物诞生伊始就埋下了伏笔，今天的爆发是自然结果，但革新者与旧力量的角力要集中到矛盾爆发点才会一发不可收拾。

线上线下时而"互掐"时而"握手言和"，矛盾积重难返影响着旅游业的健康发展。"断供风波"也一定程度上暴露了线上线下在互联网旅游新时期的发展问题。

一、"一元出游"的"必杀技"

"零负团费""一元游韩国""一元游日本"……在我们点击进入众多旅游网站时，最先吸引我们眼球的便是这些低价出游的宣传语，这是各大旅游网站惯用的宣传手段。目前，在线旅游网站正处于积极扩张领地的阶段，价格战能最直接吸引消费者。为了尽快累计用户、打开市场，进行品牌竞争，短时间内只能通过低价格的方法来吸引消费者。大量资本进入在线旅游，在线旅游网站就有了资本推出不合理低价的旅游产品。

案例

2014年8月，途牛网曾推出过"一元出境游"的旅游产品，用户可在指定时间内抢购售价仅为一元的旅游产品，抢购成功即可以一元价格出境旅游。"一元出境游"的目的地包括济州岛、巴厘岛、清迈等热门旅游地点。

早在2014年4月下旬，途牛就推出过部分所谓优惠旅游产品，有过"剁手价低至39元""泪奔价18元起"等宣传。

但旅游服务不同于其他服务，哪怕是线上虚拟空间中销售的各类旅游产品，最终都是要落到实地、有硬性成本支出的，需要依靠一定的费用来安排消费者旅行过程中的吃、住、行等开销。过低的价格会让旅游的质量和服务大打折扣，还有可能会造成游客其他的利益损失，肯定无法保障消费者的旅行需求得到满足，所造成的影响最后一定也是游客自己买单。

2015年5月2日，云南女导游辱骂游客不消费事件，引起了社会的广泛关注。该事件的根本原因就是不合理的低价行为，旅游产品价格低于正常价位，相关的服务提供方一定会通过其他的手段把利润从游客身上"榨"回来。

线上掀起的不合理低价竞争也让线下传统旅游企业的利益受损。线下传统的旅行社将旅游产品放在在线旅游平台上，借助在线平台这一渠道来增加销量。而在线旅游平台依靠众多旅游产品来积累用户，当多个在线旅游平台达到一定数量时，在资本的支持下，便开始掀起了价格战。除了资本市场烧钱外，在线旅游平台还迫使旅游产品供应商降低供货价格，来应对持久的价格战，传统旅行社利润逐渐变薄，以至于许多旅行社的业务无法开展。这便导致了"断供风波"的兴起。

二、"断供"变成"唯一技"

目前，线下传统旅游企业与在线旅游网站之间主要的合作模式是：利用O2O（线上与线下）进行产品与平台的合作。

在线旅游网站依靠线下旅游企业的众多旅游产品来积累用户；线下旅游企业将旅游产品放在在线旅游网站上，以增加销量。很多在线旅游网站上，从产品到资源都是由线下旅游企业提供的，而旅行过程中的落地服务也是线下旅游企业提供，可以说线下旅游企业能够控制两端。在这样的模式下，在线旅游网站对于线下旅游企业存在产品供应的依赖，一旦线下传统旅游企业"断供",就相当于架空了在线旅游网站,在线旅游会因为无法提供旅游产品而丧失消费者,进而影响发展。

线下传统旅游企业在接下线上旅游平台伸来的橄榄枝时,似乎很乐意被他们摆在资源方的位置上,大家都习惯了自己长期以来的"卖家市场",等着消费者上门。线上旅游企业为了抢夺市场而"拼杀""博弈"时,线下传统旅游企业也大多处于观战状态。待线上进行不合理低价竞争损害到自己利益时,才站出来以"断供"为手段来维护自己的利益。而"断供"也一般是暂时的"断供",很快又会握手言和了。

前面提到的两起"断供"事件均在短时间内即恢复合作。这种类似于TVB闹剧的分分合合,是没法解决在线旅游企业与线下传统旅游企业的长久以来的矛盾的。在接下来的很长时间内,在线旅游行业的价格战仍会持续,且烧钱力度不会降低。对于这种情况,线下传统旅游企业该如何应对?除了一如既往的"短期断供",还能用什么方式去维护自身的发展呢?

三、对策:相逢一笑泯恩仇

在互联网这个大背景下,旅游业要健康的发展,不是把对手当作敌人互相攻击,更不是过河拆桥不是你死就是我活。让消费者能体验到良好的产品、满意的服务,拥有难忘的旅行经历才是旅游企业所追求的不变本质。旅游和其他产品不同,旅游链长,覆盖领域广,旅游O2O的本质就是需要线上线下的互相融合、协同合作最终实现共赢。

目前,旅游产品服务质量低下,整个业内都有责任,线下旅行社抱守残缺、不思创新,互联网时代,仍在寻思偷工减料、欺瞒消费者、不考虑产品的体验和服务的思维应该抛弃了。而线上OTA利用低价策略、借助消费者贪便宜的心理获得快速发展从策略上讲是没错,但长此以往,将会毁掉线下服务体验真正提供者的信赖,而这些线下服务正是线上渠道赖以维系的。没有融合共赢的理念,旅游O2O无异于饮鸩止渴。旅游O2O的发展中,彼此的关系是唇亡齿寒的，而非一方独大。中国要想诞生真正的旅游大亨，甚至是国际级的旅游企业巨头，需要的是对合作伙伴的信任、共同生产好产品、提供好服务，这是一种匠人心态，也是中国以和为贵，合作共赢的古老智慧。"合作和竞争"并行，是线上线下未来发展的走向。

（一）三关把控，"断供"也不怕

目前，在线旅游网站对于线下旅游企业存在产品供应的依赖，一旦线下传统旅游企业"断供"，就相当于架空了在线旅游网站，在线旅游会因为无法提供旅游产品而丧失消费者，进而影响其发展。

为了摆脱这种困境，在线旅游企业应从产品、资源、服务三方面入手，生产自己的旅游产品，积极采购线下资源，重视服务思维、回归服务本质。经历真正对产品、资源、服务把控的淬炼，才能摆脱对于旅行社的产品供应的过度依赖，才能在瞬息万变的风口上成为一个伟大的公司。

据艾瑞咨询预测，2015年中国在线旅行预订市场交易的规模会达到3630亿元。在线旅游市场竞争尤为激烈，当消费者说起去哪儿的时候想到的是廉价机票，说艺龙的时候想到的是酒店，说驴妈妈的时候想到的是景区门票。

面对强劲的OTA对手携程、去哪儿等，去啊更加注重服务创新。去啊是由阿里巴巴2010年推出的"淘宝旅行"衍生出来的，更名为"去啊"后作为阿里巴巴旗下的独立品牌推出。其更名后处处都是亮点：预定和机票的退改签都可以在手机上一键处理；不用刷预授权或者交纳押金就可以直接办理入住；提早抢下便宜的旅行产品，预付的订金还可以享受额外收益。在阿里旅行的业务策略中，无线和服务是关键的关键。

从前的在线旅游行业，往往只关注旅游产品的销售，实际上有大量用户在旅行途中的需求并没有得到满足，尤其是细节方面。阿里旅行客户端不仅是预订平台，还是一个服务平台，将用户在旅程中需要的服务汇集在一起。用"去啊"来带动整个旅游行业的升级。

去啊利用手中掌握的大量用户数据，处于产业链的上流，与合作伙伴共同合作，通过大平台的资源进行整合创新，借助大数据的用户需求分析，合力为用户提供深入、全面、有可靠保障的服务，共同挖掘旅游平台与商家、商家与消费者、平台与消费者之间互动的潜力，推进行业的整体升级。

在无线端应用方面，去啊通过与商家系统的对接，把商家的服务资源更好地整合运用，构建贯穿于用户行程的服务体系。每一个用户，在会场，在去酒店的路上，手机一直都在身边。倚仗千千万万的商家，做好移动端的服务体系，这就是去啊应对在线旅游对移动端已趋白热化的争夺战中的重要战略。

（二）反向O2O，"触网"新世界

线下传统旅游业中的企业，尤其是旅行社类的企业，在互联网的冲击下哀叹市场份额的下滑已经不是近两年的事情了。面对互联网带来的市场变化，大多数线下旅游企业只是理所当然地接过线上旅游企业抛来的"橄榄枝"，"超然"地看着线上旅游企业的各种拼杀。

但线下传统的旅游企业若一直以"资源占有方"自居而不寻求新改变，迟早会淹没在"互联网+"这来势汹汹的浪潮中。

对于线下传统的旅游企业而言，与其退居幕后等待死亡不如积极地拥抱互联网，突破传统经营模式，积极"触网"，探索线上销售渠道，建立自己的在线平台，从而为自身发展开辟一片新世界。

有的传统旅行社在"互联网+"时代也并不甘于示弱，迫切发力布局线上，谋求转型。

2014年9月，中青旅向遨游网投入3亿元人民币，秉承着平台化、网络化、移动化的发展策略，努力将遨游网打造成为消费者提供高效便捷人性化的全方位服务的功能型O2O旅游平台，遨游网也将关注互联网、移动互联网时代用户需求和交互行为变化，做到产品极度丰富、线上线下服务更加人性化和智能化、打造更优质的PC和移动端的用户体验。

2015年4月，悠哉旅游网与众信旅游进行整合，悠哉旅游网将成为众信旅游唯一线上零售平台和官网，同时悠哉旅游网已经成为众信的在线零售品牌。在悠哉网售卖的旅游产品以众信的产品为主。

2015年6月港中旅集团宣布将港中旅总社与芒果网合并，意味着港中旅集团在线上线下的融合上实现了实质性的进展。合并后的港中旅和芒果网，最大亮点在于线上线下资源和网络的融合。

（三）维护秩序、政府有责

在途牛"断供"事件中，国家旅游局及时介入调查、并约谈相关企业，促使问题快速解决。从中可看出国家层面在解决业界矛盾、纠纷中也发挥着不可替代的作用。

互联网与传统行业的结合，会给行业带来创新，给消费者带来实惠，但在一定程度上也会影响传统行业内其他经营者的既得利益。国家旅游局作为行政单位、行业监管机构，应在合法、合理的前提下，尊重市场竞争，同时保障消费者的权益不受影响，及时出手治理不合理现象，做好纷争世界的"调解官"。

针对"途牛断供风波"，国家旅游局采取如下措施。

一是组织开展调查。国家旅游局成立调查组，成员由监督管理司、政策法规司、中国旅游协会组成，对媒体反映的问题展开调查，查明真相，明辨是非。

二是依法依规处理。调查组本着实事求是、客观公正的原则，对违规问题依法进行查处，并向社会公布。按照依法治理旅游市场秩序三年行动方案，国家旅游局联合公安、工商等部门重点整治"不合理低价游"等行为，坚决遏制旅游市场乱象。

三是保障游客权益。国家旅游局坚定维护旅游企业正常经营发展，坚定维护旅游市场秩序健康有序，坚决维护游客合法权益。

第四节　难以消除的同质竞争

趵突泉水腾空、婺源花海茫茫、丽江夕日霞照、桂林山水甲天下……提到旅游,许多家喻户晓的旅游胜地立即出现在人们脑海之中。但在忙碌奔波一番以后,就会有"看景不如听景"的感觉,只因风景大多大同小异,旅游线路千篇一律,甚至所售的旅游纪念品、所谓的特产都看不出区别。

各个城市大大小小的景区规划、线上网站或者线下旅行社"摇旗呐喊"的旅行路线、观光地售卖的各种旅游商品、旅游特产等,均是你抄我、我学你、大同小异。导致了整个旅游产业落入了同质化的"怪圈"。

同程旅游发布的《2015暑期亲子游需求趋势报告》称,2015年的暑期亲子游项目预订量同比增长了近40%。而途牛旅游网相关负责人表示,国内各类亲水线路和出境海岛游成为很多人2015年7月出游预订的首选。

各大企业开始瞄准孩童经济,在线旅游企业也开始摩拳擦掌,策划各种亲子游产品。同程旅游发布了亲子游品牌"快乐童心",并宣布与时下最火的节目《爸爸去哪儿》达成战略合作协议,推出"游乐园""享自然""乐避暑""趣游学""海上行"等周年庆专题,满足不同家庭对周边游、国内游、游学游、邮轮游等的需求。

驴妈妈也着力打造 OTA 亲子旅游专业品牌"驴悦亲子",以有 3～12 岁儿童的家庭群体为目标客户,注重游玩途中的亲子互动体验,主打超高性价比的亲子主题线路产品,比如蔬果采摘、手工 DIY、体育运动、博物馆探秘、主题展览、探索自然、儿童剧演出等。也有商家推出"异 young 夏天"亲子季,激光碰碰车、户外沙排场、户外儿童戏水池、少儿攀岩等都可以让家长和孩子来一次亲密的互动。

但这些商家推出的亲子游产品存在同质化严重的问题。许多的亲子游只是对成人旅游线路稍作修改,植入科技馆、海洋馆等面向儿童的项目,在其他的方面仍是照搬成人游的项目。因此,不少家长在体验了所谓的亲子游后未免有些大失所望。

一个热点一出,旅游行业便争相推出相应的旅游产品进行竞争。亲子游、乡村游、出境游等均是旅游商家扎堆进攻的方向,推出的产品数量上客观,质量上却难以保证,同质化现象严重,无力满足消费者日益剧增的多元化体验需求。

一、千景一面、遍地开花

目前各种景点出现井喷现象,大大小小的景点遍布各地,没景点的要造景点,有景点的要争创高 A 级景点。搭一个山门便可以作为景区向外兜售门票,设一个闸机便认为自己是智慧景区。随处可见的古镇建筑、同心锁桥、祈愿池……景区建设缺乏新意,很难凸显当地的历史文化、人文特色,导致了"千景一面"的现象。大多数游客去景区就是"爬爬山、赏赏花、看看建筑",难以给人留下深刻的印象,也使得景区变得苍白,缺乏长久的吸引力。

一个旅游地的特色不单靠景区的凸显,还与其相关的旅游配套设施息息相关。而国内大多数景区仍以门票经济为主,对于旅游景区相关的配套设施建设不够重视,游客仅仅只是"一日看尽长安花",住宿、美食、演出、特产等无力留住游客。从而也导致了游客对于该旅游地特色领略的欠缺，易造成"千城一面"的旅游印象。

"千景一面""千城一面"、一样的竹雕、一样的小木刀、一样都举行歌舞演出、一样都号称靠山靠海的民宿……导致旅游景区、旅游商品、旅游体验的同质化的深层原因是文化内涵不够，缺乏创新。

二、线路简单、克隆任性

目前，不管是线上旅游网站还是线下旅游企业，推出的旅游产品路线95%以上都为观光游，虽然近年来也相应推出了如历史文化旅游、民俗游、体育游等产品，但非观光旅游产品所占比例仍然处于劣势，开发空间很大；这些观光线路多打着"某地几日游"或者"某地到某地三星（四星）双飞（双卧）几日游"的旗号，线路却十分简单，只是将旅游目的地名称进行罗列，或附上交通方式和住宿标准，因此这样的产品路线和产品主题十分模糊，容易被模仿，使得线路变得千篇一律，毫无新意。

人们的生活水平及文化素质日益提高，消费观念和体系也日趋成熟，因此对高品质生活的体验需求愈发强烈，旅游朝着大众化、自由化发展，人们对于多元化的旅游体验需求越发强烈。A+B+C……简单的旅游路线模式无法吸引消费者的关注。

然而，目前大多旅游企业并没有建立起以顾客为导向的服务创新机制，这也就无法满足顾客个性的、多元的旅游需求。旅行产品的结构单调，产品路线设计没有与消费者的互动，新产品的推出只依靠旅游企业凭主观意识和经验的判断，消费者能够亲身参与到其中的项目太少，旅游体验不够。

三、"目录式"页面、满足率低

从旅游网站上来看。首先,许多线下传统旅行企业"触网"开设的官方网页缺乏新意,均是千篇一律的"目录式"页面,存在同质化现象。不管是网页质量或者产品情况都大同小异,而且都有一个显而易见的问题——与门店销售的线路产品没有区别。稍微做得好的也仅会提供线上咨询或在线付款等服务,无法满足消费者日益增长的多元化个性需求。

其次,很多线上旅游企业的网站设置,缺少对旅游行业的全面、深刻认识就盲目进行规划,这样不能找准切入点,很难形成特色和卖点。这些网站往往生搬国外网站现成模式,成为山寨中文版,个性化不足、内容不丰富,而且网站旅游信息更新慢、在线交易冷清、无法引起游客的兴趣。

最后,现有的旅游类网站往往只能够在某一两个方面提供优势服务,大多只能提供部分旅游服务及产品的搜索服务,因此消费者要想获得最优旅游服务组合,就必须反复搜索信息和参考各种网站的展示,在每个提供同质旅游服务的旅游网站或平台之间反复比较权衡最终得出最优选择,这无疑要付出很多的时间和精力才能完成,浪费极大的人工成本。这导致旅游类网站的用户转化率都不高,单一的网站无法完成整个封闭环路的服务体系,难以满足游客的对于一站式旅游定制服务的需求。

四、对策:人无我有,人有我优,人优我变

"我想在塞纳河畔的咖啡馆里享受午后的阳光,我想到桂林泛着舟看远岸的奇石怪山……"这位游客有着极其个性化旅行需求,而当下有着这样要求的游客越来越多。他们对旅游的个性化的线路的追求相当明显。他们不心动于毫无创意的旅游宣传、不满足于单一的旅游线路、对大同小异的旅游产品与服务抱怨连连。

如何从旅游路线设计、旅游产品开发等方面做到避免同质化，如何做到人无我有，人有我优，人优我变，用差异化新颖化吸引游客是至关重要的。

从本质上讲，旅游应是一种文化现象。不管是风光旖旎的自然景点，还是底蕴深厚的名胜古迹，抑或是那些别有风味的民间小吃，它们之所以能够吸引人，是因为各个景区透露出来的文化内涵，可以给人知识，可以触动心灵，能带人进入一个全新的世界中。

（一）小镇千千万，内涵各不同

小镇千千万万，内涵各不同。没有自己特色的景区，只能淹没在众多的景区之中。没有个性的景区，只会沉寂在似水的年华之中。因此，无论是从景区对游客的吸引力与竞争力来说，还是从景区自身的成长与持续发展来说，景区特色都是其生存的核心。

所以景区在规划建设发展初期阶段应从以下两点入手：

第一，发挥主观能动性、运用想象力讲好故事。也就是说，在准确定位景区后，挖掘其旅游资源，继而充分发挥想象力，特别是开启互联网思维，讲好景区的故事。第二，结合时代发展、展望长远未来。就是要将景区的特色挖深和光大，仅停留在历史与现实层面是不够的。要把特色的培育发展与新技术、新产业、新业态等密切结合，让景区的特色久远流长。

其次，不可忽视对于景区配套设施的建设。不仅仅用景点来吸引游客，而且用特色的住宿条件、美味的当地美食、精彩的演出以及独具特色的旅游商品来留住游客，创造更大的经济价值。这些都离不开对于当地历史文化、人文特色的价值的挖掘，将这些文化融于景区配套产品之中，做出独一无二的旅游产品。

当然，要实现这一目的，不但需要景区管理部门介入进行扶持和保护，民间旅游配套产品生产者也要有这种意识。特别是景区附近的能工巧匠和普通百姓，他们对景区的前世今生、对当地文化都更了解，要别出心裁，具有创新意识，让产品具有浓厚的地方特色，让游客通过游览、停住、吃喝、购买记住属于这片旅游地的特色。

乌镇就是一个很成功的例子。乌镇成功走出了一条能结合当地经济发展条件，依靠市场的运行机制，将保护历史与开发当地旅游资源结合在一起的新路子，这就是独一无二的"乌镇模式"。

乌镇镇域面积 71.19 平方千米，全镇东西长 10.5 千米，南北长 15.5 千米，地势平坦，物产丰富。镇域内是粮食主产区之一，兼营蚕茧、杭白菊等特色农产品。乌镇具有典型江南水乡建筑特征，一条流水贯穿全镇，两岸房屋全面向河水，完整地保存着晚清和民国时期水乡古镇的风貌和格局。除了如此秀丽纯朴的水乡风景，乌镇还拥有千年的历史文化、风味独特的美食以及纯朴的民俗风情，其中原汁原味的水乡风貌更是极其珍贵的文化遗产。

2000 年，当地政府便对"一片旧房子，还有一片破房子"的古镇采取了一系列的开发和保护措施。乌镇古镇保护和旅游开发管委会主任陈向宏认为："古镇风貌的保护，必须经得起历史的检验与推敲，以避免出现'破坏性保护'的现象；同时，在保护和建设过程中还必须坚持'高起点、高品位'的思路，创造性地加以实施，以达到历史性与现代化相融合的目标。"乌镇的开发秉承着尊重历史、尊重文化的观念，始终把保护放在第一位。

历史文化底蕴深厚的乌镇，突出的特征为文化性和民俗性。

在文化性方面：

一有"名人文化"的优势。乌镇是大文豪茅盾的故乡，现在是茅盾文学奖的永久颁奖地，有 1300 年的建镇史，历史上出现了许多文人墨客，其文化成就十分显赫。

二是弘扬"传统文化"。为了弘扬传统文化，全面塑造一个文化古镇，当地将沿袭了百年的乌镇传统节日"香市"重新升级，赋予新的内容。同时还恢复了蓝印花布、三白酒、姑嫂饼等传统工艺品与食品的生产。

三是倡导"群众性文化"。请回了已经解散的当地皮影戏、花鼓戏艺人，为他们安排场所表演。

在民俗性方面：

乌镇作为千年古镇，于民间保留了比其他古镇更为丰富完整的民俗活动。据《乌镇镇志》记载，一年中，乌镇百姓的传统节日有几十个。乌镇牢牢把握"深厚文化底蕴"，将传统文化作为乌镇的灵魂，保护现存的古建筑，保护当地的生活形态，保护深厚的地域文化。

为了避免由于过度商业化而失去特色，在规划建设初期，乌镇就对保护区域内所有商店都进行了产权置换（其中包括国有、集体及个体经营的家电、五金、农药、杂货店等）。卖什么，怎么卖，都做了细致的规定，从旅游功能上进行整体规划，确保"整体规划，分步实施，一次推出"，避免出现"边规划，边旅游，边保护"的错误流程。乌镇严格限制商业店铺的过度修建，力图避免古镇的"商业化"。在不影响风貌的前提下，东大街旁建了两个旅游纪念品市场，并且无偿提供给老街居民设摊近200个。种种措施在最大程度上避免了乌镇重蹈其他地区历史街区商铺泛滥，千篇一律经销同类旅游纪念品这样的覆辙。

注重展示和挖掘古镇完整的生活形态和深厚的地域文化，了解其别具特色的民间节日，开发具有特色的纪念品等使得乌镇凭借着其独特的魅力吸引着中外游客。

（二）线路千千万，趣味各不同

若想在市场竞争中占有一席之地，就要尽可能使用个性化的经营方式，以'人无我有'的策略来经营相似度较高的旅游产品。

旅游企业应该实施线路差异化政策，进行科学、缜密的市场调查、市场细分和市场定位，并把相应的调研结果作为基础，来分析消费者的差异，根据消费者多元化的旅游需求来进行产品设计，甚至可以直接邀请消费者亲身参与到线路设计中来，更好地满足消费者的旅游体验，力求实现旅游企业的品牌化创新。

　　大鱼自助游就一直走在不断创新的道路上。大鱼自助游自成立之初，口号便是"让出境自由行更简单""最地道的目的地体验"。相比于传统旅游以酒店、宾馆为主要住宿环境，大鱼将眼光放在了特色民宿、客栈、家庭旅店、精品小酒店，提供体验型旅游产品、个人定制化服务。用户在出发前选购特色民宿产品，大鱼的旅行顾问还将提供私人定制服务，帮助游客进行自由行行程规划，轻松自助游。大鱼从顾客需求出发来研究开发产品，其品牌创新特色如下。

　　一是入台证神器。为了解决一直困扰着旅游者的出境游签证和入台证问题，大鱼开发了"入台证神器"。通过互联网思维和新技术的手段，一方面简化了办理入台证流程、长时间等待，用户在线上提交资料时，入台证神器提供参考样例，便于直观的比对并提交资料；对一些诸如财力、在读证明等用户不易理解的信息，还提供了详细的解释说明，避免用户出错。即使出错，大鱼也会有人员进行人工审核，用户只需要再次提交那一项有误的资料即可。

　　二是特色民宿。大鱼在2012年底台湾地区开放自由行时抓住了风口，在入台游这一领域进行深耕细作。打出的旗号是"为一张床，赴一座城"，目前，大鱼的主要目的地和主要市场分别是我国台湾地区和特色住宿，以台湾民宿+特色精品酒店为核心，开发附属的美食、游览、娱乐等一系列旅游活动，旨在打造"和当地人一起旅行"的目标，让游客体会原汁原味的台湾文化与风景。

（三）页面千千万，风格各不同

　　老话说得好，人靠衣服马靠鞍，因此包装也是十分重要的，网站的制作也是该同此理。当下，旅游门户网站已经大规模崛起，想从众多竞争对手中脱颖而出，页面优化尤为重要。

　　在进行页面优化时应结合自身的企业文化，注意以下几点：

第一，重视消费者体验，从绕着消费者体验入手进行宣传设计，比如可以写一段有吸引力和可读性的话作为介绍。大鱼自助游在进行宣传时放弃了低价吸引模式，而是加入消费者体验，设计出了"为一张床，赴一座城"这样具有吸引力的宣传语。

第二，网站的设计要将原创进行到底，将内容完美呈现给用户的同时也要让他们看到真实的一面，这样更有利于他们把握网站的独有个性。重视图片的作用，结合互联网技术，设计出具有现代气息、趣味性带入性更强、更便捷的网站。

第三，随着越来越多消费者个性化需求觉醒，自助游市场正在逐渐取代传统旅行社的跟团游市场，游客在出行之前往往会查询相关旅游信息。而与此矛盾的是，线上旅游服务的分布广泛和复杂性也逐渐凸显，用户需要耗费很多精力查阅各个平台汇总关于目的地的旅游线路安排、酒店、餐厅、娱乐设施等信息。在此情况下，只需点击一个网站便可以获取所有需要的信息的一站式服务需求越来越大。

在线旅游企业应转变传统的单一地罗列出旅游产品的呈现方式，思考如何从游客的角度出发，涵盖旅行全程住宿、交通、饮食、文化、购物等方面的需要，将这些信息自然地融入指导性的信息中，打造出一站式的旅游服务体验。通过一份攻略，让游客了解一个城市或景点，按照游客的个性化需求，分类、分等级地推荐最适合他们的旅游产品。使得游客获得出行一条龙服务，带来更全面的体验。

不得不说，在线旅游企业的巨头——携程在满足消费者个性化、多样化需求方面已经成为行业领先。携程以在线票务服务起家，随着互联网技术的深入，携程不满足于只做票务代理平台，他们将高科技产业与传统旅游业相结合，向用户提供包括机票预订、酒店预订、度假预订、特惠商户、商旅管理以及旅游资讯在内的全方位旅行服务，成为OTA中的领头羊。

携程的企业文化是秉持"以客户为中心"的原则，该原则也体现在了其网站设计上。携程网站设计坚持以用户为中心的指导思想，追求如何让网站易用，有效而让人愉悦，它的目标是了解用户的期望和需求，并且熟悉用户在同产品交互时的行为。

携程网站的底色是淡蓝色，整个网站字体的颜色也主要是黑、蓝、黄这三种颜色，协调美观。而图片的色系、颜色与整个网站也比较协调。携程的网页设计很人性化，符合出游的消费者心理。酒店、机票、度假、特惠精选、目的地指南，基本上是按照出游的操办手续层层递进，操作起来方便容易。携程网站页面主要是三大块，上面是导航栏，下面是广告、版权、链接区域。而中间是整个网站的主体部分，三大列，分区清楚，便于查看，目录规划、层次浅显易懂。携程网页运用了Flash、Java、scrip等特效增加了网站的趣味性，更容易吸引用户。整个网站的风格与主题搭配的比较得当。

随着移动互联网的迅速发展，携程也开始向移动端布局，移动端成为其主要发力点。截至2015年第一季度，携程App下载量已达到8亿次，同比增长550%。移动平台的交易量占总在线交易量的70%。2015年第一季度，携程在移动端进行了大量投入，涵盖了旅游的方方面面：跟团游、自由行、邮轮、门票、当地玩乐、Wi-Fi、游学、包团定制、顶级游、酒店+景点、签证、保险等，都全线优先App提供预订，并提供最低价格。

第五节　进退失据的旅游治理

"互联网+"给旅游业带来不断产生的新模式、新业态，往往对政府传统的旅游管理服务以及相关企业的管理模式产生颠覆性的挑战，一方面，对于政府而言这些挑战往往超前于各种法规和规范。创新政府旅游管理服务是各级政府部门必须深入思考研究的重要课题。另一方面，对于企业来说，在互联网时代，这既是机遇，也是挑战。传统的企业的管理模式无法适应新的时代发展了，转变新的管理模式为大势所趋。目前政府和企业在管理方面还存在有以下问题：

一、政府：传统体制、管理失效

政府是旅游行政管理的主体，其在旅游行政管理当中的主体地位是不容置疑的。政府主要处于主导型管理地位，通过制定相关的法律、法规，设立相关的管理机构与体系等来管理旅游市场。在旅游市场的培育、发展及繁荣的各个阶段，政府分别扮演了不同的角色。

我国旅游业在发展初期，管理体系是政府主导型旅游管理体制，在一定程度上提高了旅游产业供给能力，扩大了旅游产业的规模。随着互联网时代的到来，旅游业的经营环境以及游客的旅游需求都发生了一系列变化，导致由政府强力主导的旅游管理模式无法适应现行的旅游业发展，旅游管理体制的问题也逐渐暴露出来，具体表现如下。

（一）制度障碍，融合缓慢

"旅游产业是一种综合性的服务产业，产业融合是旅游产业的'天然'属性。"[1]产业融合三大基础：社会基础、产业基础、技术基础随着时代的不断发展均发生了变化。同时，因为旅游产业属于信息依赖型以及信息先导型的产业，在网络信息化的大背景下，旅游产业融合的速度越来越快、深度也越来越深。

事实上，有两方面的因素制约着旅游产业融合的实现。一是供给因素，在这之中包括了宏观层面上的管理制度以及微观层面上的企业能力水平；二是需求因素。

其中政府相关的产业政策是促进旅游与其他产业融合的保障。政府放松经济性管制是产业融合的条件之一。但目前的制度的不合理一定程度上阻碍了旅游与其他产业融合。制度障碍主要有三个：一是产业政策管制障碍，二是产业管理管制障碍，三是市场垄断结构障碍。

我国现行的旅游产业管理体制存在条块分割、行业壁垒并存的问题，各行业与各产业为了实现自身的管理目标，设立了各自的政策以及制度规定。例如：文物景点隶属于文物保护部门、风景名胜区隶属于建设部、各商业接待单位又隶属于各行各业。在纵向上，他们必须遵循上级管理部门的管制，然而在横向上，他们又共同构成对客服务中的不同模块。其他产业企业要素进入时面临不同的制度障碍，这是由于各自所处市场竞争与垄断的程度不同，这样不利于推进他们的融合。

以携程为例，携程作为线上旅游企业在与线下旅行社融合业务时便遇到了来自各方的障碍，进入的审批障碍、部分旅行社的抵制等。出现这样

---

[1] 李云鹏，王京.需求泛化与信息共享驱动下的旅游产业深度融合[J].旅游学刊，2012（7）.

的障碍，管理部门便不得不考虑到存废原有管制规定，调整融合以后的政策管制的问题。再例如旅游产业在谋求与体育产业融合进程中便出现了由于体育产业严格管制，而无法顺利融合的情况。

（二）新旅游，缺失新管理

伴随着现代旅游业的快速发展，通过互联网能更便捷地获取信息，越来越多的旅游爱好者不再选择传统的出游方式，而是自主决策，组织户外旅游探险活动，与大自然进行最大限度的亲近。然而由于户外旅游具有一定的危险性，时常出现因游客不熟悉环境、准备得不够充分、缺乏自助自救的经验导致的事故。

"2006年，13名南宁驴友结伴前去郊县森林旅游，夜晚山洪暴发导致一名驴友被洪水冲走身亡；2008年，广西23名驴友在南宁大明山突遇山洪，3人遇难；2009年，重庆35名驴友在穿越重庆獐獐峡时突遇山洪，17人遇难；2010年，北京驴友徒步穿越新疆夏特古道，一名队友在渡河时不幸身亡；2011年，河南郑州一男子随队穿越鲁山羊圈沟第二道瀑布时，失足坠落40米崖壁后身亡；河南"新密兄弟连"97人穿越嵩山八龙潭时，不幸戳发蜂窝，14名驴友不同程度受到伤害，其中一名女子因多处蜇咬，导致肾衰竭不幸身亡；2012年，山东驴友组织从后山登爬泰山顶峰，一名济南女驴友因体力不支掉队，最终迷路身亡。"[1]

目前，我国对户外旅游事故问题尚未出台明确的法律与法规，也没有专门规范民间自发组织的户外自助游活动，更没有界定户外旅游的组织者、参与者各自应该承担的责任和义务。户外旅游存在一定的危险隐患，事故发生后，由于法律的缺陷，无法界定明确的责任人来承担法律上和经济上的责任，这也造成了遇难者家属极大的心理负担，更大大限制了自助游的健康向前发展。另一方面，户外旅游事故的案件在司法实践中判决依据没有得到统

---

[1] 刘曦桦.自助游民事责任研究［D］.烟台：烟台大学，2013.

一，法官认识的差异也会导致同类案件出现不一样的判决结果，这也使法律的权威性和司法的公正性得到了极大的考验。由于事后责任追究缺失依据，极大地挫伤了自助游爱好者的积极性，有的会因为担心承担过重责任，而停止组织出游活动，严重阻碍自助游活动的进一步发展。

"2010年6月，北京数名旅游爱好者在马先生的发帖召集下，相约徒步穿越新疆夏特古道。张小姐在此次活动中不幸身亡，张小姐的父母便将该次活动的发起人马先生告上法庭，以生命权、健康权、身体权纠纷为由，请求法院判令被告马先生支付原告丧葬费、死亡赔偿金、精神抚慰金及其他费用共计625190.5元。一审法院认为：被告在网站上发帖召集此次活动参加者时，已经提示了此次活动具有一定的风险性，在活动中组织购买了绳子等必要的安全救助工具，在渡河遇险时对其他落水队员进行施救等，且并没有证据表明被告召集组织此次活动是以盈利为目的。被告在召集组织此次活动中已经尽到了合理限度范围内的安全保障义务，对张某之死并没有主观过错，张某之死系意外事件导致，原告要求被告赔偿损失的诉讼请求缺乏事实及法律依据，该院不予支持。"[1]

（三）建不好"云"，做不好区域旅游

随着国内经济的快速发展，旅游市场也随之出现若干新变化和新特点，其中散客将成为未来主流化形态，区域内和区域间的旅游合作机制是当前旅游业发展的重要主题。这是因为通过旅游信息化合作可共享以及整合各方资源，有利于打造区域品牌，满足当今消费者更加多样、个性化的需求。

云旅游概念提出之后，得到了一定程度上的认同。"将云理念注入区域旅游合作的建设与发展过程中，进而形成区域旅游合作所特有的'云效应'，特别是要构建起旅游产业的'大数据'，并以此为基础推动政府、旅游产业集群、旅游目的地、旅游景区、旅游者，以及与旅游业相关联的

---

[1] 刘曦桦. 自助游民事责任研究[D]. 烟台：烟台大学，2013.

所有利益相关者主体，将会大大提升彼此联结的紧密程度，明显地弱化以往存在的"信息不对称"以及随之而来的"逆向选择"问题，可以为旅游产业集群的发展、旅游目的地的建设以及较大范围内的区域旅游合作提供切实可行的思路与途径。"[1]

目前，由于落后于时代的管理机制以及技术、思维观念导致云平台、大数据搭建的不完善，现有的数据处理技术往往很难满足大数据处理的技术要求，而且代价相对较高，从而使得地方政府难以将区域之间的大数据旅游信息整合起来。无法打通数据壁垒，实现无障碍的数据互通使用。

二、旅游企业："自我蜕变"、路程遥远

经济和文化支撑着旅游企业的发展，随着互联网以及信息技术的迅速发展，对旅游业的进一步发展提出了更高的要求。在互联网时代、大规模定制化下，旅游企业传统的管理思想和管理模式不适应其发展；在共享经济主导的当下，旅游企业在寻求与其他企业合作时存在种种问题；在以消费者需求为中心的当代，旅游企业也致力于如何更精确地给游客提供信息。旅游企业的发展面临着严峻的挑战。

（一）管理模式落后，管理思维陈旧

目前，旅游企业内部组织结构复杂。

首先，在传统的旅游企业管理模式中，大部分采用的是"金字塔式的权力管理模式"，也就是直线组织型的组织机构，分层管理模式。在这种模式下，管理指令的传达是由上至下的，而信息的反馈则是相反。这种管理模式对于加强企业集权化管理力度很有效，然而却不适应"互联网＋旅游"信息时代。在新时代背景下，分层管理模式显得过于层次、复杂、机

---

1 邵剑兵，张建涛，于锦华.大数据视角下的区域旅游合作机制探讨[J].辽宁经济，2014（7）.

构规模也较臃肿，阻碍了信息的传递，难以顺利协调各部门关系。同时，在这种模式之下的员工关系也过于分散，员工之间只能进行初级意义上的配合，阻碍了员工整体能力的发挥，容易导致员工之间关系淡漠，也影响了企业的向心力。

其次，旅游企业内部缺乏管理创新意识。比起义务和创新产品，企业进行管理创新更困难，这是因为：（1）"研究难"，进行企业内部体制研究具有一定的难度；（2）"时间长"，企业管理创新是需要较长的时间的；（3）"投入大"，进行企业的管理创新不仅需要既懂得管理又熟悉业务的管理人员，也需要后勤以及资金等多方面的保障。因此大多数的旅游企业不会积极地创新企业管理。比起企业内部的管理与创新，他们更注重的是经营旅游业务以及宣传旅游服务，这样便会严重制约现代旅游企业管理水平的提高以及经济效益的快速增长。

（二）合作对象如何觅

"目前我国旅游企业的总体发展态势还存在较为突出的'规模小、经营散、实力弱'等不足。加之受行业规范、市场监管及运营环境等方面因素的影响，旅游企业间多数存在的是一种非合作的'零和博弈'（zero-sum Game）生存关系，而缺乏有效的双赢或共赢式合作。"[1]很多中小型旅游企业为了抢占市场，便"低价、低品质"进行不合理的竞争，往往因服务以及产品的问题与旅游者产生纠纷，引发旅游者不满，甚至遭旅游者投诉。这种现象极大地影响着旅游企业的形象、声誉，更不利于旅游企业提高经济效益与竞争力，长期下去更会影响到整个旅游产业的健康发展。

随着互联网的迅速发展，企业的经营环境也相继发生了巨大的变化，共享经济的浪潮几乎是随着移动互联网的高速发展迅速兴起，而在旅游业共享经济的浪潮也是越发高涨。纵观我国旅游产业的发展现状，大多数旅

---

[1] 梁学成. 我国旅游企业间服务共享式合作模式与实现机制研究[J]. 西北大学学报（哲学社会科学版），2015（3）.

游企业间的合作还处于浅层合作，缺乏深层次的相互间有效的合作，他们之间还仅仅停留在互相引荐客源、挣差价等方式。众多传统旅游企业由于根深蒂固的传统营销思维、毫无新意的商业模式等导致其面对新环境的变化而茫然无措，陷入深深的危机感中。

在新的形势下，彼此之间连接的紧密度不够、缺乏交流带来的信息不对称等问题严重影响着旅游企业进一步发展。整个产业链中的各个旅游企业迫切需要互相共享、合作，也迫切需要跨界寻求与其他行业、其他企业进行融合、交流。

（三）触不到的消费者

缺乏健全的网络连接，不能很好地进行网络经营和信息交流。传统的旅游交易市场中，旅游者与旅游企业之间因为空间的限制，导致了相互之间沟通的不便，彼此之间的交流相对闭塞。

传统旅游中，旅游者大多采取跟团游的方式为主，他们通过旅游服务企业、旅行社的宣传以及书籍的介绍来获取关于旅游景点、交通、住宿、购物、餐饮等的信息。然而这些信息具有片面性和不真实性，旅游者无法全面了解和认识到旅游产品的各个方面，也无法随心所欲准确地获得所关心的资讯。除此之外，在跟团游中，旅游服务企业以及旅行社将会统一安排旅游者全程的吃、住、行、游、购、娱等内容，游客无法按自身需求进行选择，从而影响了其最大限度享受旅游带来的欢乐；另一方面，旅游服务企业和旅行社也缺乏准确获取游客全面的需求的条件，他们只能根据以往的经验来对游客的需求进行推测，没法确切地为游客带来真实的旅游需求服务，从而也严重影响了旅游服务企业服务质量与服务水平的提高。

随着时代的发展，旅游者对旅游的相关信息需求越来越高，旅游者多样化、全方位的信息咨询需求变化，使得旅游企业在信息服务上区别于传统的旅游信息服务商，而渴求更为强大的资源整合能力，渴求更为准确、及时的信息资源提供能力。如今，网络技术高速发展，凭借着旅游信息网络为旅游市场搭建的及时交流平台，旅游企业和旅游者进行"及时""动态"的信息交流成为可能。随着旅游信息的信息量、旅游信息的获取渠道的不断增加，一方面，旅游者在旅游前能参考更多、更全面的旅游资讯，能更为全面地了解自己整个出行；另一方面，旅游服务企业也能由此获取旅游者的多元化出行需求，以此来完善旅游企业的服务体系。然而，目前很多旅游企业管理发展观念较为落后，尚未抓住时机，缺乏利用网络来进行生产、销售以及管理的意识，对于网络信息建设的投入也不够。

三、对策：一切都在流动着，一切都需变化着

我国旅游管理体制仍然有发展的可能性，但这必须通过政府与旅游企业共同合作，协同努力才有可能实现。同时，时机也是旅游管理体制改革的重要因素，只有在合适的时机下才有可能促使管理体制革新，长久坚持下去，我国的旅游业势必进入一个崭新的发展阶段。

（一）政府：转变方式，给予新时期的庇护

当今的旅游市场不需要事事都插手的政府，旅游企业也不需要被政府束手束脚的全面监管。政府应该从以前的主导型政府转变为辅助性政府，让市场在资源配置中起到决定性的作用，使其公平公正。行业主管部门对企业的爱护是应该有的，但要注意爱护的方式，要营造一个好的环境，有了好的环境就能给旅游者创造好的旅游体验。另外，还要推动行业洗牌，用善的发心，使用强有力的手段。尤其要弄清楚经营者和旅游者的区别，以旅游法为根基，就是把握了主动权，此时不宜偏颇。本质上来说，政府要尽快使旅游市场变得成熟，健康，安全，使其拥有内在的活力和动力的机制，只有这样才有可能使市场秩序规范安全。

1. 放松管制，跨界治理

旅游产业是一个关注民生的产业同时也是竞争性很强的产业，因此政府只有减弱对产业的管制，才有可能吸引到大量的人力、物力包括资金和技术进入旅游产业，从而促使旅游产业进行革新。然而产业融合中，常常会出现冲突和矛盾，通常这些矛盾是由于规则、资源或者利益分配不均引发的。所以协调跨界治理机制的矛盾从而使各方利益主体能在产业融合中的行为相互配合是至关重要的。跨界治理机制要求各方益主体要有互动并且是持久性的，同时要以认可的目标为首要基础，对公共事务进行管理，从而基于目标去实现资源的有效配置。

具体来说，从以下几个方面分析：第一，建立一个凌驾于产业成员主体之上的组织，比如旅游产业发展委员会，这样就可以束缚成员主体的行为，然后，委员会制定目标和方针政策，运行政策工具，就能够实现产业竞争力的提升；第二，要构建一个有效的激励制度，能够保证各方成员主体的利益得到最大限度的平衡，可以设立不同内容的专项基金，这些基金基于具体需要，如"引进旅游创新人才基金""跨界产业升级市场开发基金""融合型产品营销基金""保护环境投资基金"等；第三，建立好的机制要进一步进行完善，可以颁布一系列法规制度，对各方利益主体的行为进行制约和监督。

当今的新形势是消费需求多样化，这就要求各部门用开放的观念为产业更广阔的发展找到空间，打破部门分割的思维，跳出固有的思维定式，用联系的眼光看待产业整体发展形势，联动各个产业部门，进行产业结构新升级。适应和迎合旅游产业融合初期的需要，可以根据产业发展的需要进行产业融合的规划，编制产业融合的标准，指导产业的融合行动，比如我国出台和评选了全国工农业旅游示范基地，就是基于三次产业融合的需要，如果我们能将这样的做法坚持推广到各种旅游形式中去，产业融合势必迎来更好的局面。

2. 完善管理，护驾自助游

首先，应健全和完善自助游方面的立法。对于立法者来说，应尽早出台《中华人民共和国旅游法》，通过法律来明确旅游活动中旅游主体间的权利和义务，协调好彼此责任，同时也应把自助旅游法律关系纳入其中，用法律秩序对其进行规范引导。另外，针对自助游自身的问题，国家还应出台新的司法解释予以规范。应该对自助游的性质、自助游中成员之间的法律关系、彼此义务的限度、归责的原则等方面都进行明确的解释。这样就可以在根源上尽量减少伤害，人们有法可依，能够明确在自助游活动中自己要承担的风险和应尽的义务及自身所享有的权利。而在审判过程中，也可以引荐典型案例为参考。我国不是判例法国家，但可以借鉴英美法律体系中判例法的经验，适当引入审判机制，借鉴参考，也是很有必要的。

其次，建立自助游准入制度。首先要对组织者进行身份及资质认证，这一点可以参照《导游人员管理实施办法》等现行法律法规。建立了自助游组织者资质认证标准，就可以判断组织者的资质是否达标，鉴于此标准选择有能力、口碑好的团队组织。对于资质的标准问题，应格外注意其旅游经验、应急的反应力、控制局面和统领团队的能力。另外，信息发布平台也要进行规范，自助游组织者发布信息的平台应当设立相应的准入守则，可以由权威部门和消费者共同协商选择合法的信誉较高的口碑好且有影响力的网站来担当信息发布平台，而那些不合格的网站则要加以限制。还要有相应的人员配备专门审查出游信息，保证这些信息的真实性和准确性。

第三，要建立自助游事故应急救援机制。当地的旅游管理部门以及政府应该了解当地的实际情况，基于此建立起旅游服务体制。深入了解当地的景点及自助游爱好者偏爱选择的目的地，为旅游者预报景区天气、地理状况、及时的交通状况、潜在的危险、能够提供的救援服务等方面的信息，在旅游者经常出行的村、寨、乡树立指示牌警示游人，在自助游客人经常选择的旅店、宾馆附近发放宣传册，提供救助电话和联络方式，来保障自助游游客能够充分了解目的地，并且安全出行。

最后，应健全自助游保险制度。保险是降低旅游风险的一种重要手段，国外的自助游比我国的自助游历史更悠久，有更丰富的经验，发生的纠纷很罕见，这主要是由于国外的保险制度种类完善，为事故的发生包括后续的救济提供了有力的保障。我们从中吸取到的经验教训是应加强宣传保险的重要性，让游客知道如何合理利用保险制度，分担风险、减少损失，尤其是减少事故发生后的经济负担。只有在完善的自助游保险机制下，才能提高自助游者的保险意识，也才能真正实现减少伤害，减少纠纷的目标，从而实现自助游的健康发展。

3. 以云服务为依托，带动区域旅游

以云服务为依托，强化政府所担当的角色和监管作用。从功能上可以将旅游云服务分为三个层次：第一层次为基础设施服务层，第二层为平台设施服务层，第三层为软件系统服务层。三个层面的系统建设均有较强的公共产品特征和外部经济属性。这也使得它与以往的旅游目的地开发有所不同，政府要考虑到旅游业所涉及的吃、住、行、游、购、娱等方方面面进行设计并予以政策上的扶持，协助其完成基础设施和配套设施的建设，并且要参与到旅游产业集群运行的过程以及发展的过程。在这个过程中，政府扮演的角色非常重要。引入云服务后，政府要在云服务体系中扮演提供旅游业数据与服务的供应商的角色，也就是说政府在旅游业发展中的角色和作用已经不再局限于前期参与和后期监管这么简单。

旅游云服务主要是从以下三个方面表现的：一要积极落实云旅游的理念。就像最开始云计算的提出一样，云旅游可能实现起来有一定难度，需要很长的时间，并且勇于跳出现有OTA商业模式的思维定式。二要建立云计算数据共享机制。旅游目的地、旅游产品和服务、旅游者的信息都是旅游业中最关键的资源，这些信息有的被忽视，有的缺乏有效的搜索方式和分享模式，或者是信息拥有者不肯无偿提供出来，使得旅游信息在不同主体之间造成了藩篱，此时就要求政府出面，建立起一套有效合理的信息共享体系，还要积极鼓励跨区域的大数据共享和深入的分析。三要改进云服务的旅游应用。大力推动云计算系统的开发者和旅游信息化建设的领头军进军云服务领域，用政策来吸引风险投资，招纳优秀的风险企业家加入团队，着力开发有海量数据支撑的旅游应用，同时还要利用市场机制对其进行管理，最终形成一系列满足旅游供应链企业和旅游者需求的云服务体系。

2014年8月5日，在贵阳，大数据公司主编合作撰写的《"云上贵州·智慧旅游云"工程总体设计方案》通过了专家的评审论证。"云上贵州·智慧旅游云"是一个利用物联网、云计算、虚拟现实、互联网、地理信息系统、新一代通信等科技产品和科技手段的成果，它的建构基于贵州旅游大数据的数据综合、数据采集、数据管理以及数据应用的基础平台。在贵州省大数据产业发展领导小组办公室统一指导下，将旅游行业数据与云上贵州系统平台的数据资源进行交换并且互相共享，透明开放。依靠基础平台所集聚的资源，遵循游客的需求、相关旅游企业和行业用户的需求、政府管理和公共服务的需求，大力吸引各种资源，聚集资本、技术、市场和人才等产业重要因素，针对贵州旅游产业大数据应用的'智慧服务''智慧营销''智慧管理'进行建设，同时还要对核心平台、装备的研制开发和应用体系进行建设。通力打造'贵州智慧旅游'产业价值链并且与业界分享经验，从而为企业的创新带来活力，从整体上促进旅游服务体系的升级，改进企业经营能力，提高政府公共服务能力，最终形成贵州旅游业良好生态环境和优质的产业集群，为实现贵州旅游产业的转型、壮大和可持续发展打下坚实基础并提供服务。"

（二）企业：踏准互联网的节拍，做时代的企业

"没有成功的企业，只有时代的企业"，那些百年老字号怎么可以永葆青春的？其秘诀就在于"自杀重生"，道理很简单，不"自杀"，就会被"他杀"，被前进的时代所杀。所以，企业在发展时只有去适应时代，从现在的形式分析而言，就是要踏准互联网的节拍。网络的发展对于旅游企业来说是一把双刃剑，它既提供了挑战又带来了机遇，而旅游企业应该迎接挑战，抓住机遇，在网络市场环境下探求符合自身发展的思路，寻找能够提升企业销售业绩的途径，让企业在市场上有更强的竞争力，让企业的发展形成良性循环。

1. 管理模式优化，管理思维创新

如今，消费者了解旅游企业的产品信息和价格情况有多种渠道，比如网络、电视和其他媒体广告等。这就要求旅游企业要简化组织结构，因为这样更易进行人员配置，也更易进行企业管理，对于知识共享的实现也有利无害，同时组织结构简单化的企业可以调动更多的员工参与到产品的设计甚至企业的管理中去，这也是提高企业竞争力的途径。

旅游企业在管理模式上应打破原有的垂直界限与水平界限，建立简化的扁平式的企业组织结构。这样各部门之间能更加方便地从每个员工身上得到不同的信息，通过这种方式企业不同部门间的交流效率也就得到了提高。扁平的组织形式还有利于集中利用企业各部门间分散的信息，这也符合知识管理的要求，如此企业内的知识也能够进行集中管理。

要想提高和创新旅游企业管理水平，管理者要从思想上认识到企业的管理是重中之重。作为一个管理者，应该结合国内外旅游企业管理发展的经验教训，同时研究我国的具体国情，对旅游产业的发展和经营状况有整体把握和认知，以本企业的实际情况为出发点，建构一种科学且有效的管理经营模式，从而提高企业的管理水平，增加企业的现代化程度，以世界先进企业在企业管理方面的成绩为标尺，努力缩小与他们的距离，促进我国旅游企业的发展。

2. 调整自我，服务共享式合作

权威机构的调查研究表明：50%以上的世界五百强企业都采用"服务共享式"的合作经营模式。因为这种模式可以使公司的经营成本至少削减25%到30%，有的甚至高达50%，而服务质量也有所提高。

服务共享式合作经营的实施和运作，要求各个部门和各企业之间协力合作，互助共赢，这也符合当今以共享经济为潮流的时代。服务共享式合作的根本在于优化企业对于人力、资金和时间以及其他资源的配置，能够帮助企业优化内部组织机构，从而挖掘和实现新的价值，同时还可以优化产业价值链，使企业获得服务共享的竞争力，实现可持续发展，节约成本、提高效率。

从实践的角度出发，旅游企业间存在一种相互依存与合作的关系，这是由于旅游供需间的交易形成的。从建构主义的理性角度来看，旅游产业发展至今已经初步形成了具有服务导向性的产业链的雏形，为进一步发展奠定了基础，可以说实现服务共享式合作在未来是很有希望的。

学者梁学成在《我国旅游企业间服务共享式合作模式与实现机制研究》中根据我国旅游企业的运行特征，设计出了三种合作模式：集团组建式、市场外包式和多方联盟式：

一是集团组建式。是指旅游企业集团依据其下属企业的业务类型和特点，以及其可共同使用的资源情况，在集团内部组建一个服务共享中心组织或机构，具有包括财务、人力资源和培训等业务职能。当集团内部的下属旅游企业的1、2、3有相关业务需求时，它们便可直接从服务共享中心获得或购买，并实行统一的内部结算管理制度。这一合作模式主要适合于大中型旅游集团或企业，具有易于实施、风险小等特点。[1]（如图4-5所示）

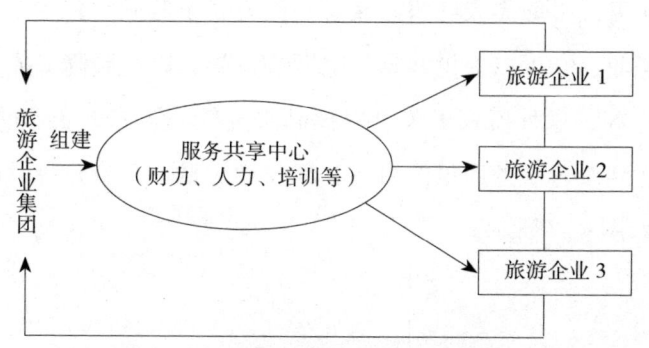

图 4-5 集团组建式服务共享模式

---

[1] 梁学成.我国旅游企业间服务共享式合作模式与实现机制研究[J].西北大学学报（哲学社会科学版），2015（3）.

二是市场外包式服务共享。该模式是指具有相似或相同业务的旅游企业1、2、3，它们拥有独立的产权和经营权。由于某些业务属于企业的非核心竞争力，单独运营成本较高，但又不可缺少。为了节约资源、降低成本，于是企业采取将部分业务外包出去，交由市场中第三方统一运营管理。这种服务机构或企业就是一个服务共享中心组织，可以承接这些企业的一些非竞争性业务，如洗涤、人员培训和法律咨询等。这一合作模式适合中小型旅游企业，市场竞争激烈。[1]（如图4-6所示）

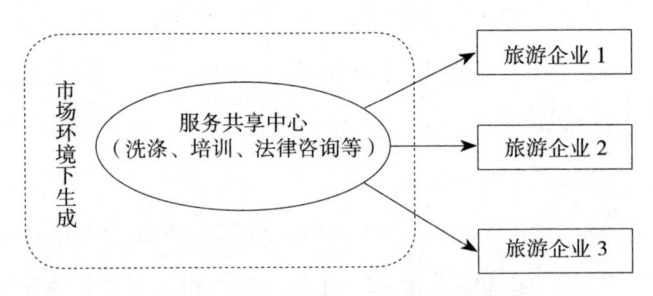

图4-6 市场外包式服务共享模式

三是多方联盟式服务共享。该模式是指市场中具有相同或相似的以及相互关联业务的旅游企业1、2、3，它们必须拥有独立的产权、经营权。为了拓展业务和参与市场竞争，单独实施某一业务的运营成本高，于是这些旅游企业可以采取多家联盟（联合）的方式，共同组建一个服务共享中心机构或企业，它可以提供共享的资源或设施，以达到降低成本、赢得新市场的优势等。这种模式不仅可以提高服务效率、降低企业的运营成本，而且还能达到改善服务质量的目的，如交通运输、广告宣传、网站建设等业务。[2]（如图4-7所示）

---

[1] 梁学成.我国旅游企业间服务共享式合作模式与实现机制研究[J].西北大学学报（哲学社会科学版），2015（3）.

[2] 梁学成.我国旅游企业间服务共享式合作模式与实现机制研究[J].西北大学学报（哲学社会科学版），2015（3）.

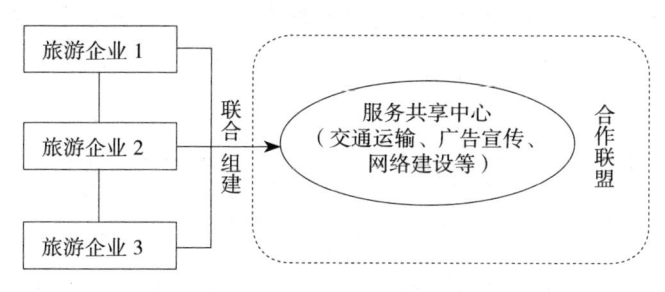

图 4-7　多方联盟式服务共享模式

为了推进这些合作模式的有效实现，旅游企业应从下面三方面进行调整和完善。第一，企业与企业的互相信任是彼此合作的前提和基础。所以只有互相信任才能使旅游企业实现服务共享式合作，实现产业的可持续发展。第二，构建重复博弈的体系。重复博弈是企业互相的妥协、合作而最终能得到利益均衡的一个过程和结果，博弈的最终目标是为了多方共赢，这也证明了企业间愿意合作，就要尤其重视关系的协调。

注意旅游企业服务质量的一致性与区域需求差异的协调，考虑旅游线路产品设计与企业间的关系协调，旅游企业之间不同组织方式的关系协调。

3. 结合软件，对话消费者

首先，互联网时代，是科技飞速发展的时代，人们生活的方方面面已经被信息技术和网络技术所改变，这些技术的推广也为旅游市场的营销提供了更多的方式。因为网络信息发布有着迅速的特点，不需要经过常规的加工过程，而传递过程中花费的时间几乎可以用分秒、毫秒来计算，减少了传递的时耗，因此信息的更新换代速度之快达到了前所未有的速率。旅游客户只要在网上就能轻松、迅速地得到全国各地的详尽而准确的旅游信息，根据这些就可以制定出自己的旅游方案。

其次，消费者与旅游企业的互动性更强，因为消费者并不是单方面的从网络获取自己所需要的信息，此外，他们也可以向网络上的旅游企业进行反馈。比如，可以在网站上直接进行意见建议的留言，上传、发布自己的旅游攻略、旅游心得，还可以在线评价、在线讨论旅游商家的服务等等。通过网络，使旅游信息在消费者和旅游业商家之间的传递有了更强的交互性。

　　网络销售，在新的时期，有非常重要的作用，旅游企业在管理上对此应有充分的认识。好的网络销售可以增加消费者黏性，企业管理者在此基础上对市场调研数据进行不断地更新，从而实现科学的市场划分，就可以为消费者带来更准确、更及时的信息服务。同时，在管理时要善于改变企业的运营模式，多利用网络进行生产、销售和管理，必须顺应时代的潮流，使用先进的网络平台和在线支付等方式来完成企业管理方面的革新，使企业在管理过程中更加灵活和开放，从而及时有效的收到来自消费者的反馈，实现与消费者的"一键互动"。

第六节　日益扩大的人才缺口

"带走我的员工,把工厂留下,不久后工厂就会长满杂草;拿走我的工厂,把我的员工留下,不久后我们还会有个更好的工厂。"这是安德鲁·卡内基谈到人才强调其重要性时发表的言论。

人才是旅游业发展的重要基础条件,只有拥有高素质的人才,旅游业才可能提高服务与管理水平,才可能实现持续、快速、健康的发展。

互联网使旅游业的市场基础、产业链和生态圈发生了改变,可以说整个产业形态都发生了改变,线上旅游综合平台、专业旅游服务平台、旅游搜索平台等网络生态环境下的新概念企业快速成长。在新业态的背景下,服务于传统旅游产业的人员便面临着被互联网浪潮淹没的危险,新概念旅游企业需要有创意、懂技术、具有新兴互联网思维的人才。

一、导游的角色需转变

中国的经济结构正在调整,产业也在逐步升级,大量的人力资源正在被发达的现代机械技术资源所代替。中国经济已经开始从"中国制造"向"中国服务"转型。移动互联网的发展、大数据、云计算技术使每一台智能手机成为一部百科全书变为可能;覆盖了旅游景点信息、旅游攻略的手机 App 陆续问世。"互联网+旅游"时代，导游的工作受到了前所未有的冲击。

自驾游游客的增多致使旅游团队游客减少；互联网 App 旅游软件的讲解功能代替导游的景点讲解服务；自由行等新型旅游出行方式的兴起极大地降低了对导游的依赖性；导游的经济收入随着互联网旅游技术的进步逐年下降。

信息时代下旅游信息的获取是十分方便快捷的，旅游者可以免费的通过多种渠道获取大量旅游信息；同时旅游预订也十分便利，旅游者可以随时随地通过手机、Ipad 预订旅游产品并完成支付；旅游者可以利用手机解决自己在旅游途中千奇百怪的问题等。"互联网+旅游"时代迫切要求导游进行新的角色转型。

然而在当下的旅游企业中，大多数的导游仍是知识储备不足，只能将背得滚瓜烂熟的景点介绍给游客，加一些活跃气氛的笑话，并没有太多的个人阅历与旅行经历，对于行业的思考相对肤浅，仍是万金油似的"杂家"，却没有深入研究的领域。

二、管理者缺乏新素质

我国旅游业正在从劳动密集型阶段向劳动密集及知识密集型并存阶段发展，在这个转型阶段不仅需要大量的服务人员与技术人员从事基层工作，更需要大量旅游管理专业人才。就目前旅游人才结构来看，旅游管理类人才占旅游人才总数的比例较小，特别是旅游经营人才、行政管理人才与旅游公共管理人才。市场需要这些新型人才在旅游行业的创新与发展、规划布局与产业引导等方面从事重要工作。人才的短缺直接阻碍了旅游业的进一步转化升级，这要求我们尽快对原有人才结构进行调整。

目前，旅游管理者知识储备、思维方式、技能掌握等方面还存在着不适应时代发展的问题。一是人文教育的缺失直接导致人才的人格有欠缺、人文素养较低、性格较为"死板"、创新能力不足等问题；二是缺乏创新能力，循规蹈矩、按部就班思维已难以适应目前新型旅游业快速发展的现实状况，难以满足游客的猎奇心理以及对创意、主题、体验等新型旅游方式的需求；三是跨学科知识掌握能力薄弱，复合能力差；四是由于"宽口径"传统模式培养，导致在具体岗位上竞争力薄弱。

三、新时代的创业者路在何方

这不是一个最好的时代，也不是一个最坏的时代，对创业者来说却是最好不过的时代。这是一个拥有超过6亿移动互联用户的巨大市场。这个巨大的市场还是一个相对封闭，且国外互联网巨头无法插足的市场。同时，在这个市场，资金充裕、投资者投资意愿强、创业协作环境成熟、对创业公司的态度比以往任何时候都更加开放，需要着新时代的创业者。

相对于其他行业来说，旅游业是一个比较容易创业的行业。旅游业包括酒店业、旅行社和旅游交通业。酒店业是资本密集型的，而旅游交通业是被泛化为公共社会产业，旅行社对于旅游专业毕业生来说，进入门槛较低，是容易创业成功的。随着互联网浪潮的袭来，在线旅游行业近年来发展迅速，在当下火热的资本投资刺激下，更是掀起层层创业浪潮。

调研显示，一些旅游专业的大学生毕业时都有自己的创业梦，然而，能将其创业计划付诸行动并持之以恒实现它的，却寥寥无几。这是由于创业者自身的知识储备能力、工作力、影响力以及资金、目标判断、新时期应变力等不足所导致的。新时代呼吁着新的创业者。

四、对策：多渠道缓解人才之急

互联网时代，什么最重要，答案很明显，人才。因为在互联网时代，人力资源角色地位发生了变化，社会和旅游企业对人才的关注程度越来越高，而我国旅游企业为了适应这种新的竞争形势，也相应对人才提出了更高和更新的标准和要求。时代在呼唤新导游、新的旅游从业者和旅游创业者。

（一）新时代的新导游

信息时代，知识的获取和分享因为互联网而变得前所未有的简单方便。导游们要顺应时代的变化，在服务上开拓创新，通过提升自身素质来满足客户的新需求。

首先，提升个人旅行素养，成为"行者"。一个好的旅行家也会是天生的好导游。因为丰富的旅行经历和以旅行为兴趣的精神态度，使他们对于旅行有着更深更多的感悟和热爱。"互联网+旅游"时代，我们需要的正是热爱旅游、有丰富阅历，对旅游有着深厚的感悟、独到见解的导游。这样的导游不是百度和谷歌的搜索引擎能够搜出的，他们会告诉游客哪里好玩，还能教游客怎么玩、怎么玩得有品位。这些都要靠不断的行走和思考领悟，是对于旅游真实的热爱和生活阅历的积累。

其次，宁做精通一行的专家，也不做通览百业的杂家。因为信息时代可以秒杀"杂家"，再也不像过去那样追捧什么都知道的导游。知识无边界，导游知道得再多也多不过百度。任你有一百个奇怪的问题，手机上简单一搜，就能给你一千种机智的答案。信息传播的扁平化让导游面临了新的挑战，同时也是新的机遇。新时期的导游应该专心钻研自己擅长的领域，成为这一方面的精通者，而不是做万金油式的杂家。

例如，一个热爱古建筑的导游，通过自己对明清古建筑的学习，讲解故宫时可以用自己学到的专业知识让游客折服。再比如，热爱摄影的导游，增强自己的摄影技术，指导游客怎样拍出好的照片，就可以额外增加旅游服务收入。也就是说，导游们如果能在自己独特的道路上下功夫，就会赢得游客的信任喜爱，同时还可以让自己在某一专业领域有所成就。

最后，创意服务。当今的时代是由"他媒体"向"自媒体"转变的，想要有更多曝光的机会,就要有独特的个性、新鲜的创意。导游只有做到有个性有创意,才能让游客印象深刻。带领旅游团就等同于在经营自身的品牌,只有通过"鲜明个性"和"创意服务"才能收获游客的喜爱和赞誉,同时借助社交媒体迅速传播,如此"自媒体"时代就会出现更多的明星导游。

(二)新时期培养新管理人才

旅游业已由单一的观光型旅游形式发展成集观光、休闲娱乐、养生、度假、会展、商务等多种功能为一体的新型旅游。目前,旅游业对于专业素质较强的高端管理人才的需求非常紧迫,特别是对经营管理、市场分析与营销、活动创新与策划、外语交流沟通等方面擅长的复合型高素质旅游管理人才。为适应人才市场的需求,改革旅游管理专业的人才培养模式已迫在眉睫。

一是深化教学模式改革,加强多学科渗透学习。为适应旅游相关行业较快的国际化发展,缩小旅游业在人才方面的缺口,首先要改变的是传统的应试教育。高端的旅游管理专业人才应具备较强的专业理论知识与专业技能,除此之外,外语能力、经营管理能力、营销策划能力、灵活应变能力等实用技能也是必不可少的。人才培养的通用性,是旅游管理专业复合型人才在培养时需要特别注重和强调的,打破单专业特点的片面的思维定式,加大力度增进专业群建设与学科群建设的有机互动和相互促进,使有相同、相近学科基础的,或者其研究或服务对象相同、相近的专业,实现资源共享,系统地整合,促进学科交叉融合,实现教育资源利用的效益最大化,让旅游管理专业学生学会将企业管理专业知识应用到本专业上,实现多学科知识的融会贯通。

二是加深校企合作层次,强化职业技能教育。职业技能的培养有利于学生巩固专业理论知识与职业应用技能,同时也有助于毕业生更好地适应从学校到社会的角色转变。要求毕业生获得两项以上的职业资格证书,是培养复合型高素质人才的有效方式。另一方面，学校应与企业进行信息资源共享、人才培养合作，从而使得双方互利共赢。学校通过企业可以获取到最新的行业信息与人才市场需求信息、学生的实习基地与岗位。企业接受学生实习、参与学校的教学授课，可以从学校获取最新的学术研究成果，同时，通过顶岗实习可以构建企业人才资源库，建立企业的人才后备资源，缓解旅游人才匮乏的难题。

三是提高教学师资力量，实行教师轮训制度。有计划地安排教师到企业及旅游管理相关部门挂职与调研、培训，实行教师轮训制度是尽快弥补旅游管理专业师资力量缺失的必行之路。教师的轮训制度，务必贯彻至全部专职教师，新任教师实习工作需从基层做起。

如到酒店实习一年，按3∶3∶6的比例，分别在服务员、领班、主管岗位轮岗实习；其余教师每两年要到企业实习训练3个月，通过了解市场的变化，与旅游服务行业的工作人员一起研究探讨工作中遇到的难题，并将轮训过程中的经验与感想做成书面形式，由校方总结并修订成授课材料，不断更新教学内容。

（三）新创业者正在成长

旅游管理专业应该注重培养学生的创业能力，鼓励学生多进行具体的实践，让他们在实践中不断地增强创业意识，培养基本素质。

一是结合实际开展创业活动，注重经验的积累。创业不是异想天开，创业意识应来源于生产生活现实。创业不是一朝一夕的事情，创业成功不是偶然的结果，应来源于长期的经验积累。所以培养学生勿好高骛远，从生活实际出发，不断积累创业的经验，不能幻想只要创业就能成功，应脚踏实地。尤其是创业项目应根植于实际，能解决生产生活中存在的问题。

二是在创业中完善素质，注意创新能力培养。创业的本质是创新，创新要取得成功，学生应具备较强的创新能力。学校对于学生创新能力的培养应是创业教育的关键。创新素质是一种综合素质，其培养过程较为复杂，但不能舍本逐末，不能因为困难而回避。学校应该培养学生具备扎实的基础和专业的知识、技能，从而形成创新能力。

三是体验创业的乐趣，塑造创业型人格。创业是一个不断进取的过程，要付出大量的心血和劳动，是一个由低级到高级、由简单到复杂、由量变到质变的一个过程。学校应该培养学生在此过程中体验创业带来的快乐，坚定创业的信心，从而鼓励其创业取得更大的成功。

第五章

畅游未来：
"互联网+旅游"展望

大数据时代，通过全领域、全产业、全方位、全要素的数据搜集、整理、运用、共享，用大数据、大旅游、大资源、大产业、大市场的宏观视野构建智慧旅游的发展体系和发展平台，是未来旅游产业的发展趋势。

第一节 大数据技术下的智慧旅游

2014年8月,国务院印发《关于加快发展生产性服务业促进产业结构调整升级的指导意见》,提出大数据技术、云计算技术对推动生产性服务业发展的重要意义。信息化时代,大数据对社会生产力和生产关系带来深刻的影响,数据的收集与应用是产业发展壮大的契机和重要路径。旅游业作为信息依托型产业,信息的高效传递和顺畅流通显得尤其重要。随着中国旅游业的爆发式发展,行业数据增多,云计算、物联网及移动互联网等信息技术覆盖行业的方方面面。随着数据采集、存储、分析、整理、运用及反馈技术的不断更新和完善,旅游业即将进入大数据时代。充分利用海量的旅游数据资源,全面、准确、快速地对旅游产业进行挖掘分析,已经成为信息化时代未来旅游产业发展的新变化、新趋势。

一、智慧旅游

智慧旅游是旅游业与信息技术融合发展的典范,是云计算、物联网、互联网、信息通信、高智能数据处理与发掘等高新科技在旅游产业中的应用。它以在线服务为基本特征,以游客互动体验为中心,通过游客信息采集、存储、挖掘、分析与处理,方便企业或政府部门快捷把握产业发展需求和趋势，推动旅游资源及社会资源共享及系统化变革，实现旅游企业与旅游消费者间的无缝交互，以便于政府旅游管理部门、相关旅游企业和旅游者做出更明智的决策[1]，被称为旅游业的"二次革命"。

（一）以用户需求为导向

从本质上讲，旅游是一种不同于日常生活的、特殊的生活方式和人生经历，通过人文化的旅游服务和关怀，实现人与人、人与社会、人与自然、人与特色地域文化之间的沟通、交流。计划经济时代下，旅游产业是卖方市场，游客只能购买市场供应的、标准化的、单一旅游产品，而大数据时代，智慧旅游开始转向买方市场，用户个性化消费时代到来。传统的"以导游为主，游客只需上车睡觉、下车看庙、走到景点拍拍照"的旅游模式已经难以满足现代游客的旅游需求。游客需求明显增加，且趋于个性化和定制化。游客不仅希望充分感受旅游目的地的文化内涵和特色，而且希望全方位的参与体验旅游活动的各个环节。以游客需求为导向，依靠大数据、云计算、信息通讯、定位监控等智能技术提升游客的舒适度和满意度，让游客从旅游信息查询到旅游路线策划，从享受旅游到反馈旅游都能切身感受量身定制的个性化旅游服务，已经成为智慧时代旅游产业制胜的关键。

（二）以资源的高度整合为基础

智慧旅游时代，信息技术和旅游产业的碰撞对接，带给旅游业前所未有的影响，资源整合、消费者竞争超越旅游产品和渠道的竞争，上升到主导地位。旅游数据资源作为企业的核心资产，是企业进行资源整合的基础。这种资源整合，一方面是指价值链之间的资源整合，以客户为中心的生产模式要求企业全面熟练的把握游客的需求信息。传统旅游公司因拥有海量游客资源，能够更方便、快捷地接触游客、理解游客需求、控制游客需求信息的传

---

1 罗成奎.大数据技术在智慧旅游中的应用[J].旅游纵览，2013（8）.

递，拥有更强的话语权，从而推动周边资源的聚合和产业边界的延伸；另一方面，从事数据挖掘、采集、储存、开发与应用的数据公司和互联网公司，能够利用资源和技术优势，加强与传统旅行社、酒店、景区之间的合作与并购，以增强企业核心竞争力。毫无疑问，大数据时代，任何拥有海量数据资源的一方，都能够通过与相关行业的并购合作，实现旅游产品生产、服务、消费的一体化，从而实现利润最大化。信息时代下，旅游产业水平资源和垂直资源的高度融合构成智慧旅游的核心。

（三）以完善的基础设施为支撑

智慧旅游作为技术驱动型产业，信息技术的不断更新，推动着智慧旅游的繁荣发展，并引领其走向繁荣。因此，智慧旅游离不开完善的基础设施为支撑。

首先，移动终端服务的应用。随着移动互联网技术和移动终端的迅速崛起，旅游产业相关的移动 App 呈现爆发式增长，从景区搜索到路线策划，从酒店团购到特惠门票订购，包括传统企业在内的旅游企业争前恐后地加入移动 App 市场之战。未来，随着智能手机、平板电脑等移动终端的普及，旅游业将发生巨大转变，包括旅游管理、旅游产品、旅游服务在内的整个旅游价值链都将通过移动客户端实现。这一切的变化都将表明旅游产业正从 PC 时代进入移动互联时代。在此背景下，LBS 技术（基于位置的服务）将成为一种革命性的力量，随着大数据技术的快速发展与扩展，LBS+ 搜索服务、LBS+ 智库服务、LBS+ 社交服务，LBS+ 电子商务服务等终将成为人们旅游生活不可或缺的一部分。通过移动客户端与用户需求的绑定，提升个性化服务将成为智慧旅游的常态。

其次，智能景区的构建。智慧旅游下，智能景区的构建离不开健全的空间信息数据库、完善的地理定位体系和覆盖全域的无线区域网络。第一，丰富的数据资源是实现智慧旅游的基础。为实现旅游服务的全面化，建立覆盖各层级的、全域的空间信息数据库，同时借助公共地理信息服务平台，实现旅游地理信息的实时交换和共建共享显得尤为重要。第二，利用卫星定位技术、互联网技术和计算机通信技术，在景区内均匀布点，建设覆盖全域的全球卫星定位服务系统，保证空间位置信息的同步更新，实现实时、动态的空间定位服务。第三，在景区均匀布放 Wi-Fi 热点，实现 4G+WLAN 的全网络覆盖。同时，结合大数据、云计算和物联网等技术，为游客提供覆盖全网络的无线上网服务及其他相关服务。在旅游服务区域内，通过 GPS、GIS 定位技术，将无线网络服务与 LBS 服务高度融合，将大大拓展旅游服务的宽度和广度。除此之外，实现三网融合，通过电信网络、有线电视网络和计算机网络的相互渗透、互相兼容，逐步整合成全世界统一的信息通信网络，提升网络通信的高效性、便捷性、安全性，从而实现智慧旅游服务。

（四）以高素质人才培养为根本

人才，一直以来都是旅游行业发展的核心竞争力。智慧旅游时代，产业的发展对人才提出更高的要求。

首先，跨学科知识背景。智慧旅游不是旅游信息的简单数字化，而需要高智能人才通过熟练掌握大数据、云计算、移动通信、物联网等新兴技术，实现对旅游信息的采集、储存、分析及应用，从而实现旅游资源的共建共享。智慧旅游人才是高度复合型人才，不仅需要精通大数据、物联网、云计算等智能通信技术，也需要掌握丰富旅游专业知识。其中，旅游专业知识包括传统旅游、智慧旅游的基础理论知识和实践经验，智能通信技术包括 GPS、GIS 定位技术、智能地图、移动客户终端应用等等。而随着移动终端应用将成为未来智能旅游服务的主力，熟练掌握微信、微博等移动社交平台，利用移动在线预约订购服务系统打造移动旅游服务体系，培养掌握先进移动通信技术和移动智能设备的高智慧人才，构建智慧旅游的人才基础。

其次，新媒体传播思维。信息化时代，新兴媒体快速发展，因其信息存储的海量性、传播的个性化、交流的互动性，日益成为游客进行旅游信息查询的重要工具。游客获取旅游信息的能力日益增强。因此，智慧旅游时代，旅游服务人才充分学习并熟练掌握新媒体技术，提升旅游景区宣传和旅游服务能力，不仅符合游客的个性化需求，更有利于提升景区的知名度和影响力，进而扩大客源市场。

第三，智慧服务思维。不同于传统旅游，智慧旅游时代，旅游从业人员不仅需要提供线下旅游服务，线上旅游服务也尤为重要。这种基于互联网的无形服务要求旅游从业人员不仅需要熟练掌握操作流程，具备过硬的专业素质和智能化的服务理念，还需要时刻以游客为中心，依据大数据处理技术，对不同类型的游客进行分类，把握不同游客的个性化旅游需求，从而有针对性地提供高智能、高满意度、高品质的旅游服务，提升游客的旅游体验。除此以外，还要更加重视游客的反馈信息。随着互联网的发展，游客投诉渠道更加便捷，维权意识也日益增强，因此高智能旅游人才应当及时与游客进行沟通，高效解决游客旅途中的问题，避免鲶鱼效应。总之，旅游人才的发展要顺应时代发展的要求，培养智慧型旅游人才。

二、智慧旅游模式的未来展望

一方面，智慧旅游将改变旅游业的产业结构。从旅游管理的角度，借助大数据、空间定位、移动通信等智能技术，智能旅游能够实现基于游客所在位置的旅游服务，如向游客提供所在位置的最佳游览信息、交通路况信息、酒店住宿信息和安全预警信息等等。同时记录游客的游览路线，分析挖掘游客的旅游偏好和行为习惯，掌握景点的受欢迎程度和客流高峰期，为景区管理和游客服务提供数据支持。从旅游营销的角度，借助微信、微博、论坛等新兴社交媒体，通过文字、图片、视频等形式传播关于旅游企业、旅游产品和服务的信息。同时，加强与移动终端生产商、运营商的合作，通过对游客网络行为进行分析挖掘，锁定目标客户，实施精准营销。从旅游服务的角度，智慧旅游扩展了旅游服务的宽度，从信息查询到路线规划，从随身导游导览到安全预警，从酒店预定到门票购买，从旅游服务信息推送到基于位置的相关服务等等，增强旅游服务的针对性和个性化，提升游客的游览体验。

另一方面，智慧旅游也将改变旅游者的旅游行为。在信息搜索方面，旅行社和导游的推荐信息不再是游客进行旅游信息搜集和决策的唯一依据。利用大数据技术，对游客在网络中的网页浏览记录、消费记录进行数据分析和挖掘，把握游客的个性化需求，从而为游客提供有针对性的旅游信息推送服务，提升游客信息查询的针对性、高效性和便捷性。在旅游过程中，游客不再需要受旅行社和导游的限制，能够方便快捷地获取旅游资讯，随时调整旅游行程，从而提升旅游活动的灵活性和随意性。除此之外，游客还能利用虚拟技术足不出户的享受旅行的乐趣。旅行结束后，游客通过文字、图片、视频等多种形式，在旅游社群中与更多的陌生朋友分享旅行的乐趣。

总之，智慧旅游时代，游客可以在任何时间、任何地点获得食住行消费索引、自导览、在线酒店预约、门票预定、服务信息及时推送等多种智慧旅游服务。当游客到达旅游目的地时，还可以将自己的旅游行程计划复制到电子导览导游机里，或者将旅游爱好者提供的旅游攻略下载到手机、Ipad 等移动设备。这样不仅可以不用借助导游就能实现游览路线制定、自助导览讲解、紧急救援呼叫、旅游服务寻呼等旅游活动，同时，游客还可通过手机旅游应用 App 发布个性化旅游需要，旅游企业通过移动客户终端为游客提供个性化、定制化的旅游服务。当旅游活动结束时，游客还能够通过电子导览导游机或者移动 App，把对旅游服务的意见和建议反馈到旅游企业和旅游管理部门。无须质疑，智慧旅游的发展将会给旅游行业带来前所未有的、翻天覆地的变化。随着旅游搜索服务、旅游社交服务、旅游定位服务、电子商务服务等业务的日益丰富和完善，以大数据技术、云计算技术为基础，以智慧城市、数字城市为核心的全新旅游模式，将成为我国未来旅游行业的新业态。

第二节　旅游生产新模式

一、走进众智、众创、众筹

2015年7月15日，中国互联网络信息中心（CNNIC）发布的《2014年中国在线旅游预订市场研究报告》显示，65.7%的游客会使用综合搜索引擎获取信息。其中，使用微博获取信息的游客占39.5%，通过熟人介绍获取信息的用户占31.8%，超过电视广播广告宣传（30.2%）和向旅行社查询（29.4%）。而28.5%的游客会通过旅游类社区查看其他人的攻略。与此同时，游客越来越倾向于在社交平台分享旅游经历。其中，使用微信进行分享的用户占46%；使用QQ空间进行分享的用户占33.3%。

社交网络作为互联网技术发展历程中的革命性应用，不仅改变了人们的沟通方式，也改变了信息的传播渠道。旅游活动异地消费的特点，往往带来旅游供求双方信息的高度不对称。Web2.0互联网交互技术催生网络社区，开启网络游戏资源共享、内容共建时代，网络用户不单是信息的接受者，更是信息的传播者，双向沟通乃至多向沟通成为常态。随着旅游市场散客化趋势的逐渐增强，旅游者越来越多地希望借助在线信息及互动，在预定旅游产品之前方便、快捷地进行预先体验，规避不必要的旅游产品购买风险，以期获得高附加值、高性价比的旅游体验。与此同时，我们也不难发现，官方网站发布的旅游信息已不再是旅游者进行旅游路线策划与制定的主要参考依据，游客们更愿意通过专业的旅游网站、论坛、社区、微信、微博，向有相关旅游经验的驴友讨教游玩攻略。无论是专业的驴友，还是普通的旅游爱好者都是旅游信息的重要传播者，影响着民众的旅游选择与出行。

随着旅游业的蓬勃发展，社交型旅游网站蓬勃发展，越来越多的网民通过旅游网络社区参与到旅游行为的方方面面，并发挥不可替代的作用。随着互联网应用的日益普及，旅游网络社区将成为未来旅游信息搜寻的主要渠道和游客社交互动的重要平台，逐步渗入到游客旅游生活的方方面面。未来，旅游行业将向游客服务游客，即基于 UGC 旅游服务供应链的众智、众创、众筹模式发展。UGC（User Generated Content），用户产生信息，也可以称为用户原创内容，是指用户通过互联网平台，将个人原创的内容展示并分享给其他用户。UGC 并不是某一种具体的业务形式，而是一种用户使用互联网的新形态。在此，用户不只是信息资源的使用者，同时也是信息资源的提供者和互联网资源的主要贡献者，从 Facebook、Twitter、Wiki 到淘宝、天涯、微博等，都是典型的 UGC 模式。UGC 产生的内容主要具有以下四个方面的特点。

首先，UGC 产生的内容更具有创新性。UGC 是弱连接人际关系，大多数情况下，UGC 的信息发布是用户在匿名状态下进行的互动过程，这种匿名互动过程往往较易形成人与人之间的弱连接网络。根据 Granovetter 的弱连接理论，强连接网络往往产生重复信息，较易形成一个封闭的体系，而弱连接则是在不同的群体成员间非重复性信息传递的结果，信息的持续更新与互动推动不断修订原先的观点。因此，基于弱连接人际关系的 UGC 信息更具有创新性。

其次，UGC 产生的内容个性化程度更高。UGC 产生的内容大多是游客根据自己的旅游经验，利用互联网创造和发布出来的信息，如文本内容、图片和视频内容等。在互联网络中，用户能够不受约束，最大限度地抒发和表达个人需求、喜好和观点。因此，这些内容大多带有创作者强烈的主观态度和个人情感色彩。

第三，UGC产生的内容是非商业利益驱动的。用户在创作UGC内容时，不受商业利益的驱动，更多的是去表达自己在旅游活动中的个人感受和情感。虽然或多或少存在一定的倾向性，如提高个人影响力，提高个人名气，或是为了突显个人的想法和个性而对内容进行再加工创造。但无论是正面的还是负面的信息，UGC表达的内容都是不受商业利益驱动和影响的。这样的内容对游客和企业来说才是最具价值的。

第四，UGC发布的内容和形式非常丰富。UGC的内容从文字、声音到图片、视频等非常丰富，各种多媒体的应用是为了用户能充分表达自己的思想。而发布的形式上也是完全依据用户的喜好而设定的，没有固定的发布时间、发布渠道，用户完全根据自己的需要随时随地参与分享活动。

随着互联网社会化的深入，旅游网络社区中驴友的旅行经验，成为旅行者进行旅游决策与规划的重要参考依据。当前，中国有数亿网民活跃在论坛、微信、微博等社交媒体中，如此庞大的社交网络蕴含着无限的商机。随着互联网社交商务化的不断成熟，未来旅游创新服务将迸发无数种可能。

二、网络社群驱动的旅游开发模式——旅游开发的小米模式

互联网时代，用户需要搜集信息为其行为活动寻找理论和实践支撑，同样，旅游企业也需要为其商业活动和决策的制定或调整寻找依据，从而实现利润的最大化。但在市场经济中，信息不对称、不完全，不仅使用户，也使企业对信息的搜索缺乏全面性和足够的判断力。依靠用户生成内容（UGC）提供旅游信息的旅游网络社群就是在该背景下催生出来的。在网络社群驱动下，以受众数据指向为主导，专注于精准客群的定位，提供符合目标群体需求的产品和服务，从而从本质上提升核心竞争力，是互联

网时代的商业思维。

2013年8月23日，小米完成新一轮融资，估值达100亿美元，跃升为中国第四大互联网公司，仅次于阿里巴巴、腾讯、百度。从2010年创立至2013年，短短三年，小米实现在红海市场上的"逆袭"，其中一个重要原因就是小米将自身定位于互联网企业，而不是传统的手机硬软件制造公司。在大多数企业将产业发展重点放在移动软件和应用开发上时，小米另辟蹊径，紧紧把握移动互联网背景下行业的变化，聚焦于用户价值和用户体验，创造新的商业模式，实现企业的爆发式发展。这种独特的商业模式所带来的抢购热潮，一次又一次地创造了行业神话，成为互联网思维切入行业发展的成功典范，发烧友参与研发改进、网络社群锁定目标用户、粉丝助推精准营销的模式正在被诸多后来者群起效仿。小米手机、MIUI、米聊共同构成小米公司旗下三大核心业务。"小米模式"中最值得关注的，是始终维持一个高用户参与的MIUI论坛，提供直接面对用户的定向服务，并不断通过微博、微信、米聊、MIUI论坛及其他相关网络社交媒体，集聚、拓展小米爱好者，提升品牌知名度和影响力。

"小米手机，为发烧而生"是小米的口号，其基本方式大致如下：首先，利用MIUI论坛聚集意见领袖和行业专家，形成核心粉丝用户群。一方面专业的用户能够给出更符合产品改良和用户需求的意见，而意见领袖更容易形成口碑效应，迅速提高产品的影响力和知名度。邀请核心粉丝用户参与初期产品的研发与内容测试，认真聆听用户的反馈意见并及时交予研发团队加以解决，不断完善软硬件产品。然后，将完善的产品再次以免费赠送或者极低的价格交给核心粉丝用户，进行二轮测试。如此反复直到研发出双方都满意的、稳定的产品。之后，扩大受测试的粉丝用户群，从较少的专业粉丝群转向普通粉丝群，这些普通粉丝虽然专业性和媒介影响力较弱，但更加贴合小米手机的目标受众。经过相似的测试过程，直到做出既符合大多数用户需求，又确保质量的产品。由于亲民的产品测试过程，使得小米在未上市之前就得到高效、广泛的口碑宣传，再加上小米不遗余力地在各大社交媒体中宣传造势，直接而广泛的影响着用户的消费心理和行为。在这一系列的循环测试中，小米一方面借助网络社群以几乎免费的成本进行产品测试，根据用户的反馈信息，研发出符合市场用户需求的畅销产品；另一方面通过网络社群圈定足够稳定、直接、庞大的客户群体，并不断深化与用户的良性互动，收获品牌口碑。这种用户自发形成的品牌效应就像漩涡一样，不断吸引新用户，直接造就小米手机未售先火、饥饿式的抢购高潮。这就是"小米模式"的魔力。

总而言之，小米模式的精髓是专注受众，基于网络社群实现精准客群定位。随着互联网技术的快速发展和互联网应用的迅速普及，网络社区成为日益普及和重要的沟通交往方式，呈现爆发式发展。在体现交互式特征的Web2.0技术的推动下，网站最大的特色是用户的积极参与和集体智慧。网民是互联网信息最高效的发布者、传播者以及接受者。任何一位网民都能通过在微信、微博、博客、论坛里发表个人言论和产品推荐，成为意见领袖者和风尚引领者，从而吸引越来越多的相关爱好群体关注，影响大众的消费需求和决策。与此同时，Web2.0时代，网页的分类、收藏、转发等技术更加完善，用户能够根据各自喜好组成不同的社群，这些群体对企业而言就是分众市场。企业可以从中挑选目标受众市场，拉拢活跃的意见领袖，利用其口碑宣传优势，直接影响潜在消费者，从而实现精准营销。除此之外，网民在网络中的言论也是用户对产品最真实、最全面的体验，是企业最易获取的第一手市场资料。企业应当充分利用大数据分析处理技术，分析目标用户的真实需求，实现个性化定制服务。同时也便于把握市场发展需求，以市场为导向调整产业结构和市场定位。正如，《社群经济》的作者所言，"未来，我们将不再搜索产品或服务，相反，产品或服务通过社交媒体会准确地找到我们。"

回归到旅游行业，随着互联网信息技术和旅游行业的快速发展，越来越多的旅游者通过参与各种类型的旅游虚拟社群分享旅游经验、获取旅游所需信息，基于UGC的旅游生态价值链日益显现。网络社群因其信息查询、社交互动便利、快捷、可靠等优势，终将成为未来游客进行旅游目的地选择、旅游路线规划制定的重要平台，推动未来旅游的发展。如何利用网络社群，精准地发掘用户的兴趣和需求，并以此进行产品设计和推广，成为互联网时代，旅游企业成败的关键。未来，"小米模式"也将在旅游行业兴起。

（一）市场细分

借鉴"小米模式"，网络社群能够为企业提供天然的分众市场，企业利用分众市场能够直接进行市场细分，从而锁定目标群体，提供差异化的定制服务，实现企业效益最大化。随着大数据技术、互联网技术、信息技术的不断完善，使得精准营销成为一种可能。企业能够利用大数据挖掘技术，对用户在互联网中的网页浏览记录、成交纪录、收藏纪录等进行系统化、科学化的数据分析、挖掘、处理，从而得出用户的消费需求和习惯。然后，进一步对用户的消费习惯进行分类统计，划分出不同的消费群体，从而寻找与企业定位相同的游客细分市场。数据挖掘得越精准，企业越能准确地把握游客的消费需求，精准营销的效果就越好。

（二）定位目标游客

企业进行市场细分的目的是为了准确地定位目标用户。通过大数据挖掘，实现精准营销能够使企业高效、快捷的锁定最有价值的用户群体，从而在确保企业营销成本最少、风险最低的前提下，实现效益最大化。通过统计、分析、挖掘数据，能够较为准确地反映细分游客群体的旅游意向、旅游偏好、旅游消费及思维模式。同时，也能在一定程度上揭示游客在游览过程中的不同情绪和感受。相比传统的营销手段来说，旅游企业对最有价值的目标游客群体进行精准营销，能够降低旅游企业投放广告的费用，同时，收获更具实时性的反馈信息，协助旅游企业及时调整营销策略。

（三）定制化旅游

随着大数据技术、云计算技术的蓬勃发展，企业能够依靠大数据挖掘技术详尽的把握用户的旅游需求、旅游习惯及消费心理，从而制定出最切合游客需求的、一对一的、个性化旅游产品和服务，全面提升游客的旅游体验。同时，有针对性的向游客推送旅游信息，能够拓展合作周期，成为游客的贴身旅游伴侣。除此之外，游客不仅可以利用高科技技术和服务终端，实现在线旅游产品订购、预约、咨询等服务，还可以通过网络社群，与驴友沟通交流旅游体验，从而制定出最符合个人需求的游玩路线。在旅游过程中，游客不再是被动地接受旅游服务，除了参与旅游产品的制定，享受旅游的乐趣，还能通过互联网实现便捷有效的旅游反馈，从而推动企业优化旅游产品和服务。互联网时代，游客的旅程从想法的产生便已启程。

定制旅游是互联网背景下衍生出来的一种全新的旅游生产方式，更全面、更智能、更高效、更个性化，具有以下几个特征。

第一，以信息技术为支撑。定制旅游要求旅游企业对游客的需求具有高度的敏感性，能够第一时间做出反应，这就必须以现代信息技术为支撑。除此之外，互联网信息技术的快速发展，不仅能够让旅游企业准确、快速地获取顾客的个性化服务信息，把握游客需求，还能能够推动企业的高效运作，满足定制服务对低成本、高效率的要求。

第二，全面化的服务。在实施定制旅游的过程中，旅游企业更加重视对游客终身价值的服务，进而建立与游客之间长期稳定的服务关系。例如在设计旅游线路时，旅游企业在初期阶段指派工作人员进行实地考察，安排制定旅游线路及预案，更好地为旅游者提供定制咨询服务和相关指导，保证旅游者能够享受到专属定制旅游的个性化服务。在每次游览行程结束以后，会有专门的工作人员跟踪调查旅游者的满意度情况，不断充实和丰富旅游者客户数据库，并且及时找出旅游产品在设计方面的缺陷和不足，为日后的旅游活动提供指导和有利条件，以便制定出更加完善的定制旅游方案。

第三，精准的定位。定制服务得以实现，首先要考虑的是能否满足游客的个性化需求。定制旅游最为明显的特征就是将旅游群体划分为众多微观目标市场，即某一个或者某部分独立的旅游者，进而最大程度的满足旅游者的个性化需要。定制化生产的目的在于全面识别旅游者的个性化需求，在进行市场细分的同时充分考虑其需求特征，寻求与众不同的生产经营策略。现代社会，科学信息技术高度发达，企业经营环境正在发生质的变化，旅游者对于旅游企业的满意度决定了企业的生存和发展。因此，旅游企业成功的一个关键因素就是要对旅游者需求进行精准化的定位并且获取准确的需求信息。

第四，产品的模块化。在定制旅游生产的高级阶段，定制并非无限制的进行选择。旅游企业根据系统化、科学化的数据分析，提供多款备受欢迎的旅游产品和服务，由游客根据个人需求自行搭配相关旅游产品和服务，从而实现旅游产品的绝对定制化。具体而言，产品的模块化设计是通过对产品的市场预测和功能分析，设计并划分出一些功能通用的模块，然后依据旅游者的选择进行不同的模块组合，进而生产出功能、性能和规格具有个性化的产品。这是实现定制旅游的最优举措，既能给旅游者一种自由选择、量身定制的感觉，又能简化生产程序。这种设计通过把游客多样化需求和标准化需求进行有机结合，充分发挥规模经济和范围经济的组合效用。旅游企业运用模块化的技术，将旅游产品和服务进行过程重组，不但可以充分发挥标准化服务的优势，还能对顾客的个性化需求做出快速反应，进而降低定制成本，加快定制速度。

伴随差异化市场竞争时代的到来和旅游产业的持续转型升级，定制旅游必将成为旅游市场的主流和未来发展的趋势。

第三节　大旅游时代：连接一切、跨界融合

旅游业正在经历"门票旅游时代"到"大旅游时代"的过渡。所谓"大旅游"即是为满足游客不断增长、多样化、多层次的旅游需求，旅游产业链围绕旅游产业六大需求要素（吃、住、行、游、购、娱）不断延伸和扩展，形成的具有高度的产业关联性和多重综合效益的旅游业发展模式。大旅游具有不同于传统旅游业的新的产业观、市场观、资源观、发展观和价值观，谋求行业整体综合效益的最大化和社会、经济、生态大系统的协调发展。它比传统旅游产业的内涵更为广泛和全面，是旅游产业化发展进入成熟阶段的必然选择。[1]

首先，大旅游是综合性产业体系，是由旅游业六大要素（吃、住、行、游、购、娱）形成的大旅游主导产业，直接相关的大旅游辅助产业以及间接相关的大旅游关联产业共同构成的产业群体。其次，大旅游是旅游产业发展的一种模式，强调旅游产业与其他产业的和谐发展、共同推进，谋求大旅游产业的综合效益及其与社会、经济、生态系统的协调发展。从

1　徐琳，董锁成. 大旅游产业及其发展的影响和效益［J］. 地理研究，2007（2）.

产业链来看，大旅游产业强调产业内部各要素之间，产业与产业之间的协调发展、互利合作。强调以旅游业为核心，带动其他直接相关产业、间接相关产业的快速发展，从而提升综合产业体系的整体效益。从区域合作的角度，大旅游产业强调以本地旅游为基础，辐射带动相临相近区域旅游产业的发展，实现旅游产业的区域合作的互利共赢。从产业发展的角度，大旅游产业强调通过培养龙头旅游企业，建立旅游品牌，增强旅游产业的发展活力，从而提升旅游产业的吸引力，使更多高素质人才投身旅游事业。从综合效益来看，大旅游产业强调通过提升旅游产业的整体效益，进而带动整个社会政治效益、经济效益、文化效益和生态效益的协调发展。总之，大旅游时代的特点是大资源、大产业、大区域、大市场、大效益。

一、大旅游时代的特性

（一）大资源

旅游资源是旅游产业的核心。传统的旅游资源主要依赖自然禀赋和历史文化遗产。而随着社会的发展，人们的旅游动机趋于多元化，个性化。人们所向往的旅游景点不单单是优美壮阔的自然景观和富含历史文化底蕴的人文景观，而趋于多元化、全面化，旅游资源的范围得以拓展，出现了"大资源"概念。这种"资源"可以是实景的，也可以是虚拟的；能够涵盖世间万物，海陆空三地，但凡有人感兴趣，就可作为旅游资源进行开发。"大资源"的概念符合市场发展对旅游资源多样化开发的需求，能够实现旅游资源的循环更新和可持续开发利用，进而推动大旅游产业的发展。除此之外，旅游资源范围的扩展增强了旅游资源各元素之间的联系，提升了旅游目的地的整体吸引力和影响力。

（二）大产业

在旅游产业发展的不成熟阶段，旅游资源产业化的意识较弱，加之人们的生活水平较低，旅游只是人们生活中可有可无的存在，尚不足以构成产业，因此经济效益极弱，处于整个社会产业结构的边缘。而大旅游时代，经过长期的发展和市场磨炼，旅游产业不再是简单依靠自然景观和人文景观的游览活动，而是涵盖"吃、住、行、游、购、娱"核心产业、直接相关的大旅游辅助产业以及间接相关的大旅游关联产业的综合产业体系，旅游产业的内涵和外延不断得以提升和拓展。大旅游视野下的大产业链，狭义上是"吃、住、行、游、购、娱"六大核心要素产业的重构调整，通过企业之间的密切协作形成统一产业链，为游客提供自上而下的、便捷优质的服务。广义上"大产业链"还包括旅游核心产业与外围弱关联产业的混合并购，通过产业链的外部扩张，延长产业链，以旅游业带动农、林、牧、副、渔、工、商、教、文、卫等第一、二产业的发展，带动传统产业的优化升级，进而实现旅游产品和服务的高度多样化和丰富性，实现大产业链整合。完善的产业链是抵抗激烈市场竞争的有力保障。

（三）大区域

加强旅游区域合作，破除传统的以行政区域为背景的旅游产品划分，根据旅游特色进行旅游产品的设计与开发是大旅游产业的另一个重要特征。旅游目的地之间存在不一样的共生关系，或相互促进，或相互竞争，或相互寄生。如果目的地之间景观类型、游览价值、基础设施建设等方面存在差异，那么两者会因相互竞争优胜劣汰，也会因差异化而独树一帜。而优质旅游资源与劣质旅游资源的相互寄生，或为扩大资源范围，或为了"残喘苟活"，但终会降低旅游资源的整体效益和市场竞争力。而大区域概念，则避免了旅游资源的恶性竞争，通过合理有序的资源整合，求同存异，因共性迸发整体效益，因特色而各有专攻，从不同角度吸引游客，在不同旅游景点之间实现优势互补、资源共享、利益共谋。大旅游时代，产业的发展离不开旅游资源的跨区域整合和因地制宜型发展，这既可以解决旅游业同质化低水平竞争，还能促进旅游资源的保护与可持续发展，避免游客分流甚至是两败俱伤。

（四）大市场

未来旅游市场可持续发展的强大动力来自于各类市场的消费需求。大旅游产业的发展建立在大市场观的基础之上。首先，大旅游产业更加注重以市场为导向，关注市场供需变化，顺应市场需求构建大产业体系。其次，大旅游产业不仅关注核心旅游活动对游客需求的满足，更加关注旅游相关产业、外延产业对社会带来的整体效应，包括政治、经济、文化、生态的方方面面，通过旅游业的发展和拓展同时带动其他产业市场的培育和发展；最后，通过积极开拓各类客源市场，扩大旅游产品的市场吸引范围。

（五）大效益

大旅游产业具有全新的价值取向。首先，"大旅游"追求旅游资源的合理开发和可持续发展，对于尚不能开发的旅游资源采取保护措施，等待时机成熟再开发或永不开发。其次，相比于传统旅游忽视旅游业的社会效益、文化效益、生态效益三大效益的协调发展，仅仅以谋求经济效益最大化为主要发展目标，大旅游产业追求旅游主客体的协调发展，谋求产业发展对社会的整体综合效应，涉及政治、经济、文化、生态的方方面面，如人民水平的提高、收入的增加、基础设施的改善、生态环境的优化、城市形象的提升等等，兼顾直接利益与间接利益的统一，兼顾长远利益与眼前利益的统一，兼顾正面利益与负面利益的统一，致力于推动旅游业的良性循环和健康发展。

二、大旅游时代的实施路径

（一）构建指挥网络，加强资源整合

大旅游时代，借助于互联网技术、信息通信技术、空间定位技术，实

现旅游目的地"吃、住、行、游、购、娱"各要素之间的紧密连接，全面、及时、有效感知与传递游客所在地理位置相关的安全信息、交通信息、客流情况、服务设施和相关基础设施，并对此信息进行存储备档，构建旅游资源系统信息库，再通过大数据技术，对相关信息进行科学化、系统化的挖掘分析，不断健全智能旅游管理，提升优质旅游服务水平，推动传统旅游产业向智能旅游产业转型，推动大旅游时代的到来。

（二）打破地域壁垒，实现信息共享

旅游产业是典型的第三产业，游客对旅游产品和服务的满意度直接决定了旅游企业的生存与发展。大旅游时代，旅游企业不仅需要掌握全面的旅游信息，还应该以游客为中心，以市场为导向，了解国内外客源市场变化，全面、及时、准确地把握游客需求，提供定制化的、个性化的、优质化的旅游服务。网络信息传播因其成本的低廉性、不受时空地理限制的便利性，传播范围的广泛性，推动了商品和要素的自由流动，便于培育统一的区域旅游品牌，共享品牌形象、销售队伍和销售渠道，实现旅游资源整合的最大化，为旅游企业注入源源不断的活力。

（三）共建基础设施，推动可持续发展

大旅游产业依托于完备的基础设施建设，如海、陆、空各交通体系的构建和完善。完善、统一、健全的服务网络体系和基础设施体系，能够推动旅游目的地各旅游景点的有效联动，提高景区的旅游接待能力和服务能力，更好地推动大旅游产业步伐。除此之外，大旅游时代要推行可持续发展战略，坚持生态优先、保护先行，实现旅游资源的合理开采、可持续利用、增值保护，努力做到"前人种树，后人乘凉"。

（四）建立战略联盟，推动企业集约发展

大旅游时代，旅游产业是一个综合产业体系，这就决定了其必须依靠

资源共享、产业整合、资本重组、集约发展推动旅游企业的集团化发展。较为成熟的旅游企业集团化发展模式分为横向一体化和纵向一体化。其中横向一体化是指通过合作和并购，实现资本在同一产业和部门内的集中，从而快速获得互补性资源和实力，扩大生产规模、降低成本、提高企业竞争优势。而纵向一体化是指沿产业链占据若干环节的业务布局，目的是为确保市场供给、提高差异化能力、实现市场垄断、实现规模效益。

经过数十年的市场磨炼，我国已经培养出一批知名旅游企业，如国旅、中青旅、凯撒旅游、去哪儿、同程旅游等。但不可否认，大部分旅游企业产品单一，品牌的国际知名度和世界影响力较弱，品牌开发力度不够。旅游企业集约化程度较低所带来的规模不经济、资源分散等问题严重影响企业的经济效益。而遵循市场规律，以企业为主体、资本为纽带建立战略联盟，实现企业的集约化发展，能够合理优化资源配置，充分发挥其资源优势，提高企业的抗风险能力，提升企业品牌的知名度和国际影响力。

第四节　虚拟旅游：
你的旅游与世界平行了吗？

互联网时代，信息技术的发展改变了传统旅游的产业格局，也滋生了新的旅游形态——虚拟旅游。随着产业竞争的日益加剧，越来越多的景区开始利用网站推行在线旅游项目，使得旅游者可以随时随地、省时省力的游览景区景点，既享受到旅行带来的乐趣，又不存在旅游带来的时间成本压力。伴随着信息技术、互联网技术的快速发展，网络旅游经历了旅游在线咨询、旅游在线交易和景区在线浏览三个阶段的发展。旅游在线咨询阶段，游客主要通过互联网进行吃、住、行、游、购、娱六大信息的查找，其中主要是景区景点的信息查询、路线制定等。旅游在线交易阶段，随着电子商务的日渐成熟，交通订票、酒店订购、门票预订等在线交易活动日益成形。旅游企业也可适时推出团购、闪购等在线促销活动，刺激游客的消费需求，缓解旅游淡旺季的不平衡问题。前两个阶段都是基于实景演出，利用互联网，实现传统旅游功能的便利化，是旅游服务的网络化。而景区在线游览阶段则突破时空限制，一种形式是依托实景旅游，实现旅游活动的全网络化，既景区景点到包括游览、交通、交易在内的全旅游活动的虚拟化。另一种形式是超脱现实景区，虚拟创制的、现实中不会存在的旅游景点。该阶段，依靠先进的虚拟技术、交互技术、三维技术甚至是四维技术，使游客能够随时随地的、足不出户的进行旅游活动，既没有长途跋涉的疲惫，又不用忍受交通出行的拥堵，还能节省旅游的开支，更能避免难以防御的安全隐患。随着虚拟技术的日益成熟，游客的虚拟旅游体现将会更加真实，不可否认，虚拟旅游将会深化游客的旅游体验，成为产业发展的下一个增长点。

相比于实景旅游，虚拟旅游有狭义和广义之分，狭义的虚拟旅游是指通过互联网技术、信息技术和虚拟现实技术在虚拟景观中的浏览活动；广义的虚拟旅游不仅包括基础的浏览活动，还包括与其他虚拟旅游爱好者的社交互动、虚拟旅游产品的交易活动等等。总之，虚拟旅游是指是以网络为依托，以虚拟现实和虚拟世界为平台，以三维虚拟景观旅游为基础，结合虚拟社区、网上购物和预订等实现的全憩的虚拟旅游生活空间。[1] 依托虚拟实景技术，游客不仅能够省时省力的获得在实景旅游中的各种旅游体验，还能获得超脱现实的旅游体验。

一、虚拟旅游的诞生

随着人们生活水平的提高，传统的旅游产业结构难以满足人们个性化的旅游消费需求。同时，随着旅游产业的日益成熟，互联网信息技术、交互设计技术和三维虚拟技术的日臻完善，虚拟旅游逐渐成为可能，迸发出巨大的市场潜力和发展势头。具体而言，虚拟旅游的产生有其时代背景和现实意义。

（一）信息时代的必然产物

信息时代，数据的采集、分析、处理能力，高科技的生产和掌握能力，对用户需求的掌控程度是衡量产业发展的重要标准，是影响产业可持

---

[1] 吴光锡. 虚拟旅游产生的社会学原因分析与思考 [J]. 中国商界，2009（1）.

续发展的重要因素。旅游产业作为典型的现代服务业，是信息密集型产业、科技密集型产业、智慧密集型产业。虚拟旅游便是旅游产业科技化、信息化、智能化的代表。随着人们生活节奏的加快，工作压力的增强，人们需要通过旅游实现身心的放松，然而时间却成为阻碍人们进行旅游活动的主要因素。虚拟旅游因其不受时空、地理限制的随意性、任时性，可以实现游客随时随地、足不出户的旅游，省去了传统旅游的交通问题、住宿问题、成本问题等，使得人们可以免去旅游带来的烦恼，直接享受旅途过程中的愉悦和放松。

（二）满足个性化需求

虚拟旅游对传统旅游在旅游步骤和环节上的缩减，使得全民旅游和个性化旅游成为现实，特别是满足特殊旅游群体的游览需求。首先，虚拟旅游的无危险性，使得追求极限运动的旅行爱好者及其亲属省去对个人人身安全的担忧。传统旅游中，部分景区对游客的身体素质提出较高的要求，如海底遨游、攀岩等等，就连西藏地区也因部分游客的心脏问题、高血压问题而成为一种遗憾。虚拟旅游则突破了旅游活动对游客身体素质的限制，原本只有少数游客可以欣赏的美景成为大众景观，满足越来越多普通旅游爱好者的需求，特别是使得身体不便的游客的日常旅游成为一种可能，依靠逼真虚拟技术，他们可以像普通游客一样享受旅游带来的乐趣。其次，虚拟旅游的成本低廉，使得旅游成为一件生活日用品。目前部分传统旅游项目对旅游装备的要求较高，受经济条件的限制，很多游客对高端旅游的需求难以得到满足。而虚拟旅游则突破了经济条件的限制，使更多的旅游爱好者免除了后顾之忧。旅游成为想不想，而不是能不能的生活方式。

（三）可持续生态发展的必然结果

尽管旅游产业被称为"绿色产业""无污染产业"，但由于旅游产业的实质是人类活动，一方面受游客思想素质的限制难以杜绝污染物的产生，另一方面由于旅游景区有限的资源、环境承载能力和游客日益增长的旅游需求难以匹配，造成对景区自然、生态、人文环境的破坏。随着旅游产业的爆发式发展，由资源可持续开采意识淡薄、技术落后导致的资源过度开采、滥开采问题难以得到有效的解决，特别是一些较为珍贵稀少的自然生态资源和历史文化遗产，一旦遭到破坏就很难还原。因此，如何控制高峰时期的游客量、保护旅游资源成为影响产业可持续发展的难中之难、重中之重。利用虚拟现实技术推动虚拟旅游成为现实，能够在一定程度上转移游客的关注点，分散客流，缓解旅游资源的承载压力。其次，脱离现实旅游资源和目的地的虚拟旅游，并不会产生实实在在的污染物，会成为推动旅游产业可持续发展的重要举措。

二、虚拟旅游的应用前景

虚拟旅游是信息化时代伴随着互联网技术、通信技术、虚拟现实技术的快速发展，旅游产业技术化、信息化、智能化的产物，具有较为广阔的市场前景。大部分虚拟景区是以现实景点为参照物，虚拟旅游因其体验的真实性、成本的低廉性、应用的广泛性、功能的健全性，成为现实旅游的重要补充，成为旅游管理、旅游策划、旅游可持续发展的重要手段。首先，在旅游管理方面，旅游产品和服务的受欢迎程度，游客的满意度都能得到有效的展现，依托于互联网的虚拟旅游更能全面、快捷的记录所有游客的游览轨迹和习性，为企业改良旅游产品和服务提供丰富的数据支持。除此之外，虚拟旅游也是现实旅游的最形象生动的宣传手段。其次，借助于虚拟现实技术和交互技术，虚拟旅游能创造现实世界不存在、不能呈现的景观，使旅游真正摆脱时空的限制，历史场景得以复原，未来世界得以创造，满足游客对无限旅游的需求，成为提升游客视野和见识的有力助手。在旅游规划方面，借助虚拟旅游，企业能全面、详尽地了解游客的消费习性和旅游需求，在景区规划的同时，合理调整景区资源的配置，规避高峰时期的客流量,实现旅游资源的协调利用。除此之外,虚拟旅游是企业进行新景区规划的"实验田",将未上市的规划方案通过虚拟技术进行呈现,在游客中进行测试,一方面能根据游客的反馈及时进行调整,降低成本消耗,确保景区规划的合理性、实用性;另一方面也能为新景区造势,扩大知名度。在旅游产业的可持续发展方面,虚拟旅游扩大了旅游资源的丰富性,转移了部分游客的注意力,规避了旅游旺季的客流量,分散了实景旅游的环境、资源承载压力。一些游客承载力较弱的景区如敦煌、布达拉宫等,根本难以满足所有游客的游览需求,对于那些有强烈旅游需求而又难以实现的游客,虚拟旅游成为他们的另外一种选择。

(一)虚拟旅游的信息查询

虚拟旅游是现实旅游的重要补充,其中最主要的体现就是虚拟旅游的信息查询功能。游客通过游览依托于现实景观的虚拟景观,对现实景观有了先前体验,是最真实、可靠、全面、详尽的信息资料,能够帮助游客进行最佳旅游决策,最优旅游路线制定。因此,未来,虚拟旅游是游客进行信息查询必不可少的平台和手段。

(二)虚拟景观游览系统

无论是虚拟旅游还是现实旅游,景点景观的游玩游览都是其核心功能。虚拟旅游借助虚拟现实技术、互联网通信技术、多维交互技术构建虚拟景观环境,游客以虚拟游客身份进入景区,不受时空、地理限制,享受随时随地、足不出户的旅游活动。随着高新科技的不断更新,游客的游览体验将会更加真实,不仅可以静静地享受视觉和听觉盛宴,也可以调动触觉、嗅觉,通过肢体活动参与虚拟旅游的方方面面,获得超越实景旅游的体验。虚拟景观中位置定位和电子导航技术得以充分的展现,游客可以随时调整路游路线,不受时间、身体条件的限制,重复旅游、多次旅游,参与感更强,真正实现旅游的自主化和个性化。超脱于现实景观的虚拟景观拓展了游客旅游的空间，以更丰富、有趣、难以想象的旅游体验造福游客。

（三）虚拟旅游社区

1993 年，Rheingold 首先提出了虚拟社区（Virtual Community）的概念，虚拟社区是指"一群主要通过网络彼此沟通、讨论的人们，彼此有某种程度的认识、充分的感情，分享某种程度的信息与知识，在网络空间中形成个人关系网络的社会集合体"。[1] 虚拟社区是人类依托于另一个空间的生活方式，它既是现实生活的复制，也是现实生活的延伸和超越。然而，虚拟社区不同于传统的网络社群，不以经验分享、个人情感升华为主要依据，而更多的表现文化性、社交性。因为身份的虚拟性以及旅游活动本身的解压性，游客行为与语言更加随性、真实、无拘束，表现出更为强烈的情感诉求意愿、交友意愿。同时，虚拟社区人人平等，完全解除了现实社会的隔阂，人性得到最真实的释放，游客之间的互动更加亲密，使得游客因现实生活疲惫不堪的心灵得到彻底的释放。

无论是现实旅游，还是虚拟旅游，景观享受都不是游客唯一的目的。人际交往、情感皈依是最不可替代的重要组成部分。因为兴趣的共鸣，围绕旅游及其相关主题，游客之间畅谈无阻、无拘无束，从旅游偏好到旅游历程，从信息咨询到经验分享，从酒店预定到共享美食，旅途中的奇闻趣事永远都会是游客们津津乐道、不厌其烦的热点话题。因为陌生的群体，热爱的话题，游客很容易就在虚拟社区找到远离现实生活繁杂的情感皈依，无论是通过经验分享获得旅游体验的升华，还是通过体会别人的旅游经历丰富见闻为个人旅游做准备，抑或是在给予帮助和接受帮助中体会人际交往的温情，进入虚拟旅游社区本身就是一次有益的旅行。

---

[1] 霍华德·莱茵戈德. 网络素养 [M]. 张子凌, 老卡, 译. 北京：电子工业出版社, 2013.

（四）虚拟旅游的网上购物与预定

购物是游客旅游活动必不可少的环节，是游客游览体验得以升华和完善的重要体验。类似于网络游戏的虚拟交易和超现实交易，虚拟景观依然具备电子购物、网络交易的功能。由于互联网的互联互通，虚拟旅游网站更能吸引愈加广泛的游客群体和企业单位，成为连接游客和旅游产品服务生产者、经营者、交通运输机构、酒店，甚至是演出单位、新闻机构的重要枢纽和平台。

虚拟旅游正悄悄地丰富人们的日常生活和情感生活，改变人类的生活生存方式。它是旅游产业高度信息化、科技化、智能化的产物，带领人们实现从思想到行为的虚拟化、数字化、互联化。尽管受技术条件的限制，虚拟旅游还不能完全脱离现实景观，带给人们完全虚拟的旅游体验。但是随着信息技术的日新月异、更新换代，虚拟旅游掀起的产业革命正悄然发生，成为智慧旅游时代，与现实旅游并驾齐驱的旅游热点，也将是人类休闲生活的新开始。

第五节　决胜移动终端：LBS 崛起

随着互联网信息技术的快速发展，移动互联网也将呈现爆发式增长，高新技术日益成为人们日常生活必不可少的组成，融入人们的工作、学习、生活中，并使得人们的生活方式发生了翻天覆地的变化。移动互联网技术、移动终端和无线通信技术的快速提升，更是缩短了人与人之间即时沟通的时空距离，实现了对空间的全方位覆盖。随着智能手机、平板电脑等移动终端的迅速普及，三网融合，4G 时代的到来，基于空间位置的旅游资源开发和旅游服务将迸发无限的商机。

LBS（Location Based Services，基于位置服务）正是在这种背景下发展起来，并逐渐开始走向成熟的。LBS 又称位置服务、适地性服务、移动定位服务、置于位置的服务，即在移动环境下，利用 GIS（地理信息系统）、GPS（全球定位系统）、网络通信多媒体技术，在电子地图平台的支持下，通过移动终端、移动电话、掌上电脑和智能手持设备，和无线网络的配合，实时确定移动用户的位置，及时响应用户的请求，为用户提供相应空间信息的增值服务。[1] 借助 LBS，可以方便准确的定位个人所在地，对周边信息进行查询搜索，从而为游客提供全面、快捷的服务。现有的 LBS 应用

---

1 陈兴，史先琳.基于 LBS 的旅游位置服务思考［J］.技术与市场，2013（4）.

主要包括三种，一种类似高德地图，主要提供位置信息，方便路线查找、交通出行；第二种类似车载导航服务，为用户提供详尽的行进路线；第三种根据位置定位，提供该区域内相关的"吃、住、行、游、购、娱"查询服务。

旅游业是一项综合性的服务产业，涉及"吃、住、行、游、购、娱"六大要素，其中很多因素都可以借助互联网这个平台更好地服务游客。随着移动互联网技术和移动通信技术突飞猛进式的发展，智能手机、平板电脑等终将在旅游过程中发挥多层次、全领域的旅游服务作用。信息时代，移动终端和LBS的交互式发展将推动旅游产业的规模式发展。未来，人们的旅游出行只需依靠一部小巧轻便的手机和一些不需要任何花费的手机客户端就可以轻松搞定。

一、LBS旅游服务模式的特征

（一）社交共享

旅游信息资源的共建共享是LBS交互服务模式的核心价值。一方面，用户通过App信息推送等多种方式接受商家信息，并对此进行信息反馈；另一方面，用户通过图片、文字、视频等形式，将其旅游体验和感受分享到微信、微博、论坛及其他网络社区等自媒体网络，具有相同偏好和体验的用户会对此进行浏览、评论、转发、分享，如此实现社交共享功能。用户之间的转发、分享实现了旅游信息在网民之间的传播。由于网民在社交网站的网络活动大多为无组织的自发行为，主要在于寻求相同旅游体验的共鸣和分享，其内容的原创性和真实性更高，自然而然具有较高的点阅率，成为潜在用户进行旅游决策的重要参考，其影响力远大于企业的自我推荐。

旅游社群是以旅游出发地和旅游目的地为凝聚力的社交平台，其本意在于驴友们的旅游体验分享和互动，实为社交。然而，值得注意的是，旅游社区也存在信息过量和碎片化的问题，无疑增加了游客进行精准信息查找的难度。而 LBS 在旅游社群中的应用，很好地弥补了这一缺陷。通过旅游目的地定位或者旅游出发地定位，游客能更便捷快速地实现社交需求，提高游客的满意度。

（二）合作共赢

游客通过旅游目的地定位所进行的信息查询，主要包括景区介绍与评价、酒店服务与预定、餐饮等。旅游产业是包含以"吃、住、行、游、购、娱"为核心的主导产业、直接相关产业及间接相关产业在内的综合产业体系，因此用户对旅游活动的评价不仅仅包括对景区游览舒适度和满意度的评价，更包括餐饮、酒店、交通等整个大产业链各环节的评价，任何一环节的缺失都会造成游客满意度的下降。因此，旅游产业各要素间应当紧密合作，提升整体产业价值链的互利共赢。特别是随着移动互联网技术和移动终端技术的不断提升，包括景区运营商、酒店、餐饮等在内的相关旅游企业应当加强与运营商、移动终端生产商、App 平台运营商的紧密合作，提高定位及相关服务、信息推送服务等等，提高旅游目的地及旅游企业的影响力和竞争力，提升产业价值链的整体效益。

二、基于移动终端的 LBS 旅游服务模式

智慧旅游时代，随着散客、自助客的增多，游客自主参与旅游决策的意识增强，个性化趋势日益突出。传统的以导游为主导的旅游服务模式遭受巨大的冲击。随着游客自主性的增强，基于移动终端的 LBS 旅游服务模式将会给旅游产业带来革命性的改变。

（一）旅游信息查询

借助于 LBS，未来游客的旅游信息查询将会更加便利。旅游者可以随时随地查询关于旅游目的地的详细景区介绍、游览路线和酒店、餐饮、交

通等相关信息。特别是随着人们生活节奏的加快，巨大的工作压力使得越来越多的游客追求"一场说走就走的旅行"，旅游的随意性和无计划性增强，先享受旅游景点，后预订宾馆、查询美食的情况随时发生。借助于LBS，游客无须需担心无计划旅游的不便利性，只要打开智能手机、IPad等智能移动终端就可以查询到离自己最近的宾馆信息，包括住宿条件、住宿费用、服务质量及客户评价等，交通信息、餐饮信息也是应有尽有。

（二）景区导览服务

传统旅游中，游客在游览过程中对景区景点背景资料、人文典故的了解程度仅限于导游的文化水平和对景区的熟悉程度，有时还会受到服务质量和团队成员的影响。随着旅游产业的信息化和游客需求的个性化，传统的导游服务已经不能提供高满意度的导览体验。基于LBS的景区导览服务恰恰能很好地弥补这一点。通过定位，获取所在目的地周边的景区，游客可以直接获得关于景点详细的图片、文字及视频介绍。基于LBS的景区导览服务像一位自助讲解员，通过多种输送渠道传递给游客丰富的景区介绍，让游客不受外界打扰享受一对一的、专属的导览服务。除此之外，基于位置的精确定位，游客还可以随时获取所在地的天气、交通等各种信息，从而方便游客随时调整出行计划，免受交通拥堵、阴雨天气的影响。

（三）社交分享服务

社交分享是人们生活中必不可少的情感支持，而旅游活动中的人际交往更是人们制定旅游路线、获取最佳旅游体验的重要途径。通过分享旅游过程中的点滴提升游客旅游活动的幸福感，升华旅行体验。基于LBS的社交分享服务不仅可以满足旅行者通过添加好友，关注好友最新分享的互动需求，还可以满足游客在旅行过程中，向附近陌生"好友"求助即时问题的需求。随着移动互联网技术的快速发展，无线通信技术、4G网络的全面覆盖，未来游客将越来越多地依靠LBS与附近的驴友进行旅游分享和问解决。除此之外，游客还能通过朋友在旅游过程中的位置定位，了解其旅游经历，共同分享旅行的乐趣。

（四）位置跟踪服务

LBS在智能旅游中的另一个重要运用就是借助位置追踪服务，研究分析游客的游览轨迹和游览习惯，进而优化景区服务管理。定位游客游览位置的意义在于，通过大数据技术分析挖掘游客的历史游览轨迹数据，分析旅游景点景区在不同时间段的客流变化，推断出游客对景点的兴趣程度以及景点景区的客流高峰期，进而完善对景区的调整和管理。未来，通过位置追踪服务掌握游客的游览轨迹和行为特征，是满足游客个性化、智能化旅游服务需求，提升游客游览体验的重要途径。

（五）应急救援服务

游客安全管理是景区游客管理的重要内容。移动位置服务具有播报准确、实时并具有一定的扩展能力，因而在景区应急救援与安全管理中具有极大的应用价值。目前，游客在遭遇危险需要紧急求救时，只能依靠电话求助，这就给既需要求助而又不方便电话报警的游客带来了极大的危险和不便，特别是遭遇突发疾病等紧急危险的游客。未来，通过LBS实现对游客位置随时随地的记录，保持景区、游客、救援人员畅通无阻的联系。一旦游客遭遇危险，就能迅速调配就近的救援团队实施救援，保证救援的及时性。除此之外，游客还可以在游览过程中随时接收安全预警信息，优化游览路线，及时调整游览计划，规避不必要的风险，保证游览安全，优化旅行体验。

LBS是互联网技术与旅游产业的完美结合。它以游客需求为核心，通过定位技术、通信技术等多种智能科技，帮助游客享受游览的全过程，包括旅游信息查询、路线制定、产品订购等等，通过高品质、个性化、人文化的服务实现旅游的智能化。LBS必将推动旅游产业的革新和转型，成为产业发展的下一个"蓝海"。

第六节　"互联网+旅游"呼唤改变旅游世界的创业者

为贯彻《国家中长期人才发展规划纲要（2010—2020年）》《国家中长期教育改革和发展规划纲要（2010—2020年）》《国务院关于加快发展现代职业教育的决定》有关精神，落实《国务院关于促进旅游业改革发展的若干意见》和"515战略"要求，加强旅游专业人才培养、储备，为旅游业改革发展吸引、汇聚更多优秀人才，2015年7月2日，国家旅游局印发"万名旅游英才计划"实施方案，面向重点院校和旅游企业组织开展示范性旅游人才项目，以项目资助为主要手段，从今年起用3年时间分批遴选、培训万余名旅游相关专业的教师、学生，以及旅游企业拔尖骨干管理人才和高级技术技能人才。同时，多方吸引、激励更多优秀人才立志旅游工作，攻读旅游专业，扎根旅游行业，奉献旅游事业。[1]

智慧旅游时代，旅游产业不仅包括传统旅游中景区的导游导览，也包括虚拟景区维护、宣传，更包括企业官方网站及移动终端的建设、维护、运营，以及在线旅游产品的订购、预售。这些跨越了经济学、管理学、市场营销学、信息工程、工业设计等多学科知识体系。因此，旅游人才的发

---

[1] 吕文.国家旅游局实施"万名旅游英才计划"[N].中国旅游报，2015-07-06.

展要顺应时代发展的要求，培养智慧型旅游人才。

信息技术的发展，也打破了传统的旅游人才格局，特别是导游人员。智慧旅游时代，每个重要景点和标志物旁都会设有二维码及自动感应装置，游客借助智能手机、自助讲解机等移动设备，通过扫描二维码或者连接自动感应装置，就可以获得关于景点详细的图片、文字及视频介绍。移动设备像一位自助讲解员，部分代替了导游的功能，通过多种输送渠道传递给游客丰富的景区介绍，让游客不受外界打扰的享受一对一的、专属的导览服务。随着散客、自助客增多，团队游减少，导游的接团数日益减少。与此同时，旅游社群和大数据分析技术也将取代导游路线规划的功能。智慧旅游时代，通过大数据处理技术对游客在网络中关于旅游信息的搜索词条和关注信息，能更快的设计出更贴心、更迎合游客个性化需求的旅游路线。同时，通过GPS、GIS等空间定位技术提供LBS服务，不仅能随时更新相关目的地的交通、天气、饮食等信息，还能实现政府、企业、游客的多方互动和沟通，提高旅游服务质量，提升游客旅游体验。

显然，互联网给导游从业者带来了冲击和挑战，旅游人才培养与结构调整迫在眉睫。

（一）创新人才培养理念

互联网时代，旅游人才培养的依据是旅游行业快速发展的现实及其人才需求。既具有线下实体旅游行业实践经验，又具备线上旅游产业操作能力的现代复合型人才是旅游行业今后培养的重点目标。树立大数据思维，加强对互联网技术、物联网通信技术和虚拟旅游技术人才的培养，根据市场需求及时调整教学内容和课程编排，实现理论学习与社会实践的完美融合，为教学研、实、操、做创造较为理想的平台，实现人才培养与应用、学生读书就业的无缝对接。

（二）加强跨学科培养

互联网时代，旅游人才不仅应当掌握较为扎实全面的专业知识和专业技能，还需要具备信息技术运用能力、营销策划能力、经营管理能力、外语能力、灵活应变能力等实操技能。旅游产业作为多产业融合发展的复杂产业体系，其人才的培养与体系构建更应当打破学科的界限，注重和强调人才培养的互通性和复合性，实现多学科知识的有机互动和融会贯通。

（三）整合教育资源

高端旅游人才的培养离不开优质教育资源的整合。因此，要根据市场对人才发展的需求，加强高等院校、研究机构、行业协会与企业之间的密切合作，联合培养高级旅游策划人才、经营管理人才和研发人才。除此之外，还要加强国内外教育资源的整合，形成与海外高校及教育培训机构的合作培养，创造多途径的人才培养渠道。同时，还要加强政府扶持力度，鼓励企业投资建设旅游研究机构，加强对旅游发展趋势和新兴旅游业态的把握，为培养高级旅游研究人才和实践人才创造条件。

（四）加大数据库建设

大数据时代，人力资源数据库的建设尤为重要。充分发挥大数据、云计算技术，建立全领域、多层次、沟通畅通的旅游人才数据库和人才交易平台。通过网络整合，发布企业的人才需求信息及政府的人才培养政策，吸引各类旅游人才的集聚，建立良性对接机制，实现人力资源供需双方的协调发展，从而构建一个互动频繁、资源丰富、专业、开放的旅游人才交流系统。

（五）实施人才集聚战略

着眼于国际国内两种旅游人才资源，利用国内国外两个市场，加强旅游人才的国际化培养，是旅游行业发展的重要方向。一方面，实施人才引进计划，吸引优秀人才投身中国的旅游事业，特别是人才紧缺的领域。同时，积极邀请国际旅游领域的知名专家学者、企业领袖、政府官员来华交流经验和行业动态、趋势。另一方面，积极推动人才"走出去"，通过政府资助、企业扶助等多种途径，创造人才出国交流学习的机会，拓展我国旅游人才的国际化视野，满足市场多样化的发展需求。

互联网时代的旅游产业急需创新，而创新需要人才。互联网时代，高端旅游人才的培养和旅游人才队伍的建设，将对我国旅游产业今后的发展带来颠覆性的影响，在推动我国旅游产业新一轮转型升级中发挥着不可替代的重要作用。政府、高校、企业应该加强合作力度，拓展合作深度，积极探索实现旅游人才培养、人才提升、人才流动、人才结构平衡等问题的可行之道。除此之外，随着旅游产业的发展，信息技术的更新换代、市场需求的不断变化，旅游人才培养结构和重点应随时调整。无论如何，人才是基础，是核心竞争力，是行业发展的不竭动力。

第六章

国外在线旅游公司案例分享

在线旅游 C2B 商业模式的开创者——Priceline

全球最大的在线旅游公司——Expedia

打造旅游 O2O 生态系统——TripAdvisor

全球最大的假日房屋租赁在线服务提供商——HomeAway

全球最大的旅行租房社区——Airbnb

全球最值得信赖的在线旅游精选特惠推荐平台——Travelzoo

第一节　在线旅游 C2B 商业模式的开创者——Priceline

Priceline（普利斯林公司）是创建于 1998 年的一家基于 C2B（即 Customer to Business 消费者对企业）商业模式的旅游服务型网站，是目前美国最大的 OTA（Online Travel Agent 在线旅游公司）。登录 Priceline 网站，在首页简单明了的呈现出供选的酒店、机票、租车以及旅游保险等菜单栏。（如图 6-1 所示）Priceline 是一家典型的平台型中介公司，它为买卖双方提供各自所需的信息，以便谈判、完成交易，并从中抽取一定比例的佣金。Priceline 在亚洲、欧洲、中东、非洲及北美等 90 多个国家提供 32 种语言的网上预订机票、酒店、租车、邮轮及旅游保险等旅游在线服务，全球 1600 多万游客通过 Priceline 预订全球 125 个国家中的 64000 间优惠酒店。同时，Priceline 运营 Travelweb.com、booking（在线酒店预订缤客网）、Agoda.com（Agoda 全球酒店预订网，为全球旅客提供泰国、日本、韩国、美国、菲律宾等 5 万多个目的地，超 55 万家酒店的优惠折扣价格信息）、Lowestfare.com、RentalCars.com（全球最大的租车代理平台之一，在全世界有 6000 多个地点，年订车超过 200 万辆）和 BreezeNet.com 等旅游网站。

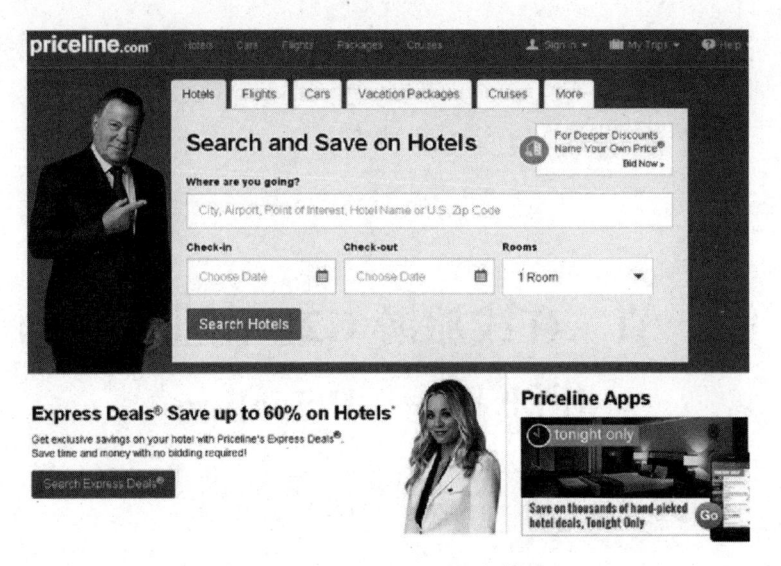

图 6-1　Priceline 网站首页

一、发展历程

Priceline 于 1998 年在美国创立，凭借 "Name Your Own Price（用户出价）" 这一独特的商业运营模式拿到一亿美元的融资，微软的联合创始人保罗·艾伦（Paul Allen）这样级别的人物也在 Priceline 早期的投资人名单中。1999 年，有 18 家航空公司加入 Priceline 淡季机票销售计划，Priceline 用三个月时间卖出近 20 万张机票，最高纪录一天卖出了 6000 张机票。在竞争激烈的美国和加拿大航空市场，希望有高上座率和多种销售渠道的航空公司十分欢迎 Priceline 售卖他们的机票。

1999 年 3 月，Priceline 在美国纳斯达克上市，众多投资人竞相追捧。不足一个月时间股价便上涨一倍，超过 160 美元。然而这种辉煌并没有持续太久，在 2000 年互联网泡沫破裂时，Priceline 股价曾跌至不足 2 美元。2000 年的最后一天，创始人 Walker 面露难色离开了公司董事局。

2001 年 2 月，香港的大型跨国企业和记黄埔及长江实业逐渐成为 Priceline 最大的股东，增持股份超过 30%。此后，公司开始推行一系列减少运营成本的改革措施，诸如延缓拓展新业务、裁员超过 1/3、减少办公室面积等，将更多的人力、物力放在酒店、机票的预订服务上。此外，公司在服务质量上不断推出新举措，缩短响应客户订单和回复邮件的时间，80% 的电子邮件必须在三小时内回复。终于，这一系列的改革措施帮助 Priceline 度过了互联网泡沫所带来的不景气。

2003 年以后，互联网经济发展迎来复苏，Priceline 也凭借独特的 "Name Your Own Price" 商业模式和精准的市场扩张策略进入飞速成长期。

2004 年 9 月，Priceline 以 1.61 亿美元的价格收购了英国的 Active Hotels（线上酒店预订服务公司），开始正式进入有巨大潜在用户的欧洲市场。

2005 年 7 月，Priceline 以 1.33 亿美元收购了荷兰一家酒店预订网站 Bookings BV，继续扩大欧洲市场。此后，Priceline 将收购的英国和荷兰的两家公司整合为在线旅游网站 Booking（缤客网）。Booking 现在已发展成为欧洲最大的在线旅游网站。

之后，Priceline 开始扩大进军亚洲市场的步伐。2007 年 11 月，Priceline 收购了位于曼谷和新加坡的在线酒店预订公司 Agoda（安可达）。

在亚洲和欧洲市场的不断扩张为 Priceline 带来了业务的增长。2010 年 5 月，为了提升旗下租车服务的业务量，Priceline 又收购了英国曼彻斯特的租车网站 Travel Jigsaw。来自美国市场以外的订单已占 Priceline 订单总数的 60%。

二、发展模式

2013 年，Priceline 全球营收 15.41 亿美元，税后利润 3.78 亿美元；2014 年，营收 18.41 亿美元，税后利润 4.52 亿美元，两者增幅均近 20%。国际权威评级机构晨星公司在 2015 年 6 月发布的报告中预测，到 2019 年 Priceline 旗下的 Booking.com 在度假租赁领域的在线预订市场份额将从目前接近 20% 增长到 25% 左右，2015—2019 年其复合年增长率将达到 22%，行业平均水平约为 15%。

　　Priceline 一直秉承以用户为中心的服务理念，提供因地制宜、因人而异、优质低价的服务。例如其提供的电话定价服务可以让消费者每月节省 40% 左右的长途电话费；他们发现亚洲人对在网上输入银行卡号仍存有安全疑虑，便特地开设人工服务的热线中心，让用户可以直接向客服人员说出信用卡号码，而在美国并没有人工热线中心。

　　Priceline 的发展模式主要可以概括为三点：担当网络中介商；多品牌独立运营协同发展；注重跨界合作经营以壮大市场。Priceline 作为网络经纪型平台中介商，建立了一种间接式分销渠道模式并将旅游产品生产者（服务提供商）和旅游产品消费者连接起来。（如图 6-2 所示）

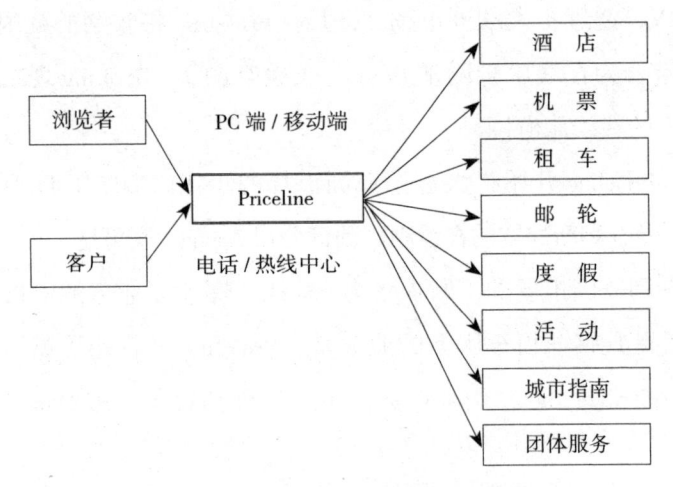

图 6-2　Priceline.com 功能结构图[1]

（一）自助定价法则

　　Priceline 最大的特点就在于创造了一种与传统预订业务完全不同的服务——"Name Your Own Price 自助定价"，实现了连接生产者和消费者的桥梁作用。由于申请了专利，所以近二十年的时间里竞争对手不能

---

[1] 李东. 在线旅行服务商业模式研究［D］. 泉州：华侨大学，2011.

使用该商业方法，学术界则称为"逆向拍卖"或"买方定价"。简言之，就是在买方定价的交易平台上，用户提出产品的心理预期价格及对产品的大致要求，然后等待产品供应商决定是否接受此价格，并为消费者提供服务。比如，在 Priceline 网站上预订酒店的消费者只需要将自己需求的酒店星级、所在城市的大致区域、入住日期和价格范围提交系统，不到一分钟 Priceline 网站会返回一个页面，告知此价格要求是否被接受，并将预订的酒店名称、地址及联系电话反馈给消费者。[1] 如果酒店方接受了用户提出的要求，消费者就必须接受这次交易，无论该酒店是否中意。因购买行为不能反悔，所以此模式也被称为"逆向拍卖"。如果消费者比较擅长谈判竞价，最终很有可能只花一半的费用订到高级酒店，当然它也有一定的制约因素：用户在线预订时，只能选择所需酒店的星级和期望所在区域，在订单成交之前用户并不知道酒店的具体地址。在订机票时，只能选择出行日期和目的地城市，在成交前也不知道确切的起飞时间、航空公司、是否需要转机等。由此看来"逆向拍卖"不适合那些对时间要求精确的商务差旅人士，但是在时间自由支配的年轻人群体中很受欢迎。

因为有了"逆向拍卖"服务模式，Priceline 和 Expedia 相比较最大的优势就是价格。通过 Priceline 可以用 50 美元左右的价格竞拍到在 Expedia 上标价 100 美元的 4 星级酒店。这种价格差距，对于年轻人来说有重要的吸引力。

除此之外，Priceline 的"Inside Track"这项新服务还提供个性化机票预定服务，即针对个人的机票搜索工具新功能。预订之后用户可以收到全球各个目的地的价格样本（用户可从一个交互式美国地图中选择）、票价走势分析（最近机票价格涨落的幅度）、根据不同市场而定的最佳出发日期日历及价格下降提醒。

---

[1] 刘勇.Priceline：拍出你的需求［J］.商界评论，2011（4）.

（二）多品牌独立运营协同发展

Priceline 注重细分性，因此在酒店、机票预订、租车和订餐等领域都有不同品牌，各自运营，每一个品牌则更像精品商店，有独立的团队精耕细作，这能保证每个细分领域的领先地位。2004 年底，Priceline 新增了一个子网站 "villas.com"，用以深度进入度假租赁和物业领域。villas.com 的产品范围包括：带花园、阳光露台和游泳池的私人别墅、物业等，目标是家庭旅客和长期度假的客人。

2014 年，Priceline 通过这种"收购不整合，多品牌运营"的战略，总预订量同比增长了 28.4%，息税前调整后利润同比增长了 29.2%，收入增长比同行更快，预订数量方面也依然领先于全球其他在线住宿预订企业。

Priceline 拥有多个品牌，可以根据用户不同需求提供相应服务。对于价格十分敏感的目标客户，Priceline 承诺提供最低价服务，如果预订的酒店价格高于其他网站，则消费者可以获得免费入住机会。同时 Priceline 发起同盟计划，具体来说，加入同盟计划后，priceline 将会生成一段代码，同盟只需将代码拷贝到自己的网页中，通过各自网站或电子邮件平台向用户推广 Priceline，通过其网站跳转链接到 priceline 的客户每次成功预订，同盟成员都可以获得一定的佣金奖励。

（三）合作经营

Priceline 在不断的发展过程中，越来越注重与其他公司的合作，通过合作经营来壮大自己的实力，弥补业务短板，共同发展在线旅游事业。

2000 年 1 月，Priceline 与香港交易所最大上市公司之一和记黄埔有限公司合作，将在线旅游 C2B 的商业模式引入亚洲，逐渐聚焦有 26 亿消费者并正走向繁荣的亚洲市场。

2001 年，Priceline 与美国在线（American Online）结盟开始推广各项业务。

2002 年，Priceline 与 eBay 签订合作协议，Priceline 成为 eBay 机票和

酒店服务业务的独家供应商。

2003年3月，Priceline与Travelweb.com（成立于1990年，是国际航空运输协会和贸易区的成员之一）签订协议，实现合作；并与酒店订购联盟Budgethotels公司建立一个共有品牌的网站，并开始涉足航运订购业务。

2008年，Priceline分别和Travelport GDS及Virgin America（维珍美国航空）签署合作协议。根据协议，Priceline将在Travelport GDS的全球分销系统中处理订单，维珍美国航空为Priceline提供维珍美国航空的公布票价、航空时刻表及库存列表。2008年，Priceline与酷讯旅游达成合作关系，共同为中国网民提供全球酒店搜索服务。

2012年11月9日，Priceline以18亿美元的价格收购旅游搜索引擎Kayak Software。

2014年6月，Priceline以26亿美元收购了餐厅预订服务公司OpenTable，随后又以5亿美元投资于中国最大的旅游网站携程旅行网。

2015年5月，Priceline集团宣布收购酒店收益管理公司PriceMatch，[1] 并将其与为酒店提供技术、市场营销和分销服务的BookingSuite部门整合，从而进一步提升了面向酒店行业的服务。PriceMatch将会成为BookingSuite业务的一部分，这是Priceline集团在过去12个月所创建的一个新业务部门，从而与其强大的消费者业务形成互补。

BookingSuite将预订管理、渠道管理、品牌营销、IT支持等功能集合成一体化系统。在与PriceMatch的定价策略、提高收益管理的功能整合后，该系统将能更全面地提高酒店的RevPAR（Revenue Per Available Room的缩写，是指每间可供出租客房产生的平均实际营业收入）。由此Priceline对

---

[1] PriceMatch由四位法国年轻人在2012年创建于巴黎，据PriceMatch网站介绍，他们运用机器学习和数据驱动技术，以经济学统计方法及实时数据作为支撑，为酒店制定价格策略，为酒店提升收益。他们的算法会考虑到过往交易价格、酒店品牌口碑、竞争对手价格、当地节假日及特殊事件，乃至交通工具价格、天气、汇率等因素。综合这些信息后，他们为酒店推荐未来90天的最佳售价。酒店获得建议价格后，通过PriceMatch网站（即所谓云服务，无需安装客户端），可以一键把价格发送给各个渠道商。

所合作酒店直销端的"吸引"也更具诱惑。

三、中国业务

Priceline 在中国市场还没有太大作为，在中国的知名度并不高，只有比较有经验的中国游客才熟悉 Booking。主要原因在于国内旅行资源给予消费者的议价空间比较小；再有，中国带薪休假制度还未普及，国人旅游的时间相对集中在法定节假日期间，消费者对 Priceline 模式的需求动力不足。此外，旅游产品供应商的经营缺乏精细化，国家对相关旅行产品如机票的价格管制，都成为 Priceline 独特的自助定价模式在中国市场发展的障碍。但同时，大部分国内消费者都属于对价格比较敏感的群体。长远来看，Priceline 模式在中国市场必然能够成功，需要的只是时机成熟。当然，正如互联网其他领域一样，最终获得成功的很可能并非是 Priceline，而是一家更适于本国国情模仿其模式的本土公司。

2008 年，Priceline 在中国与垂直旅游搜索和预定网站酷讯旅游达成合作关系（2015 年 7 月 15 日酷讯正式被美团网全资收购）。

2014 年底，为了在 Priceline 最大的客源地中国拥有更多资源，Priceline 与携程达成了合作协议。在与携程合作后，Priceline 第一时间把携程放在 Booking 网上的产品进行深入加工，包括对酒店的描述。2015 年 5 月 26 日，携程旅行网宣布，获得 Priceline 集团 2.5 亿美元的进一步投资。在资源共享的同时，为全世界各地的旅游消费者提供更精致、性价比更高的旅游产品和服务，包括合作促销双方的酒店住宿产品。Priceline 集团首席执行官达伦·哈斯顿（Darren Huston）表示："我们帮助携程将他们的客户带到国外旅游，而携程帮助我们进入中国的酒店市场。中国人想走出国门看世界，只要十年时间，中国人就将成为最重要的旅客群体。"

从 2015 年 6 月 27 日起，"Priceline Hong Kong"已改名为"hutchgo.com"。（如图 6-3 所示）

图 6-3　改名后的网站页面

第二节 全球最大的在线旅游公司——Expedia

Expedia 是 1996 年诞生于微软的一家著名旅游网站，总部在华盛顿州贝尔维尤，由两位微软前高级主管 Loyd Frink 和 Richard Barton 创办，在 2005 年两人还创办了美国著名的房地产搜索网站 Zillow。Expedia 提供机票预定、租车及酒店预订等服务，可在线上浏览全球超过 3000 个地点的旅馆详细资讯及超值优惠的房价。用户只需输入心中理想价位与地区范围等信息，在最短的时间内，即可得到酒店的报价。2007 年 Expedia 通过与艺龙的合作正式进入中国市场，现有业务部门遍及美国、德国、英国、法国、西班牙、加拿大、比利时、意大利以及中国等国家。Expedia 的用户类型十分广泛，其中以个体自由行、差旅商务游、集团客户团体游以及观光度假游客为主。

一、发展历程

Expedia 最初是一个供游客在线查询旅游信息和预订旅游产品的网站，1999 年从微软分拆出来在纳斯达克独立上市。Expedia 本身并不提供旅游产品，主要靠"代理＋批发商"的模式销售供应商的旅游产品来获取佣金。佣金的获取方式有两种，一种是代理（Agency）模式，即 Expedia 以供应商规定的价格出售旅游产品后按一定比例收取佣金；另一种是批发商（merchant）模式，即 Expedia 从供应商那以一个较低的固定价格获取产品，然后赚取销售差价。两者不同的是批发商模式使 Expedia 对旅游产品定价有一定的控制权。

Expedia 旗下拥有 Expedia、Hotels、Hotwire、Expedia Affiliate Network、Expedia Local Expert、Egencia、Expedia Cruise Ship Centers、艺龙（eLong）和 Venere 等品牌，覆盖机票、酒店、租车、豪华游轮、线下活动、目的地旅游服务、旅游媒体服务及商务差旅服务等各领域，旗下品牌多元化发展的 Expedia 以 104.75 亿美元的市值在在线旅游公司排名中位列世界第三。Expedia 旗下有大小十几个品牌，所以在品牌推广策略上相对分散。

2011 年，Expedia 营收 34.5 亿元，其中广告、游轮、租车等其他产品收入占 17%，酒店预订和机票预订业务分别占 72% 和 11%。按照客户类别划分，由 Egencia 创造的商旅管理服务收入 1.8 亿美元，占比仅 5%；主要营收都是由个人旅客创造。按业务模式划分，Merchant 模式营收 25.7 亿美元，占比 74.5%；Agency 模式（主要是机票和 Venere）营收 7.6 亿美元，占比 22%；其余为广告收入。

二、发展模式

Expedia 提供在线预订旅游产品服务，整体交易额的绝大部分来自互联网交易。Expedia 的票务服务具有高性价比，且产品价格较低，有明显的价格竞争优势。在没有核心产品的在线旅游行业，价格具有重要的话语权。

（一）多品牌协同运作

Expedia 为用户提供差异化的旅游产品，除 Expedia.com 这一主品牌外，还创立或纳入艺龙、ECT、Classic Vacation、hotels 及 hotwire 等 6 个面向不同细分市场领域的品牌。其中 ECT 主要为商旅人士提供服务；

Classic Vacation 面向高端度假人群；hotwire 主要服务于对价格敏感的客户群；hotels 专注于订房市场。同时 Expedia 作为母公司，梳理控股公司的业务流程，并选取同类业务的公司进行联合推进；同时有效控制细分市场领先企业的业务发展并适时进行业务整合。在 Expedia 进入的 16 个国家中，中国是唯一没有使用 Expedia 品牌而以"艺龙"来代替的。

（二）产品线丰富

Expedia 不仅提供非常丰富的产品，如车船出租、邮轮旅游、分时度假等，同时也用个性化的服务留住更多的用户。如 Expedia 可以针对游客的个人需要，提供有关旅游目的地的餐饮、住宿及购物娱乐等多方面的信息，并且还会设计好最佳旅游线路。这一切只需要 Expedia 的注册用户一封 E-mail 就可以解决。

此外，Expedia 将产品整合到一起。出行者往往食宿行是一体的，因此将网站资源整合为用户提供服务能够更多的实现利润的最大化。商旅者预订机票后，同时也有住的需求，通过一个搜索步骤就能完成用户整个旅行计划。对于服务的整合打包能为用户提供更完善的服务，同时也避免了用户的多次产品搜索。搜索整合：Expedia 将单项搜索与打包整合搜索展现在一个选择区，减少了用户切换，让急切的用户尽快地通过搜索这步烦人的操作，与搜索结果直接接触。

（三）营销攻占市场

2014 年，Expedia 旗下各子品牌的总市场营销费用约为 28 亿美元（2014 年，Expedia 将 6.86 亿美元投入于技术开发），包括 Expedia、Trivago、艺龙、Hotels.com、Hotwire 和 Venere。其营销费用还包括线上广告以及对搜索引擎关键词的大量投入。2015 年 Expedia 的营销费用还将增长，因为他们需要在竞争激烈的亚太市场完成收购 Wotif 之后的整合，并且全面控制 Travelocity。

基于两位创办人是微软前高级主管的缘故，Expedia 在市场上建立的竞争壁垒多来自其出色的技术创新能力。1999年开始推出"价格匹配"服务、2003年广泛被应用的动态打包、到近年的比价搜索、wwte 网站联盟技术和旅游策划等一系列的措施都使其更贴近用户及市场需求，也使得 Expedia 市场领先地位更加稳固。

随着在线旅游在全球持续平稳增长，OTA 领域的整合也在不断发生。作为全球两大 OTA 巨头，Expedia 和 Priceline 在过去一年中都取得了显著成就，未来他们还将在移动渠道、个性化营销、全球化扩张等多方面展开全面竞争。Priceline 在 2004—2013 年期间创下了增长速度的纪录，使其成为能和 Expedia 比肩的全球 OTA 巨头，并在 2013 年旅游分销商中排名居首。

Expedia 和 Priceline 都对各自拥有的搜索引擎 Trivago 和 Kayak 进行大量推广投入，从而减少对 Google 广告投入的依赖。

未来几年由这两大 OTA 巨头引领的创新浪潮将很有活力，我们将看到在线旅游业的显著变化，这也意味着行业中的其他公司必须及时调整策略以适应市场变化。同时，在线旅游分销商与供应商之间的合作将越来越紧密，旅游科技公司也将不断涌现，从而满足消费者日益增长的个性化需求。（如表 6-1 图 6-4、6-5 所示）。

表 6-1 Priceline 和 Expedia 发展模式比较分析

	Priceline	Expedia
网站定位	基于 C2B 商业模式的旅游服务网站，为用户提供机票、酒店、租车和旅游保险等服务	集机票、宾馆度假预订、车船租赁、旅游资讯及特约商户服务为一体的综合性旅行服务公司
市场定位	商务旅客、观光和度假游客	商务旅游客人、自助游散客、观光和度假游客以及集团客户
利润源和收入结构	预订机票、酒店、租车等提取一定比例的佣金	①机票、酒店、车船预订代理费；②商旅、特约商户营销代理费；③度假产品的预定；④网络广告；⑤为集团客户提供服务的营业收入、合作旅行社的会员加盟费
资金流方式	主要是网上预定	主要是网上预定，互联网的交易额占整个交易额的绝大部分

续表

	Priceline	Expedia
移动渠道	专注于移动设备；以 26 亿美元收购在线餐厅预订平台 OpenTable	专注于建立灵活的体系
个性化营销	通过电子邮件营销和定制化推荐进行宣传推广；向连锁酒店提供 B2B 在线营销服务（2014 年 6 月 Priceline 收购 Hotel Ninjas 及 Buuteeq）	专注于由大数据分析支撑的个性化营销措施，为"细分消费群体提供更加有针对性的产品"，这一策略超越了价格一致性原则
全球化扩张竞争东移	2014 年 8 月，Priceline 进一步扩大了与携程的合作关系，为携程投资 5 亿美元并持有 10% 的股份	Expedia 控股中国第三大 OTA 艺龙，从而实现在中国市场的扩张（2015 年 5 月，Expedia 将持有的艺龙股权全部出售）

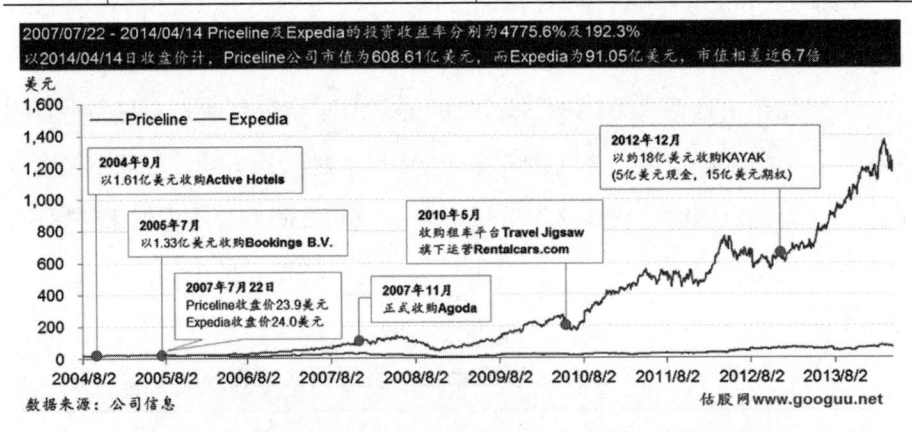

2007/07/22 - 2014/04/14 Priceline 及 Expedia 的投资收益率分别为 4775.6% 及 192.3%
以 2014/04/14 日收盘价计，Priceline 公司市值为 608.61 亿美元，而 Expedia 为 91.05 亿美元，市值相差近 6.7 倍

图 6-4　Priceline 重大收购事件及与 Expedia 股价对比

Priceline 的总预订额及净收入年复合增长率分别为 41.7% 及 44.1%；而 Expedia 的则分别为 12.3% 及 10.0%
2011 年净收入超过 Expedia，此后差距逐步拉大；总预订额于 2013 年末已基本与 Expedia 相当，预计于 2014 年反超

图 6-5　Priceline 及 Expedia 主要数据对比（2007—2013 年）

三、中国业务

这家全球最大的在线旅游分销公司自 2004 年曲线进入中国后,就开始悄悄布局中国市场。2007 年,Expedia 通过与艺龙的合作正式进入中国市场;两年后,Expedia 宣布通过旗下网站 TripAdvisor 收购酷讯旅游,并将其作为 TripAdvisor 在华 5000 万美元投资的组成部分。

2010 年是 Expedia 进入中国市场的第 3 年,继全资收购酷讯旅游后,Expedia 在中国控制的企业已经包括艺龙旅行网、酷讯旅游、到到网(TripAdvisor 中国官网)和 Egencia(易信达),再加上已经发布中文网站和 800 电话预订服务的 Hotels.com,Expedia 已经形成了业务范围涉及用户评论、旅行预订、商务旅行以及垂直搜索等多个领域的融合渗透。但事实证明,Expedia 的商业模式在中国没能走通。Expedia 的酒店预订主要依靠的是线上预订和信用卡支付,而艺龙和携程一样,都是靠强大的呼叫中心,用户预订后不保证一定会选择入住。

Expedia 董事长 Barry Diller 表示,中国在 Expedia 集团全球发展战略中占有重要地位,2010 年 5 月 Expedia 继与莫泰 168 连锁酒店集团合作之后,又与锦江之星和格林豪泰两家经济连锁酒店集团签署了全球合作推广协议,帮助中国经济型酒店走向世界。

2015 年 5 月,Expedia 将其持有的艺龙股权全部出售给由中国竞争对手携程旅行网牵头的财团(携程网联手铂涛集团和腾讯),基本放弃了在正面战场与对手在中国国内在线酒店预订领域的竞争,转而通过好订网将业务更加专注于中国出境游市场。好订网除了对中国游客的针对性服务之外,还将通过"住宿奖励计划"和"最优价格保证策略",接入支付宝更好适应本土市场的需求。

第三节 打造旅游 O2O 生态系统——TripAdvisor

TripAdvisor（官方中文名"猫途鹰"）成立于 2000 年 2 月，目前是全球最大的旅游社区。TripAdvisor 提出打造旅游 O2O 生态系统，如今 TripAdvisor 在中国的再次挺进正是在完善这个 O2O 生态系统。TripAdvisor 在酒店元搜索和旅游点评服务上拥有绝对领导性地位，为用户提供及时、可信的全球化旅游信息、周到客观的酒店、景点、餐厅的点评和建议、酒店索引、酒店选择工具、酒店房价比价搜索以及社会化的旅途图片分享、视频上传和在线驴友交流等服务，网站的口号是"不同视野看世界"。旅行者的真实评论是 TripAdvisor 最大的特点。截至 2015 年 11 月，TripAdvisor 在全世界 47 个国家设有分站，每月有来自世界各地的直接访问者近 3.5 亿人，同时收录逾 2.9 亿条旅游点评及建议，覆盖超过 12.3 万个旅游目的地，169 万家酒店和度假租屋，59 万处景点，300 万间餐厅。

一、发展历程

2000 年，Stephen Kaufer 创立旅游垂直搜索引擎 TripAdvisor，帮助用

户搜索一手的旅游目的地信息，然后通过网址链接将访客引导到相关网站。最初 TripAdvisor 上用户的点评信息并没有受到 Kaufer 的重视，网站页面上一直是将外部链接置顶，而将用户们自产的点评内容放在底部。后来 Kaufer 发现访客一般都跳过前面的链接而直接浏览下面的攻略点评，Kaufer 意识到用户更关注点评，开始加大对点评内容的投入，鼓励更多的用户参与发布不同旅游目的地的游玩攻略。同时 Kaufer 发现在旅行搜索结果附近放上相关公司的产品广告链接时，其点击率达到惊人的 15%，远高于行业的平均值 0.2%。

在创始人 Kaufer 意识到用户自己写的旅游攻略的重要性以及找到相应的盈利模式后，TripAdvisor 开始从单纯的旅游搜索引擎向现在这种旅游资讯平台模式进行转变。2004 年，TripAdvisor 被 IAC（InterActiveCorp）以 2.19 亿美元收购。2005 年，TripAdvisor 从 ICA 拆分，成为 Expedia Inc 的一部分。

2009 年，TripAdvisor 开始进入搜索比价领域。2009 年 4 月，TripAdvisor 的中国官网正式上线，当时名为到到网。同年 10 月，TripAdvisor 收购中国旅游搜索网站酷讯旅游网。

2011 年 12 月 21 日，TripAdvisor 在美国纳斯达克上市；2012 年 3 月 TripAdvisor 推出了新的酒店预订网站 Tingo。TripAdvisor 发展阶段如图 6-6 所示。

二、发展模式

TripAdvisor 的主要运营模式是通过大量真实用户分享的旅游点评和建议来吸引海量的访客，再引导访客到机票、酒店、租车等旅游产品提供商的网站上去完成购买。其盈利模式是根据机票、酒店等旅游产品供应商的有效的链接跳转率来获取佣金。（如图 6-7 所示）

TripAdvisor 的收入趋势比较乐观，根据 TripAdvisor 公布的 2015 年第三季度财务业绩显示，约 53% 的收入来自北美。点击付费收入是最大的收入来源，达到 2.61 亿美元，占第三季度全部收入的 63%。TripAdvisor 希

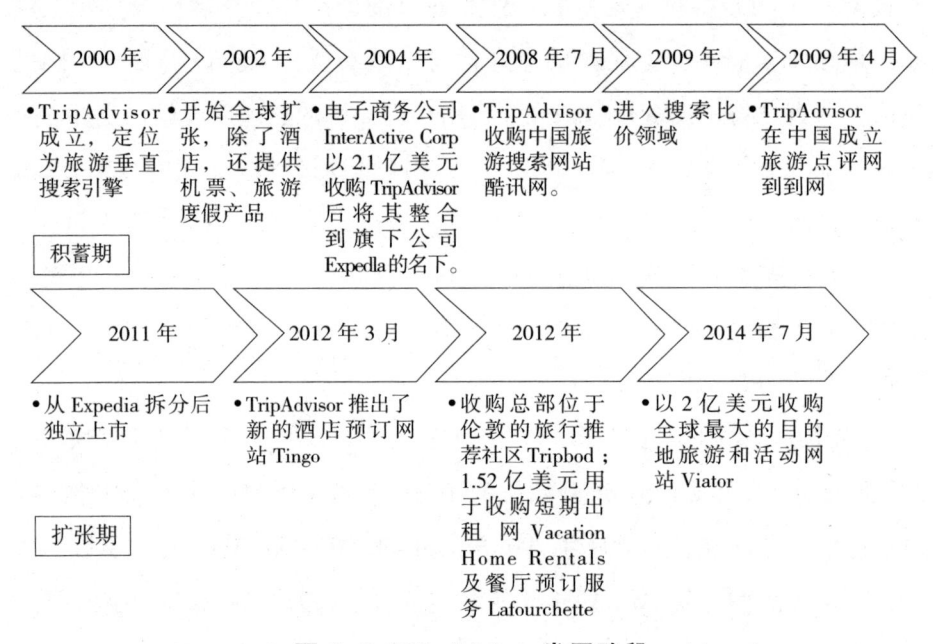

图 6-6 TripAdvisor 发展阶段

积蓄期

- **2000 年**：TripAdvisor 成立，定位为旅游垂直搜索引擎
- **2002 年**：开始全球扩张，除了酒店，还提供机票、旅游度假产品
- **2004 年**：电子商务公司 InterActive Corp 以 2.1 亿美元收购 TripAdvisor 后将其整合到旗下公司 Expedia 的名下。
- **2008 年 7 月**：TripAdvisor 收购中国旅游搜索网站酷讯网。
- **2009 年**：进入搜索比价领域
- **2009 年 4 月**：TripAdvisor 在中国成立旅游点评网到到网

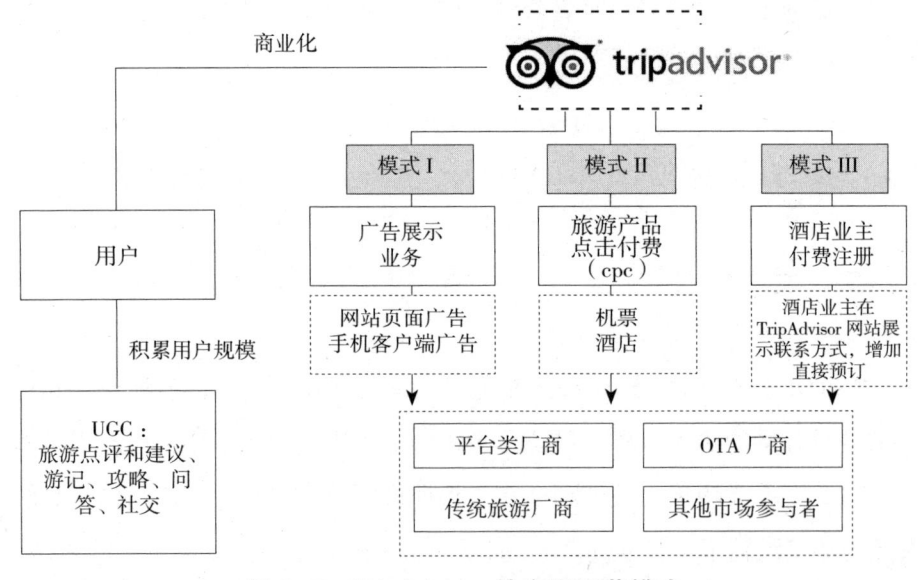

扩张期

- **2011 年**：从 Expedia 拆分后独立上市
- **2012 年 3 月**：TripAdvisor 推出了新的酒店预订网站 Tingo
- **2012 年**：收购总部位于伦敦的旅行推荐社区 Tripbod；1.52 亿美元用于收购短期出租网 Vacation Home Rentals 及餐厅预订服务 Lafourchette
- **2014 年 7 月**：以 2 亿美元收购全球最大的目的地旅游和活动网站 Viator

图 6-7 TripAdvisor 的主要运营模式

商业化 — tripadvisor

- **模式 I**：广告展示业务 → 网站页面广告、手机客户端广告 → 平台类厂商、传统旅游厂商
- **模式 II**：旅游产品点击付费（cpc）→ 机票、酒店 → OTA 厂商、其他市场参与者
- **模式 III**：酒店业主付费注册 → 酒店业主在 TripAdvisor 网站展示联系方式，增加直接预订

用户 ← 积累用户规模 ← UGC：旅游点评和建议、游记、攻略、问答、社交

望通过更多元化的收入来源来减少自己对大型酒店集团的依赖，比如利用其 TripConnect 及 Instand Booking 工具来实现酒店直连，截至 2015 年

12月，TripAdvisor的即时预订（Instant Booking）服务已在美国和英国市场的PC端网站和手机App全面推出。该公司还计划加速广告投入、继续进行收购以及推动中国、拉美等市场的收入增长。TripAdvisor正对即时预订进行大力推广，为其客户带来了更高的转化率。从初期表现来看，即时预订的效果很不错。当TripAdvisor将即时预订按钮呈现在消费者面前时，消费者进行点击的概率与在元搜索网站上点击其他品牌产品的概率相当。

（一）元搜索变现转化

TripAdvisor的总裁兼CEO Kaufer表示元搜索上的点击付费广告价格并不会大幅上涨或降低。通过跟踪测量最后点击的转化率显示广告商的出价都得到了不错的结果。竞价模式是非常具有竞争力的，所以说目前的价格应该会保持平稳。最上方的两个搜索结果更容易引起消费者的注意。

（二）电子邮件营销

TripAdvisor基于用户行为并有目的性的邮件互动，促使用户不断营造社区互动，加速用户转化，说服用户不断评论分享从而实现营销目的。从网站电子邮件订阅（用户注册）开始。许可式电子邮件（opt-in e-mail）是开展良性邮件营销的基础，相当于发送人与收件人达成握手协议。此外，还有里程碑式的感谢评论邮件；创造非典型事务邮件；为另类用户特别定制"志同道合"的邮件；不忘发送一封温暖舒适的正能量邮件；通知邮件及节日邮件、月度报告邮件等。通过建立起清晰的数字营销和会员用户全局视野，进行千人千面的个性化内容推送，为企业带来正确的营销预见。

三、中国业务

TripAdvisor的中国官网于2009年开始运营，当时名为"到到网"，致力于以更符合中国用户需求的方式来呈现全球旅游爱好者所贡献的旅游点评内容。2015 年 6 月 25 日，TripAdvisor 创始人兼全球 CEO Stephen Kaufer 在北京宣布了中国新战略举措，除 2015 年 5 月发布的全新中文品牌名称——猫途鹰外，还包括全面升级的中文手机应用及网站、全球点评内容本土化工程以及与中国国家旅游局建立的"全球战略合作伙伴关系"。TripAdvisor 与国内外的旅游预订网站均建立了紧密合作，用户可根据地理位置、酒店星级、销售价格等条件搜索全球酒店信息；同时，网站的智能比价功能可快速查询同一家酒店在不同预订平台的最佳价格及房态信息，结合点评、评分及照片，让用户在计划行程时做出更好更明智的选择和决定。目前 TripAdvisor 在中国的合作伙伴包括：携程、艺龙、同程旅游、Hotels.com、Booking.com、Agoda.com、HRS.cn 及希尔顿（Hilton）、万豪（Marriott）、香格里拉（Shangri-la）、洲际（IHG）、喜达屋（Starwood）、港中旅维景（HKCTS）、格林豪泰（Greentree）等。

在进行了一系列面向中国用户的调研后，公司于 2015 年 7 月发布了更符合中国用户使用习惯和偏好的 TripAdvisor 全新中文移动 App 及网站。这是 TripAdvisor 首次为单一国家研发定制化的产品。

此外，为了给中国用户提供完美的点评阅读体验，TripAdvisor 启动了业内最大规模的旅游点评本土化工程，计划在未来一年内翻译网站上超过 100 万条最具价值的外语点评内容，涵盖全球绝大部分热门目的地的酒店、景点、餐厅等旅游资讯。

第四节　全球最大的假日房屋租赁在线服务提供商——HomeAway

　　2004年HomeAway成立于美国得克萨斯州奥斯汀，是一家提供假日房屋租赁的在线服务网站，公司于2005年开始运营，主要为即将外出度假而愿意出租自己房屋的公众发布相应出租信息。网站口号是why hotel when you can HomeAway（有了HomeAway，何须Hotel）。短短几年时间，HomeAway经过一系列收购和战略扩展，目前已经发展成为全球最大的假日房屋租赁在线服务提供商。全球145个国家超过50万个假日租赁房源在HomeAway被预订。

一、发展历程

2005年，两家风险投资公司Austin Ventures和Redpoint Ventures，共同向HomeAway注资5亿美元发展金。

2006年，IVP和Trident Capital出资1.6亿美元支持HomeAway公司收购了VRBO网站。

2009年，网站平均每月用户访问量为950万次，用户访问量共计2.2亿次。

截止至 2010 年底，涉及 11 种语言的 31 家网站归 HomeAway 所有。

2011 年 3 月，HomeAway 正式向美国证券交易委员会提交了 IPO 申请，计划募资 2.3 亿美元。

2011 年 6 月 30 日（北京时间），HomeAway 登陆美国纳斯达克交易市场，以每股 27 美元的发行价发行了 800 万股股票，融资 2.16 亿美元。在上市首日，HomeAway 股价大幅上涨 13.21 美元，涨幅为 49%，报收于 40.21 美元，市值达 32 亿美元。

二、发展模式

自 2011 年 HomeAway 上市开始了首次收购之后，2012 年 4 月，HomeAway 又收购了总部位于西班牙的乡村住宿租赁平台 Toprural（2000 年，Francois Derbaix 在马德里创办了 Toprural。该平台专注于提供南欧国家如：法国、西班牙、意大利及葡萄牙的乡村私人房屋租赁服务）。这标志着该公司重新焕发了对收购独立欧洲度假租赁品牌的兴趣。收购完成后，HomeAway 的付费列表房屋数量将增加 11600 个，其在 Toprural 系统上将添加近 30000 个免费房屋列表。公司的 CEO Brian Sharples 表示："通过将 Toprural 的独立住宿选择添加到我们的全球度假租赁网络，我们将能进一步达到我们的目标：让每位旅行者都能轻松地预订全球度假租赁和家庭旅馆服务。"

HomeAway 的商业模式主要从以下四方面来体现。

（一）房屋信息展示

从 HomeAway 向美国证券交易委员会提交的财务报表显示，公司大部分营收来自房屋信息展示收费，即拥有房源的房东或者地产经理在 HomeAway 注册并每年缴纳约 300 美元后，便可以在 HomeAway 网站上展示其房源信息。当用户在网站上搜索度假住房时，这些房源信息就会出现在搜索结果的位置。2008 至 2010 年，公司三年营收分别为 8232.6 万美元、1.20 亿美元和 1.679

亿美元，其中房屋信息收费占比分别为 97.2%、96.4% 和 91.1%。

（二）提升展示效果的增值业务

房东或者地产经理可以通过购买增值业务来提高他们在 HomeAway 网站上租赁信息的展示效果。通过支付额外费用可以获得的增值业务包括：分级定价，即房东或者地产经理可以购买更多的图片添加在他们的房源信息中以获取更多的关注；跨平台展示，即将房东或地产经理的房源信息展示在多个平台；此外还有其他个性展示等。

（三）售卖广告位及软件

HomeAway 旗下大多数网站页面都设有广告展示的板块，通过出售广告位置获得收入。HomeAway 依据广告出现的位置和广告展示的频次向广告主收取费用。2011 年 HomeAway 增加的功能可以使房屋主人和管理者接受信用卡和电子账单付款，并从每笔交易中获得营收分成。HomeAway 还向地产经理收取授权、维护和订阅地产管理软件的费用。

（四）接入第三方服务收入分成

HomeAway 不仅通过收入分成模式来增加公司营收渠道，而且通过愈加完善的服务提升用户体验。通过越来越多的第三方合作为用户提供更多便利的同时获得收入，HomeAway 向游客提供的第三方服务包括：旅游保险、信用卡商业账户、房屋损坏保护、退税服务等。这些服务游客都可以通过 HomeAway 网站从第三方服务提供商手中买到，HomeAway 则按照一定比例与合作方利润分成。HomeAway 还与诸多在线旅游公司合作，将一些待租赁的房屋及相关信息推荐给他们，然后参与收入分成或者直接收取一定费用。2013 年 10 月，HomeAway 瞄准持续升温的奢侈旅游市场，在全球 40 个国家推出了 800 多间豪华度假租赁物业，以满足高端客户的需求。（如图 6-8、6-9 所示）

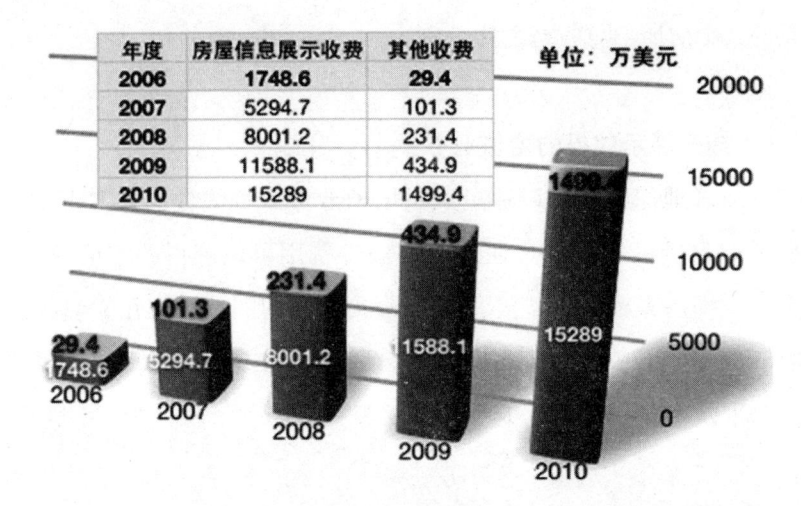

年度	房屋信息展示收费	其他收费
2006	1748.6	29.4
2007	5294.7	101.3
2008	8001.2	231.4
2009	11588.1	434.9
2010	15289	1499.4

单位：万美元

数据来自：HomeAway提交的SEC文件

图 6-8　HomeAway 近年营收情况

年份	挂牌收入占比	其他收入占比
2008	97.2%	2.8%
2009	96.4%	3.6%
2010	91.1%	8.9%
2011	86.6%	13.4%
2012	84.9%	15.1%
2013	85.0%	15.0%

近年来由于 HomeAway 业务优化，增加了不少与第三方合作的项目和广告收入，因此其他收入占比上升。

图 6-9　HomeAway 收入占比（2008—2013 年）

三、中国业务

2012 年 5 月，领先的全球度假租赁平台 HomeAway 与中国的途家达成了合作关系，HomeAway 持有途家的小部分股份。两家公司签署了非独家分销协议，途家的网站将显示 HomeAway 在中国以外地区的度假租赁产品，以供用户预订。HomeAway 希望借此来分食中国度假租赁市场的蛋糕。途家的房源有很多种，主要是分成模式（即当有客人入住时与业主分成收入）和包租模式（即途家事先向业主支付一定期限内的租金然后将房间租赁给客人），与 HomeAway 做短租预订平台不同，途家不仅提供搜索预订的平台，而且提供线下标准服务。

HomeAway 的副总裁 John Weimer 表示："中国市场的发展潜力让我们感到非常兴奋，在 2012 年上半年，去往海外度假的中国旅行者数量达到近 4000 万。"

"如果我们能提升知名度和强调度假租赁房屋的优势，那我们将能持续实现强大的网络效应，正如我们在美国和欧洲市场所看到的那样。对中国旅行者而言，我们在美国和欧洲的度假租赁房屋列表具有强大的吸引力。得益于中国旅行者，我们能促使更多房主和物业经理在 HomeAway 投放广告。"

自 HomeAway 与途家网分销协议于 2012 年 12 月开始生效以来，HomeAway 已经有超过 2500 间东南亚、美国和欧洲的住宿房屋在途家的网站上显示，其房屋介绍信息也被翻译成了中文。（截至 2012 年底，HomeAway 的付费列表房屋数量达到 711631 间）。双方根据地理位置、旅行者点评和其他标准选出了首批在途家上线的海外度假房屋。途家负责列表房屋的翻译工作以及向中国旅行者提供客户服务，包括协助中国旅行者与 HomeAway 的房主进行联系。如果旅行者在途家预订来自 HomeAway 的度假房屋，途家将可以获得佣金。

第五节 全球最大的旅行租房社区——Airbnb

2008年8月，AirBed and Breakfast（简称为"Airbnb"中文名为"空中食宿"）由Brian Chesky（首席执行官）、Joe Gebbia（首席产品官）、Nathan Blecharczyk（首席技术官）三人成立于美国加利福尼亚州旧金山市，是一家连接有空房出租的房主和有住房需求的商务差旅或自由行人士的服务型网站，为用户提供各种各样的住宿信息，是一个值得信赖的社区交流型服务网站，用户可以通过PC端和移动端发布和预订世界各地的独特房源。Airbnb的口号是家在四方（Belong Anywhere）。

Airbnb在全球190个国家的4万多个城市拥有3500万房客。有1.2亿多套房源。这个数字超过了包括万豪、希尔顿、喜达屋在内的任何一个全球连锁酒店集团。2011年，Airbnb服务难以置信地增长了800%。

一、发展历程

2008年8月，Airbnb的创始人Brian Chesky刚来到旧金山，和朋友Joe Gebbia住在一个小房子里，生活十分窘迫。Airbnb网站最初的想法是两人想借助将要在旧金山召开的美国工业设计师大会挣点小钱：给设计师提供床位和早餐。他看到所有的酒店客房都被预订时，提出了这个想法。

2008 年 9 月，Airbnb.com 上线，网站运营模式十分简单：为有房源的人发布空房信息提供平台；为不想住酒店的用户寻找合适的住处提供另一种可能。

满足了让用户找到住处的基本需求后，Airbnb 开始发展特色服务，鼓励用户在上面发布城堡、树屋、别墅、村庄等各具特色的住处。慢慢地，Airbnb 被打上了"寻找奇居"的标签，越来越多的人通过网站找寻住处，随之而来的是 Airbnb 也开始盈利。

2011 年 5 月，Airbnb 开始添加一些交互功能，用户可以通过"Facebook Connect"与 Facebook 上的朋友连接起来，加入社交元素后更增加了住房的关注度和可信度。2011 年 9 月，Airbnb 正式推出长租服务，帮助用户在上面寻找长达数月的住处。2012 年 8 月，Airbnb 单日订单超过 6 万，是去年同期的五倍之多。

2015 年 6 月，Airbnb 完成筹集资金达 15 亿美元的新一轮私募融资，公司估值达 255 亿美元。经过这一轮融资，Airbnb 成长为全球第三大创业公司，仅次于 Uber 和小米。这个估值已十分接近全球第一大酒店集团希尔顿的市值，后者的市值为 277.3 亿美元。Airbnb 的成长史如图 6-10 所示。

二、发展模式

Airbnb 采用 P2P（person-to-person）的生产与消费模式，用户不仅能在平台上寻找短租房，同时也能够上传自家房屋的信息到平台上，接受其他用户的短租预订。通过这一平台，将供求双方的需求进行对接，更好地利用闲置资源，充分挖掘了"分享经济"的价值。当然，这个领域的发展是建立在信任、透明和真实基础之上的。Airbnb 的业务能够顺利进行的基础是确保证租方看到的是真实房源信息、房主的房子不会被破坏。

互联网时代旅游的新玩法

(Joe) (Brian)
2007 旧金山的两个年轻人已经付不起房租
他们出租房间里的3张气垫床，为租客提供早餐
三位客人上门，带来第一笔钱1000美元

(Nathan)
2008 前室友成为联合创始人，一起建设网站
他们认为将房间出租是一个idea，值得做大
看上去像博客一样的网站诞生

登陆西南偏南大会，火爆一时
但疯狂的念头不被认可，收到5封拒绝邮件和2个从未回复的邮件
Brian不得不通过卖麦片获得收入，最终赚到3万美元

2009 意识到人们都喜欢漂亮房子，而不是只气垫床和早餐
名字缩为Airbnb，收入维持在200美元，用户数也没有增长
获得了Paul Graham的2万美元启动资金，并加入Y Combinator的孵化项目

他们租来一台摄像机，逐一上门为准备出租的房间拍照
2011 房间预订量上升了两到三倍，赚钱翻倍
YES! 完成B轮融资，1.12亿美元

2015 190个国家 35000个城市 100万个房源
完成15亿美元的E轮融资，估值达到255亿美元
YES AGAIN! 测试"Local Companion"服务，游客可以与当地人交流

图 6-10　Airbnb 成长史
三个年轻人如何从3张气垫床做到全球100万间房？

资料来源：Anna vital, www.anna.vc。

2012 年，Airbnb 的累计预订天数约为 2900 万。2014 年 Airbnb 上的预订天数为 3700 万，仅仅只是洲际酒店的 1/5。但依照现在 Airbnb 的发展速度，2016 年 Airbnb 年总预订天数将达到 1.29 亿。刚开始，Airbnb 对每笔交易收取 5% 的佣金，而现在每笔预订从房东收取 3%~12% 的服务费，向房客收取 6%~12% 的服务费。据外媒的估算，如果网站上每晚有 6 万的预订量，佣金约为 50 美元，那么其销售额就将远超 1 亿美元。研究显示，2014 年 Airbnb 的总预订额约为 40 亿美元，收入估测为 4.23 亿美元，预计到 2015 年末其收入将达到近 6.75 亿美元，同比增长高达 55%。

总之，传统的酒店行业将被 Airbnb 和它的效仿者们颠覆，现在 Airbnb 所拿到的市场份额还不过是全球酒店市场份额的很小一部分，在旅游链条中"住"的分享经济领域还有巨大的市场潜力。

小结

过去几年里，Airbnb 爆发式的增长，然而 Priceline 和 Expedia 的管理层似乎并不急于进入 P2P（Peer to Peer，个人对个人）租赁领域。国际权威评级机构晨星公司 2015 年 6 月发布的报告称，Priceline 和 Expedia 不愿意涉足民宿租赁领域是因为还有许多合法性和监管方面的问题需要解决，并且未来几年内分享经济对他们还不会造成实质性的威胁。该报告分析称，目前 Airbnb 已对 Priceline 和 Expedia 的预订量增长造成了 1/3 个百分点的不利影响，预计到 2019 年其影响将超过 1 个百分点。这种影响几乎可以忽略不计。

Airbnb 曾经被称为"e-Bay for Space"（空间版的 e-Bay），但现在的 Airbnb 并不是完全指代 Airbnb 服务本身，它跟 Uber 一样，变成了一种分享经济的商业模式的专有名词，变成了一种创业公司参照的模板。

HomeAway 与 Airbnb 的大战

在全世界范围内即将要爆发一场关于争夺度假短租（以 HomeAway 为

代表）与分享经济（以 Airbnb 为代表）重叠市场之战。具体地讲就是：Airbnb 进入 HomeAway 的核心业务领域，同时 HomeAway 业务范围也扩张到了 Airbnb 的大本营。几年前，HomeAway 还曾断言，Airbnb 不是他们真正的竞争对手，是因为后者的用户大多是想在城市里租住的年轻旅行者，而 HomeAway 主要针对的是郊外度假的相对年长的用户。HomeAway 与 Airbnb 的对比如表 6-2 所示。

表 6-2 HomeAway 与 Airbnb 的对比

	HomeAway	Airbnb
创立时间	2004 年	2007 年
上市时间	2011 年 6 月（市值为 32 亿美元）	未上市（估值 255 亿美元）
定位	假日房屋租赁在线服务提供商	分享经济（从个人而不是酒店手中租住一间房屋。将空置的房屋出租，可以获得额外的现金，并且房租通常比酒店便宜。）

然而随着双方业务版图的不断扩张以及市场的不断融合，竞争就随之展开。HomeAway 近期透露，与 Airbnb 已经有接近 10% 到 15% 的重叠用户出现，HomeAway 也在试图将度假短租市场进一步扩展到更多的城市区域。2015 年 4 月，度假租赁巨头 HomeAway 宣布对多伦多度假租赁平台 CanadaStays 投资 600 万加元，此举意味着 HomeAway 正在北方扩大市场份额，以对抗 Airbnb。

三、中国业务

2014 年，针对中国的用户，Airbnb 不仅推出了简体中文版，而且在网站首页的显要位置增加了北京、上海的房源信息，鼠标移动至房源图片即可看到当地有多少个房源的房东会说中文。此外，网站还为房源的英文描述开发了一键翻译中文的功能，分享房源信息至新浪微博、QQ 空间、微信等社交平台的功能。

2014年5月，Airbnb与国内出境游最大的社区网站穷游网签订了为期两年半的战略合作协议。

合作包括线上及线下活动、联合营销推广以及全球特色旅游目的地专题展示活动等。穷游已经上线了《Airbnb旅居指南》，Airbnb在中国独家向穷游开放了API接口，穷游网用户可以在穷游网内容中所有有Airbnb信息出现的地方，实现直接预订。这可能是Airbnb在中国最大的手笔了，目前Airbnb在中国还没有设立办公室。

Airbnb的内部工作人员曾向媒体透露，Airbnb在中国市场已经做了很长时间的调研工作。通过调研，他们发现中国的短租市场极其庞大，海内外的背包客越来越多，他们需要一种价格适宜的旅行方式；另一方面，民宿更加贴近当地的生活，可能带来更多的旅游体验。

不过，令Airbnb比较尴尬的是，已经出现了大量的"中国版Airbnb"开始瓜分市场。

以小猪短租为例，其模式以撮合个人房东与租客之间交易为目标；而在游天下以及赶集网旗下的蚂蚁短租的模式中，个人房东与中介都在该平台上。此外，还有途家、住百家等类似企业。

第六节　全球最值得信赖的在线旅游精选特惠推荐平台——Travelzoo

Travelzoo（旅游族）创建于1998年，2003年在纳斯达克上市。记者出身的创始人拉尔夫·巴泰尔以1万美元起家，出版了名为"Top 20"的精选特惠旅游电子简报，这份每周简报如今拥有超过2400万高质量订阅用户。近年来Travelzoo逐步发展成为集网站平台、电子邮件推送、手机客户端应用、旅游垂直搜索、特惠销售等多业态的在线旅游巨头，被看成是Groupon在旅游垂直领域最强劲的对手。Travelzoo的专业和专注让它在旅游商家和旅游用户之间赢得了良好的口碑。

一、发展历程

2006年，Travelzoo被Forbes杂志评为"全球200家最高增长公司"（第六）以及"最佳旅游网站之一"；被Business Week杂志评为"成功品牌"。

2008年，Travelzoo被Telegraph Travel Awards评为"最佳旅游网站"第三名，被Video Research Interactive评为"日本最有前途网站"。

2009 及 2010 年，Travelzoo 被网站情报分析机构 Experian Hitwise 评为"澳洲十大旅游网站"；2010 年，Travelzoo 被网站情报分析机构 Experian Hitwise 评为"英国旅游电子报"第一名，被列为纳斯达克证券交易市场休闲娱乐行业"十大最佳增长表现股票"；2010—2012 年，连续三年获得中国酒店星光奖之"中国最佳网络媒体"。

2013 年，Travelzoo 荣获"2013 全球最佳旅游优惠网站"，与福布斯生活联合推出"2013 年度十大超值度假精选"白皮书。

二、发展模式

Travelzoo 的定位是精品、精英、精准和精细；其商业模式是媒体＋电商，来源于媒体，同时业务形态向优惠券发展是一种自然的延伸。Travelzoo 的业务核心是旅游特惠产品，核心价值是帮用户用更少的时间挑选到好产品、明天就能出行、休闲和享受生活的产品。将旅游产品做到精致和打动人心，由此聚集起高频次购买、高忠诚度、面目清晰的用户群。传播和销售渠道可能瞬息万变，但从好产品发端的社群生意，才会真正让你产生以不变应万变的定力。

Travelzoo 的用户主要是以富裕的中产阶级为主，有强烈的出行意愿并且活跃的女性群体，80% 以上是 70 后、80 后，且 80 后占 54%，一个爱在社交媒体上晒幸福、晒购买力、购买力很强的人群。Travelzoo 最早是以精选特惠产品的电子邮件起家的，邮件的模式本质上只是过桥。而这两年，Travelzoo 的用户群体在互联网环境下已经呈现在线化、移动化和圈子化的消费特点，通过邮件订阅、网站、App、微博、微信等多种渠道，有意识地建设 Travelzoo 的在线社群品牌。Travelzoo 离用户更近，通过社群，能体察到他们的喜怒哀乐，并发现这些用户群鲜明的性格特征。因此，Travelzoo 一直在做人群的生意。

Travelzoo 定位是做旅游产品价格评估的在线媒体，以精选服务为主营业务，主要收益模式来自佣金以及广告。截至目前，Travelzoo 在欧洲、北美以及亚太地区设有 25 个分支，通过 11 种不同语言为全球 3000 多家旅游商户、2700 万免费订阅用户提供精选服务。从产业链发展来看，Travelzoo 不但与旅行社属于上下游关系，与表面的对手去哪儿、携程等之间也存在合作的可能。它可以在多领域谋求发展，不过目前来看，它依然坚持着小而美、小而精的模式。Travelzoo 2011—2013 年收入情况如图 6-11 所示。

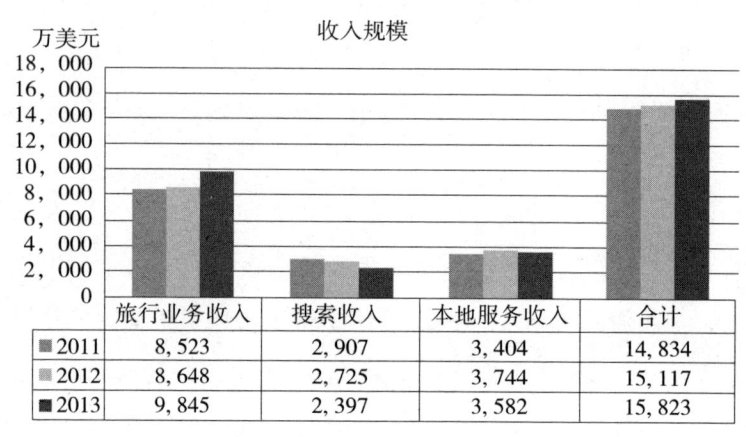

单位：万美元	旅行业务收入	搜索收入	本地服务收入	合计
2011	8,523	2,907	3,404	14,834
2012	8,648	2,725	3,744	15,117
2013	9,845	2,397	3,582	15,823

2013 年同比增长 5%，2012 年同比增长 2%

图 6-11　Travelzoo 2011—2013 年收入情况

Travelzoo 强调的是精准营销，就是面向最有价值的用户，从产品开始，站在用户的角度，精心选择和提炼最合适的度假休闲产品，把产品的价值点做好。沉淀下来的就是合适的用户。Travelzoo 每周只推出 20 个精选特惠，只推荐最具性价比的高品质产品。价格并不是唯一的筛选标准，还要看产品的附加值、真实性、灵活度、品牌实力等。Travelzoo 内部有非常复杂的判断指标和监控体系。除了目前的电子邮件第一时间将好产品精准递送给一百多万用户之外，也在通过社交媒体等渠道进行传播。相比其他第三方渠道推广，Travelzoo 的成绩远远好过别家，这说明用户的精准性而不是用户规模决定了推广效果。Travelzoo 2011—2013 年订阅者人数如图 6-12 所示。

订阅者人数（万人）

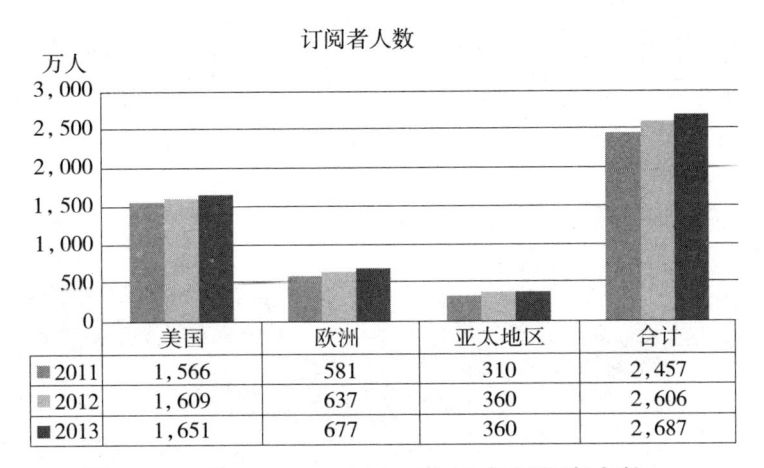

	美国	欧洲	亚太地区	合计
2011	1,566	581	310	2,457
2012	1,609	637	360	2,606
2013	1,651	677	360	2,687

图 6-12　Travelzoo 2011—2013 年订阅者人数

三、中国业务

2003 年底，Travelzoo 于美国纳斯达克上市。2007 年，Travelzoo 开始开拓亚太市场，以推荐特惠旅游产品为特色，希望帮助那些开始第一次周游世界的中国新一代旅游者们。

考虑到进入亚太市场可能伴随的种种代价：投入大、周期长、容易拖累上市公司业绩，拉尔夫-巴泰尔将亚太业务剥离出来，形成独立展开的非上市公司业务。而隶属于 Travelzoo 亚太区的中国业务，不算在上市公司业绩范围内。

自 2008 年进入中国市场以来，Travelzoo 在华业务拓展迅速，其对本土市场的探索也令人瞩目。据悉，每周 Top 20 精选特惠推荐在中国都有华东版和华北版两个版本。

Travelzoo 还与中青旅建立战略合作关系。双方的合作初定为一年，期间 Travelzoo 将精选中青旅品质优良的海内外旅游产品，通过其 Top 20 和 Newsflash 等精选情报平台和面向欧美市场的不同语言版本，定期向海内外 2500 万中高端游客发送。

坚持"小而美"的产品定位也是 Travelzoo 进入中国所做的本土化与差

异化努力。Travelzoo 中国区总裁洪维认为，对于不知道自己需要什么旅游产品的用户来说，Travelzoo 给出的引导更适合他们。Travelzoo 中文版页面如图 6-13 所示。

图 6-13　Travelzoo 中文版页面

主要参考资料

[1]"携程微商"上线招募10万人开旅游微店[EB/OL].(2015-05-06)[2015-06-08].http://finance.ynet.com/3.1/1505/06/10051573.html.

[2]《保密科学技术》编辑部.2015年全国两会委员代表信息安全建言综述[J].保密科学技术,2015(3).

[3]199IT互联网数据中心.ITU:2014年全球宽带状况报告[R/OL].(2015-05-06)[2015-09-16].http://www.199it.com/archives/345307.html.

[4]i黑马.Tripadvisor:UGC大赢家,市值百亿美金的旅游社区[EB/OL].(2014-10-20)[2015-08-16].http://www.tuicool.com/articles/IbYRFvj.

[5]阿里研究院."互联网+",从IT到DT[M].北京:机械工业出版社,2015:9.

[6]艾瑞咨询.2015年中国在线旅游度假行业研究报告[R/OL].(2015-03-24)[2015-09-11].http://www.iresearch.com.cn/report/2318.html.

[7]安迪.嘉和一品开拓新商业模式[EB/OL].(2014-04-17)[2015-09-12].http://www.cy8.com.cn/cydt/105964.

[8]北京旅游教育发展研究基地.中国在线旅游研究报告2014[M].北京:旅游教育出版社,2014:4.

［9］蔡雄山．"互联网+"：法律政策怎么加？［EB/OL］．（2015-03-08）［2015-08-14］.http://www.eeo.com.cn/2015/0308/273340.shtml.

［10］曾向荣．"虚拟莫高窟"上马引发争议［N］．广州日报，2010-06-15.

［11］陈罡．创新旅游大数据［N］．科技日报，2014-09-04.

［12］陈健．"互联网+"提升产业能级［N］．上海金融报，2015-07-07.

［13］陈杰．旅游众筹项目频遭搁浅［N］．北京商报，2015-02-26.

［14］陈威如，余卓轩．平台战略——正在席卷全球的商业模式革命［M］．北京：中信出版集团，2013.

［15］陈兴，史先琳．基于LBS的旅游位置服务思考［J］．技术与市场，2013（4）．

［16］道略演艺产业研究中心．中国商业演出市场票房报告（2013）［R/OL］．（2014-05-23）［2015-09-14］.http://www.idaolue.com/Data/Detail.aspx?id=35.

［17］董洪涛，黄瑞鹏．传统旅游业态与现代旅游生态系统之对比分析［N］．中国旅游报，2014-07-07.

［18］杜小勇，冯启娜．"数据治国"的三个关键理念——从互联网思维到未来治理图景［J］．人民论坛·学术前沿，2015（2）．

［19］杜一力．旅游业之变（下）［N］．中国旅游报，2014-03-19.

［20］冯颖．奏响旅游产业发展最强音［N］．中国旅游报，2015-05-18.

［21］付德申，邱雪晨．新时期旅游管理专业复合型人才培养探析［J］．广西教育，2015（11）．

［22］高庆秀．"互联网+"给演出业带来什么？［N］．中国文化报，2015-04-03.

［23］告别OTA旅游创业公司凭什么安身立命［EB/OL］．（2014-12-29）［2015-09-15］.http://it.sohu.com/20141229/n407366492.shtml.

［24］关林．旅游新格局：线上线下走向融合［N］．经济日报，2015-07-

14.

［25］官建文，唐胜宏，王培志. 中国移动互联网发展报告（2013）——前景广阔的中国移动互联网［EB/OL］.（2013-06-08）［2015-09-10］. http://yjy.people.com.cn/n/2013/0608/c245083-21792961.html.

［26］郭晓春. 浅谈大数据对图书馆发展的影响［J］. 中国西部科技，2015（1）.

［27］郭羽. 旅游市场需求细分化 主题定制游渐成新宠［EB/OL］.（2015-04-15）［2015-08-15］. http://roll.sohu.com/20150415/n411341216.shtml.

［28］国家旅游局. 国家旅游局：推进旅游业与信息化融合发展［J］. 互联网天地，2015（5）.

［29］国务院出台《意见》促旅游业改革 带薪休假不再遥远［EB/OL］.（2014-08-22）［2015-08-22］. http://www.ce.cn/xwzx/gnsz/gdxw/201408/22/t20140822_3403204.shtml.

［30］韩敏. 共享经济：成为大公司的捷径之路［EB/OL］.（2015-07-18）［2015-08-20］. http://mi.chinabyte.com/466/13477466.shtml.

［31］好订网. 中国游客境外旅游调查报告2015［R/OL］.（2015-07-24）［2015-09-15］. http://press.hotels.com/citmcn/.

［32］郝杰. 旅游市场：线上线下趋于融合［J］. 中国经济信息，2015（10）.

［33］洪芬. "互联网+"时代企业与媒体的互生共赢［J］. 学习月刊，2015（5）.

［34］侯继勇. 淘宝旅行变身去啊 四巨头角逐在线旅游［EB/OL］.（2014-10-29）［2015-09-14］. http://houjiyong.baijia.baidu.com/article/34130.

［35］侯继勇. 在线旅游3.0：京东投资途牛的想象空间［EB/OL］.（2015-05-15）［2015-09-12］. http://toutiao.com/a4336444849/.

［36］互联网大佬热议"互联网+"：提升中国经济创新力和生产力［EB/OL］.（2015-03-16）［2015-06-07］. http://finance.cnr.cn/gundong/20150316/

t20150316_518010680.shtml.

［37］霍华德·莱茵戈德.网络素养［M］.张子凌,老卡,译.北京:电子工业出版社,2013.

［38］霍学文.新金融新生态［M］.北京:中信出版集团,2015.

［39］纪法军.旅游众筹前途光明道路很长［EB/OL］.（2015-01-26）［2015-08-14］.http://tour.dzwww.com/lvnews/201501/t20150126_11791828.htm.

［40］李丛娇.未来三年:中国旅游"515战略"［N］.海南日报,2015-01-21.

［41］李东.在线旅行服务商业模式研究［D］.泉州:华侨大学,2011.

［42］李婧.北京免费Wi-Fi不好用背后有隐情:投入巨大不划算［N］.北京晚报,2015-07-09.

［43］李玲.中青旅斥资3亿促遨游网品牌升级［N］.中国旅游报,2014-09-01.

［44］李云鹏,王京.需求泛化与信息共享驱动下的旅游产业深度融合［J］.旅游学刊,2012（7）.

［45］梁俊晓.旅游:互联网加速切分增长蛋糕［J］.神州,2015（1）.

［46］梁淑芬.旅游业未来竞争制高点:移动互联网［EB/OL］.（2011-09-20）［2015-08-19］.http://tech.163.com/11/0920/12/7ED6BFJQ00094L5O.html.

［47］梁学成.我国旅游企业间服务共享式合作模式与实现机制研究［J］.西北大学学报（哲学社会科学版）,2015（3）.

［48］廖建文.竞争2.0——商业生态圈［EB/OL］.（2012-12-28）［2015-08-14］.http://www.chinavalue.net/Management/Article/2012-12-28/201373.html.

［49］廖梓丞.世界上成长最快公司的17个共同点［EB/OL］.（2014-02-16）［2015-08-14］.http://www.cnbeta.com/articles/272610.htm.

［50］林侃，储白珊，纪玉屏."互联网＋"，旅游产业开启"大数据时代"［N］.福建日报，2015-05-10.

［51］林司楠.政策扶持＋产业资本注入"互联网＋"旅游概念迎风起飞［EB/OL］.（2015-04-04）［2015-09-08］.http://hznews.hangzhou.com.cn/jingji/content/2015-04/04/content_5717138_2.htm.

［52］林永青，黄少敏."互联网＋"，中国版工业4.0［J］.金融博览，2015（4）.

［53］刘曦桦.自助游民事责任研究［D］.烟台：烟台大学，2013.

［54］刘勇.Priceline：拍出你的需求［J］.商界评论，2011（4）.

［55］刘玉龙.里夫金："零成本"引领新经济［J］.金融世界，2014（11）.

［56］刘照慧.行业热趋势面前的冷思考，旅游O2O的本质是什么？［EB/OL］.（2015-02-07）［2015-08-19］.http://www.tmtpost.com/198218.html.

［57］罗成奎.大数据技术在智慧旅游中的应用［J］.旅游纵览，2013（8）.

［58］吕文.国家旅游局实施"万名旅游英才计划"［N］.中国旅游报，2015-07-06.

［59］旅行社线上运营艰难 精耕细分市场是王道（2）［EB/OL］.（2013-12-19）［2015-08-20］.http://www.sxdaily.com.cn/n/2013/1219/c339-5306851-2.html.

［60］迈点网.2014中国旅游业分析报告［R/OL］.（2015-03-14）［2015-09-16］.http://www.360doc.com/content/14/0804/02/15613410_399246119.shtml.

［61］孟梅，王瑜."互联网＋"首现政府工作报告，人大代表马化腾表示"非常振奋"［N］.华西都市报，2015-03-06.

［62］面包旅行获腾讯等5000万美元C轮融资［EB/OL］.（2014-12-22）［2015-08-12］.http://tech.qq.com/a/20141221/020518.htm.

［63］潘凯旋."互联网＋"［J］.现代出版，2015（4）.

［64］邵剑兵，张建涛，于锦华.大数据视角下的区域旅游合作机制探讨［J］.辽宁经济，2014（7）.

［65］沈仲亮. 创业创新旅游是片热土［EB/OL］.（2015-05-29）［2015-08-17］. http://www.ctnews.com.cn/zglyb/html/2015/05/29/content_108478.htm?div=-1.

［66］石春丽. 基于顾客价值过程的旅游网站模式研究［D］. 秦皇岛：燕山大学，2013.

［67］途牛如何颠覆传统行业成功转型［EB/OL］.（2015-07-20）［2015-08-12］. http://www.5ucom.com/art-1235.html.

［68］万璐. 互联网金融势不可挡［J］. 理财，2015（5）.

［69］王克稳，徐会奇. 国外旅游供应链研究综述［J］. 中国流通经济，2012（5）.

［70］王丽新. 同程旅游获万达领投60亿元天价融资，在线旅游烧钱大战或升温［N］. 证券日报，2015-07-06.

［71］王文杰，陈晓华. 公共场所免费Wi-Fi网速慢得像龟爬［N］. 南方都市报，2015-05-28.

［72］王鑫."互联网+"首现政府工作报告［N］. 成都日报，2015-03-06.

［73］维克托·迈尔－舍恩伯格，肯尼思·库克耶. 大数据——生活、工作与思维的大变革［M］. 盛杨燕，周涛，译. 杭州：浙江人民出版社，2013.

［74］吴光锡. 虚拟旅游产生的社会学原因分析与思考［J］. 中国商界，2009（1）.

［75］吴兴杰. 鸟瞰移动互联网如何推动社会变革［J］. 商业文化，2015（1）.

［76］五星级智能酒店走进深圳物联网展［EB/OL］.（2012-08-13）［2015-06-08］. http://www.iotworld.com.cn/html/News/201208/a015255e73a78de5.shtml.

［77］武义勇，方丽莹. 中国旅游营销30年回顾、反思和问题［J］. 新营销，2007（8）.

［78］夏至. 在线旅游亟须市场规范［N］. 中国文化报，2015-06-24.

［79］谢淑贤.浅谈电视媒体利用微信平台实现商业模式［J］.东南传播，2015（8）.

［80］邢丽涛，罗陈晨.产业论坛：新常态下的旅游新发展［N］.中国旅游报，2015-01-06.

［81］徐虹，范清.我国旅游产业融合的障碍因素及其竞争力提升策略研究［J］.旅游科学，2008（4）.

［82］徐琳，董锁成.大旅游产业及其发展的影响和效益［J］.地理研究，2007（2）.

［83］阎密."互联网＋景区"：线上线下整合促升级［N］.国际商报，2015-07-06.

［84］易观智库.中国"互联网＋景区"专题研究报告2015［R/OL］.（2015-06-30）［2015-09-13］.http://www.dotour.cn/article/14733.html.

［85］易观智库.中国移动端交通预订市场专题研究报告2015［R/OL］.（2015-04-13）［2015-09-13］.http://www.icaijing.org/finance/article3810964/.

［86］易观智库.中国在线度假旅游市场专题研究报告2015［R/OL］.（2015-03-31）［2015-09-11］.http://www.haokoo.com/travel/2257998.html.

［87］易观智库.中国在线旅游市场年度综合报告2015［R/OL］.（2015-04-20）［2015-09-13］.http://www.dotour.cn/article/17197.html.

［88］尹天琦.从百度直达号看O2O旅游城市对于传统旅游的颠覆［EB/OL］.（2015-04-28）［2015-09-16］.http://www.pintu360.com/article/553ded059540a12a3a13fe1b.html.

［89］张瑞敏.追求互联网时代的真知［N］.经济观察报，2014-01-27.

［90］张熙物.智慧旅游与标准体系建设的研究——以武夷山旅游为例［J］.质量技术监督研究，2014（1）.

［91］张娴.演绎中国故事的精彩［N］.光明日报，2015-05-23.

［92］赵慧娟.我国旅游产品与服务中间商电子商务模式分析［J］.全国商情（理论研究），2013（18）.

［93］赵垒.开门店、网店还是微店？［N］.中国旅游报，2015-05-18.

［94］赵正.旅游业线上线下大融合O2O"好看不好吃"［N］.中国经营报，2015-07-06.

［95］中国电子商务研究中心.2014年中国物联网产业发展分析报告［R/OL］.（2014-12-01）［2015-09-16］.http://b2b.toocle.com/detail--6208905.html.

［96］中国互联网络信息中心（CNNIC）.中国互联网络发展状况统计报告［R/OL］.（2015-07-23）［2015-09-14］.http://www.ce.cn/xwzx/gnsz/gdxw/201507/23/t20150723_6022843_3.shtml.

［97］周冬英.论文化与旅游高度融合下的品牌活动的创新发展——以常熟市为例［J］.淮海工学院学报（人文社会科学版），2015（3）.

［98］周上祺，梁卓慧.停车App小步走 从停车导航到共享数据成拦路虎？［N］.南方都市报，2015-03-09.

后　记

　　正如本书卷首所言，"一场无可逃遁的旅游变革，正呼啸而来"！在风起云涌的互联网时代，"互联网＋"为旅游业带来了前所未有的发展契机，也让人性化、个性化、自由化的旅游服务成为可企及的现实。遽然进入一个斑斓多彩、充满无限可能的旅游新世界，在新的技术基础、新的消费人群、新的发展业态的面前，我们的旅游业该何去何从？如何才能适应和引领这种新趋势？这正是本书关注的核心之所在。

　　本书从历时和共时两个维度，对互联网时代的旅游发展进行了深度的剖析。第一、二章从互联网旅游的历史入手，对"互联网＋旅游"的内涵和外延进行了梳理。第三章互联网旅游的全链探索，聚焦"互联网＋旅游"的供应商、渠道商、消费者和管理者四个方面。尤其对旅游产业链上的"吃、住、行、游、购、娱"等要素与互联网的融合发展进行了详尽的分析。第四章"互联网＋旅游"的"症"与"解"，将互联网旅游发展过程中诸如数据共享、人才、管理等方面亟待解决的问题揭示出来，并且探讨了解决问题的路径和方式。第五章畅想未来："互联网＋旅游"展望，从新兴技术、生产模式、新型平台、新生业态等几个层面，描绘了一幅互联网发展的美好蓝图。在最后一章，从商业模式、生产规模、生态系统等几个视角，选取了世界上几家最成功的互联网旅游公司，分享了他们的成功经验。

本书各章节写作具体分工如下：

第一、二章　熊海峰

第三章　朱　敏　李　圳

第四章　朱　敏　郭　韵

第五章　朱　敏

第六章　戚　航

在本书写作的过程当中，得到了包括北京第二外国语学院旅游管理学院钟栎娜教授、携程旅行网副总裁李阿红女士、中青旅遨游网首席品牌官徐晓磊先生、途家网公关总监唐挺先生、大鱼自助游创始人姚娜女士、北京设计学会陈雪女士等诸多业界和学界的企业家和学者的真诚帮助，在这里表示衷心的感谢！

朱敏

2015 年 11 月